Friedrich Schorlemmer, Jahrgang 1944, Studium der Theologie in Halle von 1962 bis 1967. 1978 bis 1992 Dozent am Evangelischen Predigerseminar und Prediger an der Schloßkirche in Wittenberg. Seit 1992 Studienleiter an der Evangelischen Akademie Sachsen-Anhalt. Mitbegründer der Bürgerbewegung »Demokratischer Aufbruch«. Seit Mai 1990 als SPD-Fraktionsvorsitzender im Stadtparlament in Wittenberg. Mitglied des PEN und der deutschen UNESCO-Kommission.

Von Friedrich Schorlemmer sind außerdem erschienen:

Bis alle Mauern fallen (Band 80005)
Träume und Alpträume (Band 80006)

Dieses Buch wurde auf chlor- und säurefreiem Papier gedruckt.

Originalausgabe November 1992

Umschlaggestaltung Adolf Bachmann, Reischach
Umschlagfoto Karin Rocholl/Gruner & Jahr, Hamburg
Satz: MPM, Wasserburg
Druck und Bindung: Ebner Ulm
Printed in Germany
ISBN 3-426-77051-2

4 5 3

FRIEDRICH SCHORLEMMER

Versöhnung in der Wahrheit

Nachschläge und Vorschläge
eines Ostdeutschen

Knaur

Für Bischof Werner Krusche
zum 75. Geburtstag

Inhalt

Ich möchte ein Mensch des Friedens werden

Einfache Sätze zur Praxis im Alltag

Ich möchte so leben, daß auch andere Menschen leben können – neben mir – fern von mir – nach mir.

Ich suche eine Gemeinschaft, in der ich verstanden bin, das offene Gespräch lerne, Informationen bekomme und Stützung erfahre.

Ich suche das Gespräch mit Andersdenkenden. Ich bedenke die Fragen, die sie mir stellen.

Ich möchte so leben, daß ich niemandem Angst mache.

Ich bitte darum, daß ich selber der Angst nicht unterliege.

Ich will mich von dem Frieden, der höher ist als alle Vernunft, zur Vernunft des Friedens bringen lassen.

Ich suche Frieden mit Mitteln des Friedens. Deshalb wende ich nicht als erster Gewalt an und versuche, den Gegenschlag zu vermeiden.

Ich vertraue unser Leben nicht weiter dem Schutz durch Waffen an. Darum werde ich mich nicht an Waffen ausbilden lassen.

Ich bin bereit, um des Friedens willen lieber Unrecht zu leiden als Unrecht zu tun. Vorwürfe, Verdächtigungen und Nachteile nehme ich auf mich. Mein Weg wird nicht leicht sein. Ich gehe ihn aber gewiß.

Ich entdecke an mir selbst Spannungen, Konflikte, Widersprüche. Ich bemühe mich, diese nicht auf andere zu übertragen.

Ich setze meine Fähigkeiten und Kräfte für eine Gesellschaft ein, in der der Mensch dem Menschen ein Helfer ist.

Ich lerne das Loslassen und werde gelassen.

Frieden stiften – friedfertig sein, das möchte ich lernen.

Ich denke täglich über ein Wort Jesu nach. Darin finde ich meine »Nachtherbergen für die Wegwunden« (Nelly Sachs)

Kirchentag Erfurt 1983

I.
Identität im Umbruch

Die Menschen in der DDR und die Fragen nach ihrer Identität

Sie hatten mich gebeten, etwas über das Problem der *Identität* zu sagen, und ich denke, daß das das Hauptproblem geworden ist. Wir stehen nicht nur nackt da, sondern wir rutschen gegenwärtig ganz in uns zusammen.

Was ich zu sagen habe, sind mehr Schlaglichter. Wir sind alle getrieben in diesem Land von einer Krisenintervention zur anderen. Die Stadt, aus der ich komme, ist nicht mehr regierbar, weil das Volk alle diejenigen, die bisher regiert hatten, nicht mehr sehen will, aber auch nicht sagt: »Wir übernehmen das.«

Und jetzt sind ein paar Leute, die mal den Mund vorher aufgemacht haben – und es sind wirklich nur ein paar –, gezwungen, die Aufgabe zu übernehmen.

»Ihr habt das bisherige System zerstört, nun übernehmt auch die Macht.« Oder, vorgestern hat sich der erste Kombinatsdirektor erschossen. In diesem Zusammenhang ist vieles zu klären. Dazu gehört die Frage, woher er die Waffe gehabt hat. Wer muß das klären?

Diese unbewegliche DDR, die ihre Stabilität auf ihren Sicherheitsorganen und auf stabiler Fleischversorgung aufbaute, die den Überdruck dosiert in den Westen abließ und hin und wieder den Westen für eine Vergünstigung für die eigenen Bürger zahlen ließ, diese DDR ist plötzlich in einen Strudel gerissen, und ich kenne niemanden, der gegenwärtig nicht völlig durcheinander ist. Und es ist schön, Sie zu hören, Hans Süssmuth, wie Sie mit Abstand, aber doch auch mit Sympathie und Einfühlung vorhin über die Lage der DDR haben reden können. Das ist uns gegenwärtig so nicht möglich. Die Ereignisse seit dem 24. Oktober 1989, als die 44 Tage des Egon Krenz begannen, also genau seit drei Monaten, sind sozialpsychologisch nicht verkraftbar. Mich wundert es angesichts der Gefühlsdiffusion und des Scherbenhaufens nicht, daß die einfach vorgestellte Lösung nun Deutschland heißt. Es liegt etwas bereit. Wir stehen vor einem Scherbenhaufen, aber es liegt etwas bereit: Im Grundgesetz der Bundesrepublik liegt es bereit für uns. Die Mauer ist weg, und jetzt geht die Spaltung durch unser Land. Die Mauer haben wir jetzt in unserem Land. Die Frage ist, ob Sie, in der Bundesrepublik, so ein zweigeteiltes Land jetzt brauchen können. Ein Volk weiß nicht, wohin mit seiner Wut, und es kann sich nicht recht freuen über das Erreichte. Es will Genugtuung für 40 verlorene Jahre. 1976 bezeichnete sie Reiner Kunze ironisch als »die wunderbaren Jahre«. Es sind vierzig verlorene Jahre. Ich frage mich heute: Was wird, wenn die SED nicht mehr da ist? Wenn die Wut des Volkes keinen Ansprechpartner, kein Gegenüber, keinen Sündenbock, keinen Prügelknaben mehr hat? Erst war es die Stasi, jetzt ist es die SED. Wird es dann jeder einzelne in der SED sein? Ist es die Lust am Chaos? Die SED hat sich vierzig Jahre lang so verhalten, daß sie den Eindruck vermittelte, »wir – die SED – oder das Chaos!« Die Allmachtsansprüche verhinderten die Strukturierung einer Alternativkraft. Das Wort »Opposition« gehörte nicht in den Bereich der politischen Kultur, sondern des politischen Strafrechts. Und das rächt sich jetzt. An diesem Zustand ist der Artikel 1 mit den Allmachts- und Allwahrheitsansprüchen der SED noch schuld, weil wir jetzt in der Tat nicht die Kraft und nicht die Struktur haben, alles sofort zu übernehmen. Denn das war ja das ausgemachte Ziel der SED, zu verhindern, daß die Bürger dazu befähigt wurden, Verantwortung zu tragen.

Ich habe einige Punkte für Verlust oder Gewinn von Identität zusammengestellt:

1. Das Scheitern eines von oben verordneten Identitätswechsels: aus Deutschen sollten DDR-Bürger werden. Erinnert ihr euch? Eine Weile lang mußten wir als Nationalität auch »DDR« eintragen, wenn wir in einem Hotel übernachten wollten. Das haben wir wieder abgeschafft.
   Wir sollten Staatsvolk der DDR werden. Gerade die nicht gelungene Identifizierung mit dem sozialistischen Staat DDR hat die nationalen und nationalistischen Stimmungen hervorgerufen. Die politischen Kürzel auf den Massendemonstrationen drücken dies exakt aus. Negativ heißt das: »Weg mit der SED«, weg mit dieser erzwungenen und nicht gelungenen Identität eines sozialistischen deutschen Staates. Und positiv heißt das: »Deutschland – einig Vaterland!« Ich glaube, das Problem wird exakt in diesen beiden Kürzeln ausgedrückt.

2. Die erlittene und selbst vollzogene permanente Demütigung sucht nach einem Täter, einem Schuldigen und kann sich gar nicht genug damit tun, ihn an den Pranger zu stellen. Ich denke, es ist die totale Projektion, die uns die Selbst-Auseinandersetzung ersparen soll. Schuld war die SED! »Ich konnte nicht anders, ich wurde gezwungen! Du weißt doch, wie es war!« Worin bestand die Demütigung? Ich erwähne nur einige Grunderlebnisse, die jeder hatte:

Ich nenne die Begegnung mit den Behörden. Wenn wir zum Beispiel einen Reiseantrag stellten, mußten wir wirklich nachweisen, daß die Großmutter oder die Tante oder der Vater im Sterben liegt. Entwürdigend!
Ich nenne die Wahlen. Bei jeder Wahl – dies war doch vergleichbar mit dem Kaiserkult – galt es einmal niederknien, das heißt den Zettel einwerfen und hinterher »'nen Schnaps trinken«. Egon Krenz hat vor ein paar Tagen bekannt, daß er jetzt das weiß, was alle am Runden Tische wußten, daß es keine Wahl, sondern ein Zettelfalten war. Ich dachte, ich ertrage das nicht. Also solche Kretins haben uns regiert. Von Moral spreche ich jetzt gar nicht.
Ich nenne das Reisen. Bei jeder Einreise in die oder Ausreise aus der DDR beherrschte mich das Gefühl, ich fahre in einen Mauerstaat. Und das ist *mein* Staat. Ich atme auf, wenn ich ihn verlassen habe, und mein Atem wird wieder schwer, wenn ich zurückkomme.
Ich nenne die Zeitung. Jeder Blick in die Zeitung war eine Beleidigung. Ich erinnere mich, es war im Frühjahr 1989, als Erich Honecker in Greifswald war und am nächsten Tag in der Zeitung der Oberbürgermeister der Stadt zitiert wurde. In den vierhundert Jahren dieser großen Hansestadt sei nicht so viel geleistet worden wie in den 40 Jahren DDR. Und das Ganze erhielt auch noch den Segen der Greifswaldschen Landeskirche. Also, da war Schluß. Wer diese Stadt kennt und dann diese *Frechheit* erdulden muß – und das vierzig Jahre ...
Schuld nun aber – denke ich – sind wir alle. Aber das Volk braucht ein Objekt, einen Projektionsgegenstand. Schuld sind nun aus der Perspektive des Volkes alle in der SED. Und jetzt geht es weiter. »Und wehe, du (also

ich!) legst für diese Brut ein gutes Wort ein.« Dann wird dir vorgehalten, daß du wohl schon früher einmal positiv mit dem Wort »Sozialismus« umgegangen bist. Die Tatsache, daß du davor ein anderes Wort gesetzt hast, etwa »demokratisch«, das wird vergessen. Du hast dieses furchtbare Wort in den Mund genommen und ihm einen positiven Klang gegeben.

Gegenwärtig scheint es mir so zu sein, daß man mit dem Slogan »Absage an den Sozialismus« – das heißt also: keine neuen Sozialismus-Experimente oder überhaupt keine Experimente mehr – Massenwahlkampf treiben kann, weil er ermöglicht, die eigene Geschichte und Verstrickung abzustreifen.

Plötzlich waren alle schon immer Gegner, haben es schon immer gewußt und konnten bloß nicht so richtig handeln. Es gibt nur noch Opfer auf der einen und Täter auf der anderen Seite. Also, unsere Schädigung, denke ich, liegt in uns. Wir wiederholen die Zweiteilung, in der wir in einem politischen Manichäismus vierzig Jahre lang gefangen waren, indem wir sagen: »Täter oder Opfer.«

Wo kommen die vielen Gegner jetzt auf einmal her?, wundere ich mich. Aber sie lassen sich nicht mehr fragen, denn ich habe da ja auch mitgemacht. Diese Zweiteilung wiederholt sich. Chancenlos sind die SED-Mitglieder. Ändern sie sich nicht, sagen wir: »Seht, es sind immer noch die alten Betonköpfe.« Ändern sie sich, sagen wir: »Seht, es sind Wendehälse.«

Sie haben nur noch die Chance, sich zu erschießen oder in die Bundesrepublik zu gehen.

Die kritische Rückfrage lautet also zum Beispiel: »Freunde, am 7. Mai, wo wart ihr denn da?« Oder: »Freunde, eure Kinder wollten Medizin studieren und haben sich für drei Jahre verpflichtet – oder länger.« Was habt ihr da gesagt? Was habt ihr da getan? Oder: »Was für ein Gelöbnis habt ihr eure Kinder bei der FDJ und für die Jugendweihe sprechen lassen?« Solche kritischen Rückfragen werden als Beleidigung, ja als Denunziation oder gar als intellektueller Hochmut empfunden.

Am leichtesten ist es – so denken viele –, die Vergangenheit abzustreifen, wenn nun mit aller Kraft eine Angliederung an die Bundesrepublik vollzogen wird. Die leise Stimme der Vernunft ist gegenwärtig chancenlos. Als die sanfte Gewalt der Vernunft gegen die Macht der SED kritisch erhoben wurde, wurde sie gehört. Symbolfigur war vielleicht Stefan Heym, ein bißchen auch Stephan Hermlin. Jetzt erhebt sie sich, die sanfte Stimme der Vernunft, kritisch gegen die Masse, vorher gegen die Macht. Und jetzt wird sie überhört. Die Intellektuellen sind wieder allein. Ich hoffe immer noch, daß die anderen Europäer ihre Vornehmheit aufgeben und endlich deutlicher sagen, was sie denken und empfinden. Sonst haben wir es schwer, unsere Bedächtigkeit im Blick auf eine zu schnelle Vereinigung glaubwürdig zu machen in unserem Land.

3. Die Revolution entläßt nicht ihre Kinder, sondern ihre Väter. Auf den Großdemonstrationen seit dem 9. November wird nicht mehr zugehört, wenn nicht die einfachen Parolen zugerufen werden. Es ist, und darin sehe ich eine Gefahr, die Stunde der großen Demagogen, die glücklicherweise noch nicht aufgetreten sind. Aber das kann jeden Tag geschehen. Ich stelle mir vor, ein großer Demagoge würde in Leipzig auftreten, was da losginge.

Eine gekränkte Teilnation will endlich Genugtuung. Sie will keine andere Erinnerung als die Erinnerung an die zugefügten Schmerzen, Verluste, Demütigungen durch die SED. Bei Rot sieht sie rot. Und den Grünen ist sie nicht grün. Und die Väter, die einmal angefangen haben, so etwas aufzubauen wie eine links-liberale kritische Opposition, verstummen, wie etwa mein Freund Edelbert Richter.

4. Wir stehen vor dem völligen Zusammenbruch des eigenen Systems, sogar dort, wo man es respektabel fand, also im Gesundheitswesen. (Den hippokratischen Eid haben ja viele Ärzte der DDR sehr ernst genommen, um ihn mit Hilfe der technischen Geräte und einer anderen Gehaltsstufe in der Bundesrepublik erfüllen zu können.) Auch das Gesundheitswesen bricht bei uns zusammen.
   Die Befriedigung der Grundbedürfnisse, die so billig war, ist finanziell nicht mehr leistbar. Das ganze Land verfällt. Auch das, was in der Friedenspolitik bedenkenswert war, war offensichtlich doch nur dafür gedacht, nach außen zu wirken und hat nach innen überhaupt keine Struktur der Friedensfähigkeit entfaltet.
   Also, der völlige Zusammenbruch des eigenen Systems ist auch dort festzustellen, wo man es für bedenkenswert hielt. Das macht blind für das, was im Lernprozeß von vierzig Jahren für einen neuen Abschnitt unserer Geschichte fruchtbar gemacht werden könnte.
   Wirtschaftlich ist das System zusammengebrochen. Am schlimmsten wird es dort, wo wir, wie im Fall Espenhain, sagen müssen, wir können nicht stillegen, weil wir dann nicht wissen, wohin mit den Arbeitslosen, die die Stillegung mit sich bringen wird. Wir führen also

die Produktion aus einem sozialen Grund weiter. Aber es ist weder ökonomisch noch ökologisch vertretbar, dort weiterzumachen. Jeden Tag stehen jetzt die Skandale, die ökologischen Skandale, in der Zeitung, bei uns!

Auch moralisch ist das System zusammengebrochen. Man fragt sich: Wer von der Führungsriege sitzt eigentlich nicht ein?

Politisch ist das System zusammengebrochen. Die DDR ist völlig handlungsunfähig geworden. Der erste Artikel ist aus der Verfassung gestrichen, und nun wird alles abgeschafft, was diesen Staat legitimiert hatte, worauf er fundiert war. Und diese Blindheit führt zu der Neigung, die andere deutsche Republik angesichts ihres fortwährenden Prosperierens ganz unkritisch zu kopieren. Je mehr Zusammenbruch, desto mehr Neigung, nichts mehr selber zu versuchen, sondern sich anzulehnen und sich ganz hilflos zu machen. Insofern habe ich gesagt, daß der Kohl-Plan nach dem 9. November die größte Katastrophe für uns ist, nämlich weil dieser Plan uns ganz hilflos gemacht hat: »Du kannst uns helfen. Nun handele für uns!«

Der Identitätsgewinn geschieht in der tatsächlichen oder geistigen Massenflucht. Die Identität liegt ja bereit: nämlich im Grundgesetz der Bundesrepublik als Staatsbürgerschaft, im sozialen Netz der BRD und im Gefühl, auch endlich wer zu sein.

5. Wir haben einen völligen Autoritätsverfall in unserem Land. Alle gefürchteten oder verehrten Politiker sitzen jetzt hinter Gittern. Die Wände, die durch Bilder dieser Herren geziert wurden, sind leer. Das führt in den Schulen auch psychologisch zu einer Katastrophe. Die

Autoritäten sind weg, und jetzt sind die Lehrer die Angegriffenen. Wohin mit dieser Leere bei den Schülern? Was daraus wird, weiß ich noch nicht. Ich denke mir, daß auch manches Anarchische aufkommen könnte. Die Aggressivität und die Kriminalität steigen.

6. Das Wohlfahrts-, Freizügigkeits- und Selbstwertgefälle zwischen Bundesrepublik und DDR, in vierzig Jahren aufgestaut, will jetzt eine schnellstmögliche Angleichung. »Zufällig wohnen wir doch in der DDR.« »Unverschuldet haben wir, statt Marshallplanhilfe zu erhalten, riesige Reparationsleistungen erbracht und das Aufdrücken eines stalinistischen Systems erlitten. Wir haben den Verlust von Millionen Menschen verkraften müssen.« Jetzt endlich wollen die Deutschen in der DDR Wiedergutmachung durch Wiedervereinigung – mit Hilfe von 500 Milliarden.

7. Wieder wird die Unfähigkeit zu trauern zu einer Flucht in eine neue Identität. Die eigene Geschichte und damit die Verstrickung wird geleugnet. Die Spuren sollen verwischt werden durch West-Integration. Was die Bundesrepublik in den 50er Jahren gemacht hat, macht jetzt die DDR, indem wir auch die West-Integration vollziehen.
   Ich behaupte, der Durchschnitt der DDR-Bürger hat den Nationalsozialismus und seine Verbrechen ebensowenig verarbeitet wie der Durchschnitt der Bürger der Bundesrepublik. »Mit Auschwitz hatten wir nichts zu tun, weil wir ja zu den Neuen gehörten.« Also insofern haben wir diesen inneren Prozeß auch noch vor uns: Wenn wir »deutsch« sagen, müssen wir weiterhin auch immer noch »Auschwitz« sagen.

8. Wir haben unsere Identität in unserem Schmerz, in der Nostalgie auch der zerbrochenen Träume. Wer wissen will, was darüber hinaus unsere Identität ausmacht, muß die Bücher lesen, die seit 1976 in der DDR erschienen sind.
Das Schwerwiegendste ist der Verlust der Ideale. Da wir Gäste der Heinrich-Heine-Universität Düsseldorf sind, habe ich in: »Deutschland – ein Wintermärchen« nachgelesen:

Sie sang das alte Entsagungslied,
Das Eyapopeya vom Himmel,
Womit man einlullt, wenn es greint,
das Volk, den großen Lümmel.

Ich kenne die Weise, ich kenne den Text,
Ich kenn' auch die Herren Verfasser;
Ich weiß, sie tranken heimlich Wein
Und predigten öffentlich Wasser.

[...]

Ja, Zuckererbsen für jedermann,
Sobald die Schoten platzen!
Den Himmel überlassen wir
Den Engeln und den Spatzen.

Ja, Zuckererbsen in der prosperierenden Bundesrepublik –, den Himmel, nämlich den Sozialismus, überlassen wir denen, die davon noch weiter träumen.
Sie haben uns belogen und betrogen, und wir haben sie belogen und betrogen. So waren wir uns in diesem Lande vierzig Jahre einig. Nun sitzen sie, und wir sitzen da vor dem Ruin, dem materiellen und dem moralischen. Und der Ver-

lust jeglicher Ideale ist das Ergebnis dieses Macht-Zynismus. Es gilt nun nur noch zugespitzt: statt SED jetzt KaDeWe.

Was ist nötig?

Wir sind vom Traum in den Taumel geraten. Es muß uns meiner Ansicht nach darum gehen, solange wie nötig ein souveräner Staat zu bleiben, in dem wir Demokratie üben, ihr dynamische und stabile Formen geben und den erreichten Grad der Politisierung der zurückliegenden Monate nicht wieder verlieren zugunsten einer einfachen Kopierung der Parteiendemokratie der Bundesrepublik.

Es scheint mir wichtig, so lange wie nötig, ein eigener Staat zu bleiben, um uns auf das zu besinnen, was wir von unseren Erfahrungen in ein geeintes Deutschland einbringen können. Ich denke, wir müssen uns darauf verständigen, bei der Einigung der beiden deutschen Staaten Schrittmacherdienste für ein geeintes Gesamteuropa zu leisten, statt unsere nationale Einigung zum vorrangigen Ziel zu machen.

Es geht auch darum, miteinander die Aufarbeitung zu leisten. Sonst bringen wir ungelöste tiefe Konflikte, ja Spaltung in die geeinte Nation Deutschland ein. Es würde sich rächen, wenn wir den 40jährigen Schatten nicht annehmen würden, sondern ihn einfach leugnen wollten. Wir brauchen für ein friedensfähiges Deutschland eine gelungene Identität, die durch das Feuer der Selbstläuterung gegangen ist, und das können wir nicht, wenn wir (uns) jetzt schnell einig werden.

24. Januar 1990
Erschienen in: Hans Süssmuth (Hrsg.):
Wie geht es weiter mit Deutschland?
Baden-Baden, 1990

Chance und Elend der demokratischen Reform

Beispiel Wittenberg

Die Lutherstadt Wittenberg zählt heute 54 000 Einwohner und wird bestimmt durch ihre glorreiche Vergangenheit, verbunden mit den Namen Martin Luther, Philipp Melanchthon und Lucas Cranach. Der Verlust der Universität (im 16. Jahrhundert war sie die größte in ganz Deutschland und wurde 1817 der Halleschen Universität zugeschlagen) machte aus Wittenberg wieder ein kleines Provinzstädtchen, das einerseits von seiner Geschichte lebte und andererseits wegen seiner strategischen Lage von gewisser Bedeutung blieb. Die Stadt schmiegt sich an die Elbe, diese nun stinkende Industriekloake, die hier noch ihr gerüttelt Maß an gänzlich ungeklärtem Abwasser hinzubekommt. Geblieben ist dennoch eine liebliche Auenlandschaft.

Grau sind alle Dächer geworden, denn die »Chemiestadt Wittenberg« überzieht seit Jahrzehnten mehr und mehr ein bäume- und steinefressender Regen. Ätzende Luft von ungefilterten Abgasen des riesigen Düngemittelwerkes am westlichen Eingang der Stadt belastet die Atemwege. Die Wahrzeichen der Vergangenheit werden durch die Wahrzeichen der Gegenwart buchstäblich aufgefressen. Der Sandstein zerbröselt.

Es ist deshalb kein Zufall, daß hier in Wittenberg der Protest gegen die für jedermann spürbare ökologische Verderbnis – noch übertroffen durch die staatlich verordnete

Geheimhaltung derselben – ein besonderes Zentrum hatte. Das »Kirchliche Forschungsheim« in Wittenberg nahm sich in den letzten 12 Jahren dieser Probleme in besonderer Weise an und der »Grüne Runde Tisch« versuchte seit dem Herbst 1989 praktische Umweltpolitik zu initiieren. Nun aber kommen ganz andere Gefahren: Für das Chemiewerk ist immer noch keine hinreichende Unternehmensidee gefunden worden und die 10 000 Arbeiter und Angestellten des Werkes bangen um ihre Zukunft. Aber nicht nur sie, sondern auch die Mitarbeiter im Möbelwerk, im Gummiwerk, im Eisenwerk, im Kerzenwerk, im Kekswerk ...

Seit Jahrzehnten nichts investiert

Nirgendwo wurde in den letzten Jahrzehnten investiert und rationalisiert. Viele Menschen wurden beschäftigt, ohne wirklich Arbeit zu haben, bzw. die Mißwirtschaft und das Mißmanagement machten unnötige »Arbeit« erforderlich. Die Leistungsbilanzen wurden so frisiert, daß niemand mehr wußte, was stimmt. Nur wußten alle, daß alles nicht stimmt. Nun sind alle kleineren und größeren Betriebe der plötzlichen Konkurrenz einer der hochmodernsten Wirtschaften der Welt ausgesetzt. Viele trauen sich nicht einmal in den Urlaub zu fahren: die einen, weil sie bei anstehenden Entscheidungen oder bei sozialen Konflikten präsent sein zu müssen glauben, die anderen, weil sie fürchten, bei ihrer Rückkehr den blauen Brief vorzufinden, ohne sich noch wehren zu können.

Am 19. September 1989 hatte der gesellschaftliche Aufbruch in Wittenberg mit einer Diskussionsveranstaltung von ganz ungewöhnlichem Charakter in der Stadtkirche begonnen. Die evangelische Kirche hatte alle Parteien und die Öffentlichkeit eingeladen, über die bedrängenden Probleme angesichts des Ausblutens unseres Landes zu sprechen. Die Vertreter aller Parteien hielten sich zu diesem Zeitpunkt nicht nur bedeckt, sondern betrachteten diese Veranstaltung noch als staatsfeindlich. Einzelne Mitglieder von Blockparteien nahmen in eigener Verantwortung allerdings schon daran teil. Ein Protokoll wurde dem Bürgermeister übergeben. Dieser sah jedoch »Dunkelmänner« am Werke. Dabei hatten die Menschen hier nur offen ausgesprochen, was sie angesichts der Flüchtlingsströme bewegte.

Am 31. Oktober 1989, dem Reformationstag, zogen etwa 15 000 Menschen mit Kerzen durch die Stadt zum Denkmal Martin Luthers. An diesem Abend wurde klar, daß die Bürger mehr wollten als die Erinnerung an den Reformator: sie wollten eine grundlegende Reform und nicht bloß kernige Zitate von Martin Luther und seiner Reform. Das Maß war voll. Die ganze DDR begann zu brodeln, und die Wittenberger wollten den Leipzigern nicht nachstehen. Noch waren wenige Plakate zu sehen, sie deuteten indes auf zentrale Probleme hin: »Im Abwasser staut sich die Schuld«, »Wo Häuser verkommen, verkommen auch Menschen«, »Margot ade, dein Bleiben tut weh«, »Tauwetter nach 40 Jahren Frost/Frust«, »Das Fach Doppelzüngigkeit sofort streichen«. Thesen über den Dialog heftete der Wittenberger Pfarrer Gottfried Keller an die Tür des Rathauses. Sie luden ein zum gleichberechtigten Dialog und plädierten für strikte Gewaltlosigkeit von beiden Seiten.

Viele der in diesen Monaten erhobenen Forderungen wurden erfüllt. Fragen der Ökologie, der sozialen Gerechtigkeit, der weltweiten Solidarität, der Völkerverständigung und eines naturverträglichen Lebensstils traten zurück hinter der Frage, wann, wie schnell und auf welche Weise die Bürger der DDR ein gleiches Lebensniveau wie das in der Bundesrepublik erreichen können. Zweitens wurde deutlich, daß der Mensch, den der Marxismus als das »Ensemble der gesellschaftlichen Verhältnisse« definiert, sich auf seine privaten Interessen konzentriert, wenn er die Wahl hat. »Privat geht vor Katastrophe« – das war die entscheidende Lebensmaxime im real existierenden Sozialismus der DDR gewesen.

Die gesellschaftliche Massenaktivität des Herbstes ist nun an einige delegiert worden, so daß die Demokratie auf allen Ebenen schnell zur repräsentativen Demokratie wird, statt die unmittelbare Bürgermitwirkung zu suchen, wie wir sie auf den zahlreichen Bürgerforen im November 1989 mit breiter Beteiligung zu allen gesellschaftlich relevanten Fragen erlebt hatten. Anzeichen für die neuerliche politische Abstinenz sind die geringe Mitwirkung an Bürgerinitiativen, Bürgerbewegungen und Parteien. Am äußerst geringen Interesse für einen phantasievoll organisierten Ökologienachmittag auf dem Marktplatz in Wittenberg am 5. Juli 1990 aus Anlaß des Weltumwelttages wurde dies deutlich. Die Stadt ist im Aufbruch gewesen. Jetzt ist sie im Umbruch. Vieles bricht einfach zusammen, ohne daß schon klar wird, wie und von wem und in welchem Zeitraum es wieder aufgebaut werden kann. Über eines aber scheint sich die Mehrheit der Bürger einig zu sein: Was wir gehabt haben, wollen wir keinesfalls wiederhaben, aber was wir jetzt vor uns haben, macht uns insgesamt doch recht sorgenvoll.

Eine Stadt fängt wieder an zu leben

Der Marktplatz war bis vor einem Jahr sauber, aber auch leer und öde. Ein paar »Krauter« brachten ihre Waren zweimal wöchentlich früh auf den Markt. In wenigen Stunden war alles verkauft und der Markt geschlossen. In den

Gemüseläden immer wieder dasselbe: Grünkohl, Rotkohl, Weißkohl.

Jetzt ist an jedem Tag Markttag. Alle möglichen Anbieter von Bundeswehrkleidung bis zu Billiguhren aus Japan, »wertvollen« Teppichen bis zur Pizzeria, ist alles vertreten. Unter den Krämern sind auch kleinere Gauner, die den ungeübten DDR-Bürgern ihre angeblich besonders billigen Waren anzudrehen versuchen. Wenn der Markt am Abend abgeräumt ist, zeigt sich ein ungewohntes Bild von Müll, mit dem die Stadt kaum fertig werden kann. Die Bundesrepublik kommt mit vielen schönen bunten Waren, lang erwarteten darunter, wie dem frischen Obst und Gemüse, aber auch mit ihrer ganzen Müll-Lawine auf uns zu. Wir sind auf diese Müllmengen in keiner Weise vorbereitet. Die Stadt ist schmutziger denn je zuvor. Der wachsende Wohlstandsmüll überholt längst den wachsenden Wohlstand. Allabendlich wird es nun lebendig laut. Die neuen Autos werden vorgestellt. Männliches und auch weibliches Imponiergehabe tobt sich mit den neuen Autos nach 18 Uhr auf Haupt- und Nebenstraßen aus. Viele steigen mit einem neugewonnenen Selbstwertgefühl aus ihren »Westwagen« und lassen dabei ihre Stereoanlage mit voller Lautstärke laufen. Ein Hauch der Freiheit und Teilhabe am langersehnten Leben für unsere Trabifahrer.

Aus den Mengen der Demonstranten wurden nach dem 9. November 1989 die geduldig wartenden Menschenmassen vor den Paßabteilungen, um sich den Reisestempel abzuholen. Jetzt stehen dieselben Schlangen wieder geduldig vor den Amtsstuben, diesmal, um zu Hunderten und Aberhunderten täglich ihre neuerworbenen Autos anzumelden oder um das langersehnte Geld abzuheben. Aus der »demokratischen Revolution ist eine Umtauschaktion« geworden.

Am 1. Juli 1990, abends gegen 19.00 Uhr, war die Stadt so belebt wie wohl nie an einem Julisommerabend. Einige hundert Menschen drängten sich neugierig durch die Stadt und betrachteten die wundersam erneuerten Schaufenster der »schönen neuen Welt«. Erwachsene drückten sich die Nase platt an den großen, sauber geputzten Scheiben, um zu sehen, welche Waren am Montag dort zu kaufen seien. Sie kalkulierten ihr halbiertes Geld. Es war eine Weihnachtsstimmung mitten im Sommer.
Inzwischen haben sich die meisten daran gewöhnt, daß fast alle Waren aus westlicher Produktion kommen. Erzeugnisse aus der DDR muß man schon suchen, wenn man in eine Drogerie geht, in einen Elektroladen oder in einen Haushaltswarenladen. Mit schlechtem Gewissen zwar, aber dennoch beteiligt, gingen DDR-Bürger nach der Währungsunion in die ehemals überteuerten Läden, um sich eine Lederjacke für 30 DM (vormals 600 M) zu kaufen oder eine Jeanshose für 10 DM (vormals 230 M). Das große Verschleudern aller Produkte, die aus der bisherigen Produktion der DDR stammten, hatte begonnen. Den Sinn mochte man nicht so ganz verstehen. Ist das Marktwirtschaft?
Die Gaststätten haben ihre Preise geändert, ohne daß sich ihr Niveau verändert hätte. Die Quittung haben sie bekommen: viele sind leer. Im »Goldenen Adler« werden bisweilen täglich 8 Mittagsportionen verkauft. Der Vorteil ist: man bekommt Platz, und es wird nicht mehr der Unterschied gemacht zwischen einem, der nach Osten oder nach Westen aussieht.

Wie regiert man ein Rathaus?

Die Stadt belebt sich. Täglich gibt es Neues, hier und da wird ein neuer Laden aufgemacht, dem Fahrradladen sieht man endlich auch von außen an, daß er ein Fahrradladen ist. Die Blumenläden sind so eingerichtet, daß man davor stehenbleibt, nur um zu schauen.

Am 6. Mai wurde gewählt. Aber erst am 16. Mai wurde in Berlin die neue Kommunalverfassung beschlossen, die die Abgeordneten dann erst vor Pfingsten in Händen hatten. Viel Hin und Her, Unsicherheiten, formale Probleme verzögerten die so dringende Sacharbeit. Ein Wettlauf mit der Zeit begann. Die Geschäftsordnung mußte beschlossen werden, bevor es eine Gruppe gab, die legitimiert war, eine solche Geschäftsordnung auszuarbeiten. Ähnlich ging es mit der Hauptsatzung und den Überlegungen, wie die Verwaltungsstruktur im Rathaus denn vorzunehmen sei. Es gab niemanden, der wirkliche Verwaltungserfahrung hatte. Hier bewährte sich, daß es eine Partnerschaft zu Göttingen gab, die noch unter der SED-Herrschaft abgeschlossen, nun aber mit völlig neuem Inhalt erfüllt wurde. Ohne diese Hilfe wäre in dieser Stadt alles noch viel schwieriger geworden.

Aber fast alle Entscheidungen sind noch im Wartestand, weil noch nicht klar ist, wie die Stadt am besten verwaltet wird und wer die neuen Aufgaben übernehmen kann und soll. Die ersten formalen Streitigkeiten über Legitimation und Tagesordnung kosteten das Stadtparlament viel wertvolle Zeit beim Lösen der drängenden Probleme. Es rächt sich bitter – und das wird noch lange Zeit so sein! –, daß es keinen einzigen ausgebildeten Juristen in der Stadtverwaltung gibt, von fähigen Finanzökonomen, Volkswirten und Verwaltungsfachleuten ganz zu schweigen. Die Verantwortlichen aus der alten Ära sind noch in ihren Ämtern, ohne daß sie wissen, ob sie darin verbleiben können. Die personelle Decke ist sehr dünn. Wer wird sich zur Verfügung stellen beim Aufbau dieses maroden Landes, ohne daß erkennbar wird, ob für die Wiederaufbauarbeiten eine finanzielle Deckung vorhanden sein wird? Noch ist die Unsicherheit groß. Viele Mitarbeiter machen deshalb Dienst nach Vorschrift – »und es läuft nichts«, sagt das Volk.

Endlich soll die Stadt ein Klärwerk bekommen, in dem kommunale und Industrieabwässer zusammen geklärt werden, ein Pilotprojekt für Europa. Ein 300 Millionen DM Kredit des Bundesumweltministeriums soll zinsgünstig zur Verfügung gestellt werden. Wo aber sind die Fachleute mit ausreichend Sachkompetenz, Erfahrung im Management, im Umgang mit verschiedenen Firmen und deren Angeboten sowie mit ausreichender Kenntnis der örtlichen Bedingungen? Es muß einerseits schnell gehandelt werden und es muß andererseits gut bedacht sein. In diesem Zwiespalt befindet sich die neue Verwaltung auf allen Ebenen in der DDR. In einer überschaubaren Stadt werden diese Schwierigkeiten jedermann erkenn- und erfahrbar. Es ist mühsam, eine sanfte Revolution in eine demokratische Reform zu überführen und praktisch zu gestalten.

Vierzig Jahre zentralistische Schule mit Priorität der Ideologie – wie läßt sich das überwinden? Wieviele Lehrer sind brauchbar? Wer ist glaubwürdig? Wo finden sich die neuen Direktoren, die in der Lage sind, eine Schule von einer stalinistisch organisierten Institution mit zum Teil militaristischen Zügen zu einer Schule der Demokratie zu führen? Wohin mit den Russischlehrern, die nicht mehr gebraucht werden, weil die Kinder nicht mehr Russisch lernen wollen, sofern sie es nicht mehr müssen? Wohin mit den Staatsbürgerkundelehrern? Sollen sie die Lehrer für Lebenskunde oder Ethik werden? Sie müßten sich nicht nur ganz wenden, sondern ein gänzlich neues Studium beginnen!

Wer soll den Schülern helfen beim Überwinden der Wertekrise, die notwendig entsteht, weil die bisherigen Werte alle von heute auf morgen nicht mehr gelten und neue noch nicht da sind?
Die Kollektivideologie, die Freundschaft zur Sowjetunion, »unser Friedensstaat und seine historischen Errungenschaften«, unsere »einzig wissenschaftliche Weltanschauung mit ihrem tiefen humanistischen Gehalt«, die »Partei als die Avantgarde des Fortschritts« – alles ist passé. Die Bilder der alten Herren aus der Politjunta sind abgehängt. Waren also die Erwachsenen alle Lügner? Nihilismus, Aggression, Lernverweigerung sind die Folgen. Politisch dumpfe Radikalisierung nach rechts ist unübersehbar. Die Jugendlichen stürzen in großer Zahl in die Porno- und Gewaltvideos.
So trafen am 1. September – nach den großen Ferien – unsichere Lehrer und unsichere Kinder aufeinander. Vielleicht werden sie dadurch ein neues Verhältnis zueinander gewinnen, daß sie sich beide als Lernende erfahren und endlich die Frontalpädagogik mit ihren Gehorsamsstrukturen aufhört. Aber welche Lehrer sind darauf vorbereitet, auf schwierige gruppendynamische Prozesse so zu reagieren, daß die Konfliktlösung partnerschaftlich und niederlagelos geschehen kann? In den letzten Monaten sind Pfarrer, ausgerechnet Pfarrer, diese Vertreter einer »überlebten Ideologie«, in die Schulen gebeten worden, um den Lehrern etwas über Christentum und Religion zu vermitteln. Noch vor Jahresfrist gingen sie nur in die Schulen, wenn sie besondere Beschwerden bei Repressionen, ideologischen Überspitzungen oder beim Wehrunterricht hatten. Werden die Kirchen wieder versuchen, eine Macht-

stellung in den Schulen zu bekommen und an die Stelle der marxistischen Glaubenslehre wieder die christliche zu setzen?

Waren die Kirchen seit Oktober 1989 der Ausgangspunkt, Sammelplatz und die Inspirationsquelle für die friedliche Revolution, so sind sie jetzt wieder in ihre Position vor der Wende zurückgekehrt. Die Besucherzahlen kirchlicher Veranstaltungen haben sich »normalisiert«. Die Zuhörbereitschaft der Besucher und die Intensität kirchlicher Veranstaltungen scheint mir indes eine andere Qualität angenommen zu haben. Sehr beunruhigte, zerrissene, trost- und orientierungsbedürftige Menschen sammeln sich hier, die »die Welt nicht mehr verstehen« und am Menschen zu verzweifeln beginnen, an dem Menschen, der sich vorrangig als ein homo consumens zu begreifen scheint. Die politische Brisanz ist aus den kirchlichen Veranstaltungen in dem Maße herausgenommen, als es kein Risiko mehr darstellt, in die Kirche zu gehen. Die Seelsorge wird über persönliche Probleme hinaus zum praktischen Hilfegesuch in Zeiten sozialer und politischer Eruptionen. Das Hauptthema fast aller Gespräche ist der Umgang mit den ehemaligen Machthabern, ist das Problem von Schuld und Sühne, Opfer und Täter.

Ob die Kirchen die Kraft und die personellen wie finanziellen Voraussetzungen haben werden, um die neuen Erwartungen der Menschen zu erfüllen, ist noch offen.

»Könnten wir nicht nochmal demonstrieren?«

Es erreichen mich in den letzten Monaten von ganz frühmorgens bis ganz spätabends Anrufe und es kommen immer wieder besorgte Menschen, die mich (als Vertreter der Kirche und als einer der Sprecher auf den Foren und Demonstrationen des Herbstes) bitten, eine Demonstration zu organisieren, – um gegen die neue Preispolitik zu protestieren, - um für den Erhalt der Arbeitsplätze und einen Teuerungsausgleich nach Wegfall der Subventionen zu kämpfen, – um für den Verkauf unserer Produkte zu werben, – um Honeckers Verurteilung zu beschleunigen, um die einfache Selbstaufgabe der DDR und den einfachen Anschluß an die BRD zu stoppen …

Gleichzeitig ahnen diese besorgten Menschen, daß die Massen des Herbstes sich nicht mehr mobilisieren lassen. Dic Atomisierung der Gesellschaft ist in vollem Gange. Die materiellen Sorgen und die Sorge um die Sicherung des Arbeitsplatzes, die Entscheidung, welches (West-)Auto man sich wann kauft, das steht im Vordergrund.

Auch in dieser Stadt wird man bald sehen, daß die DDR nur eine Fußnote der Geschichte war. Indes werden die Aufbauarbeiten noch lange Zeit in Anspruch nehmen – die Aufbauarbeiten in der verfallenen Stadt und die Aufbauarbeit in unseren Seelen. Die Altlasten bleiben Volkseigentum. Niemand wird von außerhalb bereit sein, sie für uns abzutragen. Der äußere und innere Selbstreinigungsprozeß wird noch länger dauern.

Das Parlament
14. September 1990

Die Helden gehen leer aus

Es ist schwerer, einen Staat aufzubauen, als einen Staat zu zertrümmern. Es ist leichter, ein autoritäres System zu kritisieren, als ein demokratisches System zu errichten. Die Oppositionsbewegung in der DDR hatte nicht die Chance, demokratische Strukturen zu entwickeln, die an die Stelle der autoritären Herrschaft hätten treten können. Die einzelnen Personen der Opposition in der DDR, sofern sie nicht resigniert dieses Land nach und nach verlassen haben, waren im wesentlichen Individualisten. Was sie sagten und taten, taten sie ganz auf eigenes Risiko. Hätten sie sich mit anderen schon früher zusammengeschlossen und eine demokratische Bewegung organisiert, wären sie mit Sicherheit von »der Sicherheit« zerschlagen worden. Der Weg ging dann meistens über die psychische Zerstörung (vgl. die Anweisungen des Mielke-Ministeriums zur systematischen Zersetzung der Oppositionsgruppen) oder über Verurteilung auf viele Jahre zum baldigen Freikauf durch den Westen. So ist in der DDR die Opposition im wesentlichen durch einzelne Personen repräsentiert worden, die sich kaum Gedanken gemacht haben über die Frage, wie sie denn im Falle eines Zusammenbruchs des Systems selber die Regierungsgeschäfte und die Aufgabe der Gestaltung hätten übernehmen können. Die Machtfrage zu stellen war wirklich *die* Existenzbedrohung für den, der sie stellte. Jeder, der hier leben und bleiben wollte, umschiffte sie und stellte sie stets implizit. Aber die Oppositionellen waren somit weder innerlich noch äußerlich auf eine »Machtübernahme« unter demokratischen Bedingungen vorbereitet. Außerdem waren die meisten von ihnen eher an einer grundlegenden Erneuerung als an einer Annullierung der Deutschen Demokratischen Republik interessiert. Ihre geopolitischen und historischen Überlegungen hatten sie dahin geführt, sich nicht wieder ein Großdeutschland zu wünschen. Die Teilung anzunehmen war Teil der Annahme historischer Schuld. Aber die Idee einer Konföderation blieb lebendig, nicht die Idee einer Wiedervereinigung. Das Stichwort »Wiedervereinigung« erschien ihnen geradezu als eine gefährliche politische Illusion. Und schließlich haben sich fast alle Kräfte aus der Opposition überhaupt nicht mit den ökonomischen Problemen als letztlich entscheidenden politischen Problemen beschäftigt. Insgesamt herrschte eine große ökonomische Naivität. Dies hing auch damit zusammen, daß das ökonomische System der Planwirtschaft kaum durchschaubar war. Es konnte nicht ermittelt werden, in welcher Weise von wem und in welcher Höhe die Daten gefälscht waren. Es bleibt bis heute ein Geheimnis, wieso dieses Subventionssystem überhaupt hat so lange existieren können. (Merkwürdig ist aber auch, wie sehr sich die westdeutsche Wirtschaft, die Forschungsinstitute und die Politiker über das »moderne Industrieland« DDR getäuscht haben beziehungsweise sich täuschen ließen.)

Nur sehr wenige ahnten, was im Schoße der Deutschen steckt, wenn die Tabus, die mit Macht gehütet wurden, erst einmal weg wären. Dazu gehörte die Faszination, die der europäische Westen auf die DDR-Deutschen und die Osteuropäer insgesamt wegen seiner technologischen

Überlegenheit und seiner relativ gut funktionierenden sozialen Marktwirtschaft ausgeübt hat. In der Breite des Volkes hatte sich nirgendwo eine wirkliche Auseinandersetzung mit Problemen des Weltmarktes, der Verelendung des Südens und der fortschreitenden Naturzerstörung ergeben.

So stürzen die Freigelassenen nun in die Konsumwelt des Westens und wollen lieber gestern als heute an ihren Segnungen teilhaben. Mit erstaunlicher Geduld werden bisher die Arbeitslosigkeit und die drohende Verödung ganzer Industrielandschaften hingenommen. Irgendwie hofft man immer noch, daß dies bald vorübergehen würde, und es ist noch nicht auszumachen, wie diese fast flächendeckende Strukturkrise auf dem Gebiet der ehemaligen DDR bewältigt werden kann. Die Altlastensanierung wird wohl nur in dem Maß gelingen, wie es gelingt, auch eine Produktivität auf dem Gebiet der ehemaligen DDR zu erreichen, die die Finanzierung der Altlastbeseitigung ermöglicht.

Die »Helden« der Revolution haben das Nachsehen, weil sie auf die »Machtübernahme« überhaupt nicht vorbereitet waren und weil das Volk der DDR ihnen die Kompetenz, dieses Land zu gestalten, schlicht aus dem Grunde absprach, daß sie nicht für die ökonomische Basis eines Neuaufbaus sorgen könnten. Es ließ sich auch von ökonomischen Illusionen einlullen: schnelle D-Mark – schneller Markt – schneller Wohlstand. Von den Regierenden betrogen zu werden, waren sie ja seit 40 Jahren gewohnt. Bei den Volkskammerwahlen im März 1990 hieß es noch: »Gebt den Angstmachern keine Chance.« Gemeint waren mit den Angstmachern jene, die vor einer riesigen Flut von Arbeitslosen gewarnt hatten. Richtig daran war wohl, daß man kein neues sozialistisches Experiment wollte; aber das Experiment eines plötzlichen Nebeneinanders

einer heruntergewirtschafteten Planwirtschaft und einer effektiven Marktwirtschaft mußte zum Crash führen.
Die Oppositionsgruppen von vorgestern wurden marginalisiert wegen ihrer ökonomischen Insuffizienz und wegen ihrer Skepsis in der nationalen Frage. Heute läßt sich vielleicht schon sagen, daß die nationale Frage bei den Deutschen nicht wieder zum Problem zu werden braucht, wenn die sozial-ökonomische Frage gelöst wird und eine Integration der Ausländer in Deutschland gelingt. Das wird nur dann wirklich gelingen, wenn die ökonomische Sanierung ganz Osteuropas gleichzeitig vorangetrieben wird.

Die überwiegend intellektuelle Opposition fand in der Breite der Bevölkerung Zustimmung – genau bis zu dem Zeitpunkt, als klar war, daß das SED-Regime keine Chance mehr hat. Jetzt erst wurde klar, was das Volk wirklich denkt. Und was da hervortrat, war tumb und in keiner Weise intellektuell.
Der Aufruf »Für unser Land«, der an die Selbstbestimmungswünsche der demokratischen Opposition und der ersten Revolutionswochen anknüpfte, wurde zur Bruchstelle zwischen Volk und Intellektuellen.
Die kirchlichen Gruppen und die Gruppen, die unter dem Dach der Kirche zusammen mit kritischen Intellektuellen die Opposition ausgemacht hatten, waren das schlechte Gewissen für das bis dahin so angepaßte und auch kriechende Volk gewesen. Kurzzeitig wurden sie zu Idolen der Revolution, um dann heruntergestoßen zu werden. Die Kriecher konnten nicht akzeptieren, daß es in der Gesellschaft, die zum Kriechen zwang, Menschen gegeben hatte, die aufrecht gewesen waren. Also mußten sie »vom Sockel« gestoßen werden. Die Vorwürfe der Privilegienhascherei galten den einen, die dann als Staatsdichter denunziert wurden,

und die Stasidurchsetzung galt den anderen. (Welche verheerende Wirkung hat ein pauschalierender Satz wie »Es könnte noch die halbe evangelische Kirche hochgehen, wenn erst einmal alle Akten geöffnet werden!«) Die Selbstentschuldigung der Mehrheit, vor allem durch die flugs gewendeten liberalkonservativen Parteien, brauchte gleichzeitig die Entthronung derer, die zu Symbolfiguren eines Aufbruchs zu werden drohten, die eine eigenständige Entwicklung der DDR für möglich gehalten hatten. Die Entthronung der Sprecher der Revolution in der frühen Phase war ein Teil der Selbstentschuldigung der Schweiger. Rainer Kirsch hatte ein Gedicht über das Schweigen geschrieben:

Aufschub

Damit wir später reden können, schweigen wir.
Wir lehren unsere Kinder schweigen, damit
Sie später reden können.
Unsere Kinder lehren ihre Kinder schweigen.
Wir schweigen und lernen alles.
Dann sterben wir.
Auch unsere Kinder sterben. Dann
Sterben deren Kinder, nachdem
Sie unsere Urenkel alles gelehrt haben
Auch das Schweigen, damit die
Eines Tages reden können.
Jetzt, sagen wir, ist nicht die Zeit zu reden.
Das lehren wir unsere Kinder
Sie ihre Kinder
Die ihre.
Einmal, denken wir, muß doch die Zeit kommen.
1971

So wird heute über das Schweigen geschwiegen und den Redenden von vorgestern nachgewiesen, daß sie eigentlich nur reden konnten, weil sie besonders privilegiert oder sogar von der Stasi dazu beauftragt waren. Dies ist der Versuch, die vierzigjährige DDR-Geschichte nicht aufzuarbeiten. Was jetzt geschieht, trägt neurotische Züge. Stasineurotisiert wird nun die DDR dämonisiert, und genau dies wird dann zur Selbstentschuldigung genutzt. Die DDR wird zu einem Staat hochstilisiert, in dem man überhaupt nicht leben, atmen oder aufrecht gehen konnte. Jeder Kriecher findet so eine gute Rechtfertigung für sein Kriechen. Jeder sagt einfach: »Sie wissen doch, wie es war. Man konnte doch nicht anders.« Die Unlust zur Selbstreflexion wird durch das Hineinstürzen »in das Vergnügen« vermieden. Die die Selbstreflexion anmahnen, sind in der alten Opposition zu suchen, und wer Selbstreflexion anmahnt, wird beiseite gestoßen: »Man muß doch jetzt nach vorn sehen ...« Die Oppositionellen in der DDR haben sich zum Teil über ihre Akzeptanz im Volk täuschen lassen, als Tausende und Hunderttausende ihnen zuhörten, sie beklatschten und sie sich durch die Westmedien belobigen ließen. Endlich konnten differenzierte politische Reden in aller Öffentlichkeit gehalten werden! Es war erstaunlich, mit welcher Zuhörbereitschaft und Zuhörfähigkeit ein Volk in seiner Feierabendrevolution plötzlich auf die zuvor Gemiedenen hörte und dabei stolz auf sich selber wurde. Die Oppositionsgruppen waren sich nicht klar darüber, daß dies nur so lange funktionieren würde, als der Machtkampf noch nicht entschieden war.

Es ist kein Wunder, daß ein Volk, das rebellierte, als es statt Kaffee Kaffee-Mix gab, aber es einigen wenigen überließ zu protestieren, als Wolf Biermann ausgebürgert wur-

de –, daß dieses Volk 13 Jahre später auch nichts als die D-Mark will und die demokratische Freiheit als Beigabe dieser D-Mark willkommen heißt. Die Freiheit des Gaumens geht allemal vor der Freiheit der Zunge. Dies hatten offensichtlich auch die Führungskader der SED gewußt. So erklärte Horst Sindermann auf einer theoretischen Konferenz der SED in Magdeburg noch 1989, daß der Sozialismus der DDR sich am meisten bewährt habe durch »stabile Preise und höchsten Fleischkonsum«. (Konsequent wurde der Osten binnen eines halben Jahres von einem Bockwurst- zu einem Imbißland.)
Die Mitläufer, nun gewendet, wählen, ganz konsequent, die Mitläufer, Gewendete. In der Schnellwäsche der D-Mark sind sie alle gereinigt. Die DDR erlebte ein kurzes Aufflackern von Demokratie als freier Kommunikation, aber davor trat bald die freie Konsumtion in der *einen* Nation. Welche Absichten eine selbstbestimmte Deutsche Demokratische Republik gehabt hatte, läßt sich am besten im ersten Entwurf des Aufrufes »Für unser Land« erkennen, den Stefan Heym im Namen der Erstunterzeichner der Öffentlichkeit vorstellte. (Er wurde um der Klarheit willen später auf ein undialektisches Entweder–Oder reduziert.) Daran sei hier erinnert:

»Für unser Land

Liebe Mitbürgerin! Lieber Mitbürger!
Unser Land befindet sich in einer tiefen Krise, Menschen werden krank an der Gesellschaft. Viele verlassen das Land. Andere, die bleiben, haben mit einem Sozialismus, wie sie ihn erfahren haben, nichts mehr im Sinn. Wir haben in 40 Jahren manches erreicht, doch zuviel ist in der Entwicklung stecken-

geblieben. Zuviel Menschlichkeit ist verlorengegangen. Zu wenig ist von unserer Hoffnung auf Freiheit und Gleichheit, Brüderlichkeit und Schwesterlichkeit, auf eine solidarische humanistische Gesellschaft geblieben.
Die SED hat sich die Führung über das Volk und seine Vertretungen, über Parteien und Organisationen angemaßt. Sie hat uns elementare Menschenrechte versagt. Vom Stalinismus geprägte Strukturen haben alle Lebensbereiche durchdrungen. Der SED und allen Kräften, die mit ihr widerspruchslos zusammengearbeitet haben, vertrauen die Menschen nicht mehr. Dies ist die tiefste Ursache der gegenwärtigen Krise.
Doch wir geben die Hoffnung nicht auf! Wir wollen in unserem Land eine solidarisch-humanistische Gesellschaft entwickeln, in der Frieden und Gerechtigkeit, Freiheit und Bewahrung der Umwelt gewährleistet sind. Also suchen wir nach einer neuen Qualität der Gesellschaft, in der Freiraum für die Persönlichkeit, Leistungsorientierung und soziale Sicherheit vereint sind. Das ist die Kontur des Sozialismus in der DDR, die wir wollen. Wir wollen unsere Lebensqualität nicht auf Kosten der Menschen in den Entwicklungsländern erhöhen. Unsere Gesellschaft soll offen sein für die Not der anderen. Wir wollen eine Weltordnung, die allen Menschen das Lebensrecht sichert.
Bei der Neugestaltung unserer Gesellschaft müssen alle Stimmen gehört werden. Nie wieder dürfen wir zulassen, daß eine Partei allein das Sagen hat. Über eine neue Verfassung muß das ganze Volk beraten und abstimmen. Wir unterstützen den Runden Tisch

zur Lösung aktueller Probleme. Wir brauchen eine neue politische Kultur! Dazu gehören freie Wahlen. Es ist unsere Pflicht, Ausländerfeindlichkeit und faschistischen Strömungen entgegenzutreten.
Die Öffnung der Grenze hat die Menschen von beiden deutschen Staaten einander nähergebracht. Weitere Schritte der Annäherung sind notwendig. Aber es gibt auch Grund zu Sorgen – bei uns und unseren Nachbarn. Die Entscheidung für Reisefreiheit ist endgültig – sie darf aber nicht in den Ausverkauf führen.
Wir sind uns der besonderen Friedenspflicht der Deutschen bewußt. Wir wünschen uns gleichberechtigte solidarische Nachbarschaft mit allen Völkern. Wir wünschen uns ein partnerschaftliches Verhältnis zum anderen deutschen Staat.
Wir bitten Sie, liebe Mitbürgerin und lieber Mitbürger, bei den notwendigen Veränderungen in unserem Land nicht abseits zu stehen. Bringen Sie sich mit Ihren Gedanken und Ihrer Kritik, mit Ihrem Wort und Ihrer Tat ein. Wir sind uns bewußt – der Weg zu einem neuen humanen Sozialismus wird schwer. Wir haben keine Patentrezepte für die Zukunft. Nur unser aller Nachdenken, unsere gemeinsame Arbeit und die Opfer eines jeden von uns werden unserer Heimat ein menschliches Gesicht geben! Wir haben eine einmalige geschichtliche Chance!«

Soweit der ursprüngliche Text, dem auch ich zugestimmt hatte. Eine einfachere, eine vereinfachende Fassung wurde veröffentlicht. Der Aufruf wollte die Ängste vor der Fremd- und Selbstenteignung aufgrund eines schnell

schwindenden Selbstbewußtseins der DDR-Deutschen formulieren. Er lebte von der Zumutung einer differenzierten Prüfung dessen, was in 40 Jahren hier versucht und verloren war, um zu sehen, was aufhebbar und was wegwerfbar, was erneuerbar und was unbrauchbar ist. Er war befangen in der idealistischen Vorstellung, die Menschen hätten so viel Geschmack an der Freiheit gewonnen, daß sie den Geschmack der Freiheit nicht einfach gegen die Annehmlichkeiten der westdeutschen Wohlstandsgesellschaft eintauschen würden.
Der Verdacht indes war nicht gänzlich von der Hand zu weisen, daß hier einige Intellektuelle, Künstler und auch bekannte SED-Mitglieder nach der SED-Melodie mit Variationen »von oben« ein neues sozialistisches Experiment anstreben würden. Die Initiatoren aber wollten keine Fortsetzung des SED-Sozialismus mit anderen Mitteln; sie wollten eine andere DDR, die uns 16 Millionen nicht einfach auf den Stand von 1946 zurückholt und im Eilverfahren an den jetzigen Standard der Bundesrepublik anpaßt. Sie gingen außerdem davon aus, daß es selbst in der SED ein erneuerbares Potential geben würde und daß die Kräfte der DDR zu einer ökonomischen Erholung ausreichen könnten, ohne als Schnellziel die Angleichung der Lebensverhältnisse mit der Bundesrepublik anzustreben. Jedenfalls wollte der Aufruf ein unhistorisches Herangehen vermeiden. Das historisch Gewordene sollte nicht geleugnet und das alte Unrecht nicht durch neues Unrecht abgelöst werden, wie es der CDU-Wendepolitiker Gies jetzt mit der Infragestellung der Enteignungen von 1946 tut.
Durch diesen Text, seine Veröffentlichung im NEUEN DEUTSCHLAND und die Kampagne, die die SED mit diesem Text entfachte, geschah der Bruch zwischen den Dissiden-

ten und dem Volk. Aber auch innerhalb der Opposition ergaben sich die ersten tiefgreifenden Spannungen.
Der tolpatschige Egon Krenz, der am Abend seiner Machtübernahme noch eine Rede gehalten hatte, die an der Starrheit des Politbüros keinen Zweifel ließ, beeilte sich, den Appell mit Medienrummel zu unterschreiben. Das war sein Todesurteil. Ein übriges tat zum Beispiel ein ehemaliger Kampfgruppenkommandeur, der noch einige Wochen zuvor zu den Scharfmachern gehörte, nun aber Arbeiterinnen in Bitterfeld den Text mit dem Hinweis auf die Unterzeichner unter die Nase hielt und nach alter Kampagnenmanier Unterschriftensammlungen inszenierte. Der Bruch zwischen Intellektuellen und Volk bahnte sich an.
Ein Beispiel für die Spaltung der Demonstranten aufgrund dieses Aufrufes bietet ein Brief aus Leipzig:

> »Die Leipziger Montage sind gespalten. Die Mauer um dieses Land ist erst löchrig, und schon entwickelt sich eine Mauer zwischen uns. Das Entweder–Oder hat es ja so leicht gemacht. Wer nicht für den Sozialismus ist, der ist: unsolidarisch, unfriedlich, unsozial, ungerecht, gegen Freiheit und Freizügigkeit, für die Zerstörung der Umwelt, ein Ausverkäufer, unmoralisch, faschistisch, inhuman. Wer dagegen unter der roten Fahne marschiert – und Hakenkreuz, Hammer und Sichel vorher entfernt hat –, der kann erleichtert seine Mitdemonstranten als Nazis, Braune, Nationalisten, Kapitalisten, Imperialisten, Großdeutsche, Republikaner beschimpfen. Vielleicht nicht, wenn wir gerade einen Schweigemarsch zur Stelle der großen Leipziger Synagoge machen, da muß ja geschwiegen werden, aber dann ... Er kann

seinen Mitschüler verachten, der den vom Lehrer gebrachten Aufruf nicht unterzeichnet: Dann wissen wir ja, was das für einer ist. Er kann seine Unterschrift stolz neben der von Krenz und Schwanitz und ›auch die Mitarbeiter der WOCHENPOST‹ sehen. Und er braucht nicht nur bei sich selbst zu sagen: Ich danke dir, daß ich nicht so bin wie die andern Leute.«

Diese Reaktion deutet die innere Instabilität in unserem Land und die Bereitschaft zur Entweder-Oder-Konfrontation an, die sich durchaus auch schnell aggressiv entladen kann.
Die Angst davor, daß nur wieder ein »neues Experiment« veranstaltet werden würde, war groß. Man fürchtete, daß eine neue »intellektuelle Elite« eine neue Variation des Kommunismus vorlegen wolle. Die innere Erneuerungsfähigkeit, die auch an die Grundlagen des Systems ging, wurde von der Mehrheit der Bevölkerung damals intuitiv bezweifelt. (Die rumänischen Erfahrungen vier Wochen später, und der innere Zustand Rumäniens heute, scheinen dies auch zu belegen – bei allen Unterschieden zwischen Rumänien und Deutschland.) Die Hoffnungen der Mehrheit richteten sich auf den gleichzeitig erschienenen 10-Punkte-Plan des Bundeskanzlers. Eine zweite deutsche Republik verlor mehr und mehr an Akzeptanz und Überlebensfähigkeit.
Die Durchsicht aller Programme und Einzeläußerungen von Oppositionsgruppen und Einzelpersönlichkeiten aus Kunst, Politik und Kirche ergibt, daß sie von einer grundlegenden Umgestaltung, einer Perestroika in der DDR ausgingen und mit dem Begriff Sozialismus produktiv umgegangen waren. (Wie viele Menschen sie mit ihrer Posi-

tion repräsentierten, war angesichts des Lebens in der Lüge nicht zu ermitteln.)

Auch der Aufruf verwendet das Wort »Sozialismus«, und dies war wohl die entscheidende Weichenstellung. Dieses Wort war in 40 Jahren so gründlich mißbraucht worden, daß auch seine Erläuterung durch »human« oder durch »demokratisch« nicht mehr verfing. Das Volk fürchtete einen neuen »Ismus«. Zum anderen war wohl den Intellektuellen noch nicht hinreichend klar, wie dünn die ökonomische Basis und wie innerlich und äußerlich verkommen das ganze System war, bis es nun heute vollständig am Tropf der Bundesrepublik hängt.

Wie ein Hohn klingt es heute, wenn Erich Honecker noch am 25. September 1988 vor den Hundertschaften der Kampfgruppen, diesen Totengräbern des menschlichen Sozialismus, erklärt hatte: »Heute ist unsere Deutsche Demokratische Republik schöner denn je aus den Ruinen des Zweiten Weltkrieges auferstanden. Ja, ich möchte im Gegensatz zu manchem verantwortungslosen Gerede von Leuten, die es besser wissen müßten, sagen, daß das Antlitz des Sozialismus auf deutschem Boden noch nie so menschlich war wie heute.« (Wer das Tonband der Rede hört, wird auf einen schwerwiegenden Versprecher stoßen. Honecker sagte: »... verantwortungs*vollem* Gerede ...«)

Dies war ein ernstzunehmender Drohsatz gegen jeden, der einen 68er-Traum laut weiterträumen wollte.

Noch 1988 war der Sozialismus eine diskutable und kontroverse Streitformel, 1989 war sie bereits unbrauchbar geworden. Und das anfängliche Selbstbewußtsein der Deutschen in der DDR schien schon Ende November 1989 aufgebraucht zu sein. Dies hat die »Helden der Revolution« marginalisiert und gleichzeitig den Dialog zur Auf-

arbeitung unserer gemeinsamen Geschichte sowie zur Klärung unserer weiteren demokratischen Zukunft behindert. Die Runden Tische auf allen Ebenen waren vorübergehend basisdemokratische, hoffnungsvolle Varianten. Aber in ihrer Zusammensetzung waren sie schon nicht mehr vom Mehrheitswillen getragen.
Die allergische Reaktion auf alles, was aus der Zeit der 40 Jahre stammte, blieb groß, bis heute. Diese allergische Reaktion bezieht sich auch auf die Personen, die aus der DDR und ihrer Geschichte keine einfache »Wegwerfgesellschaft neuen Typs« machen wollten, um in eine andere, konsumorientierte Wegwerfgesellschaft zu wechseln.
Zusammenfassend ist zu sagen: eine ins Rechtskonservative und ins Nationale driftende Stimmung wollte dieser Aufruf verhindern und hat sie faktisch gerade verstärkt. Er wollte anknüpfen an die große Gemeinsamkeit des Aufbruchs und wurde zum Fanal des Abbruchs der Gemeinsamkeiten, die im Wahlergebnis des 18. März 1990 jedermann offensichtlich wurden. Die Wahl vom 18. März lediglich ökonomisch zu verstehen, wäre zu kurzsichtig. Es war auch eine Entscheidung gegen alles, was mit den Farben Rot und Grün und ihrem Vokabular verbunden war. Dies wiederum verleitete dazu, daß sich die »linken Kräfte« untereinander aufspalteten in die basisdemokratischen Bündnis-'90-Leute und die SPD, die ebenso wie Bündnis '90 gegenüber der PDS auf Abstand ging und auch die konkrete Unterscheidung zwischen Altstalinisten und reformfähigen und -willigen Kräften in der PDS nicht mehr vornehmen mochte. Ein übriges tat die Wahlkampftaktik der CDU, die Gleichheitszeichen zwischen SPD, PDS und SED setzte.
Eine Symbolfigur zur Integration und zur Identifikation fand sich in der DDR nicht. Die Art des Bundespräsiden-

ten im Frühjahr 1990, mit der deutschen Problematik umzugehen, war für Menschen ganz unterschiedlicher Grundauffassungen so akzeptabel und überlegen, daß eine entschlossene Suche nach einem »Präsidenten« gar nicht stattfand, zumal der Einigungszug unter Volldampf gesetzt wurde. Das »Laienspielparlament« schloß nach sechs Monaten so wie es angefangen hatte: mit Stasiverstrickungen. Die DDR fand kein sie integrierendes Subjekt. Ihre zaghafte Identität zerbröselte im Anschlußdruck.

Die »Helden der Revolution« gab es gar nicht wirklich, weil die DDR keinen Václav Havel hatte. Ein Grund ist darin zu sehen, daß der Überdruck aus diesem Lande in 40 Jahren in Gestalt von vier Millionen Menschen aus dem Lande abging. Der Aderlaß seit November 1976 hat uns die Überlebensfähigkeit gekostet. Der Westen war offensichtlich an einer relativ stabilen Entwicklung in der DDR interessiert. Wer erinnert sich noch, welche Empörung es sowohl bei den Orthodoxen in der SED wie auch in der Oppositionsbewegung ausgelöst hatte, als Franz Josef Strauß 1983 einen Milliardenkredit vereinbarte. Herr Schalck bewertet diesen Kredit heute als ökonomische – und damit politische – Rettung der DDR.

Die Schizophrenie wurde in der DDR zum System. Dieses System institutionalisierte die Lüge, die sich jetzt an uns allen und diesem ganzen Land für Generationen rächt – in der Kanalisation und in der Luft, in den Wäldern und Industrieanlagen, in den Schulen und den Gesundheitseinrichtungen. Söhne und Töchter derer, die im Faschismus aufgewachsen waren, lernten nun von ihren Eltern, sich zu arrangieren, um zu leben: »Privat geht vor Katastrophe.« Diese Lebensmaxime erweist sich auch unter den neuen Bedingungen als brauchbar.

Wo nun die Vergangenheitsbewältigungsstrategie der Mehrheit heißt: »Vorwärts und alles vergessen«, wo Schweigen über das Schweigen zur Devise wird, dort werden die Redenden, die Erinnerungsarbeit mit der schwierigen Differenzierung verbinden, diffamiert. Die psychische Situation in der DDR schwankt mittlerweile zwischen einem gebliebenen Auswanderungswunsch nach Westen, Apathie und Aggressivität. Das Objekt wird noch gesucht. Wenn nicht eine Hoffnung Menschen erfaßt, die sie trägt, wird die Einheit destruktiv ausgehen.

Gegenwärtig sind die östlichen Länder angesichts der ungeklärten Eigentumsfrage wie gelähmt. Die Häuser verfallen weiter. Die Kommunen sind nicht handlungsfähig, weil sie kein Geld haben. Juristen und Verwaltungsfachleute fehlen. Die Industrie- und Landwirtschaftsbetriebe verlieren von Tag zu Tag mehr – ökonomisch und psychisch. An der Situation einer ökonomischen, politischen und psychischen Instabilität und Desorientierung suchen die Menschen nach Ursachen und nach Schuldigen. Die demokratisch gewählten neuen Herren können es ebensowenig sein wie man selbst. Also sucht man Objekte für den Selbsthaß. »Weil immer noch die alten roten Socken da sind.« Dies scheint die allfällige Erklärung für alle gegenwärtigen Schwierigkeiten zu sein. Die ausgetretenen Opportunisten aus der SED scheinen der Mehrheit weniger gefährlich zu sein als demokratische Sozialisten in der PDS, die an einer ehrlichen Aufarbeitung der Geschichte interessiert sind. So betrügt sich das Land um viele intellektuelle und menschliche Potenzen. Nutznießer sind die amoralischen Seilschaften der SED, die feisten Feigenblätter der SED aus dem »demokratischen Block«, die anpassungslüsternen Opportunisten, die dieses vierzigjährige

Lügensystem hervorgebracht hat und die sich offenbar blitzschnell in ein System einfügen, dessen höchste Moral sie im Geld sehen.
Die Oppositionellen von gestern befinden sich in einer paradoxen Situation: Sie konnten sich zwischendurch als »Sieger« wähnen und wurden von der Welt gefeiert als »sanfte Revolutionäre«, mit historischen Titeln behaftet, weil es in der deutschen Geschichte erstmalig gelungen schien, daß Deutsche sich von einer Diktatur befreiten, ohne in eine neue Diktatur zu kommen. Sie begannen, sich selber demokratische Strukturen zu geben. Und nun gehören diese »Sieger« plötzlich mit denen zusammen zu den Besiegten, die sie besiegt hatten. Besiegte wurden sie in dem Maße, wie die Mehrheit als Wirtschaftsflüchtlinge mitsamt dem Territorium der DDR in die Bundesrepublik überwechseln wollte. Sie wurden mit dem Leichengeruch des verfaulten Systems behaftet, nur weil sie nicht prinzipielle Gegner einer sozialistischen Gesellschaft gewesen waren, sondern sich offen gegen die grundlegende Pervertierung der großen sozialen Ideen in einer marxistisch-leninistischen Ideologie und gegen das dazugehörige zentralistisch-stalinistische Machtsystem gerichtet hatten. Viele fühlen sich nun wieder denunziert und zwar ausgerechnet von denen, die in den 40 Jahren die 98%ige schweigende Mehrheit dargestellt hatten, die willfährigen Stabilisatoren des Systems. Es war nicht nur die berechtigte Angst, es war auch die Angst vor der Angst, die sklavisch machte. Der Wahltag wurde stets ein Tag der Sklavenhalter in der Selbsterniedrigung der verängstigten Bürger durch die vollzogene Selbsterniedrigung zitternder Zettelfalter. Die SED regierte mit der Angst, viel weniger mit offenem Terror. Fast jeder hatte im totalen Staat Angst, etwas zu verlieren, wenn er irgendwie »aus der Reihe tanzte«.

Wir wird ein Volk damit fertig? Es flieht in eine Krankheit: in die individuelle und gesellschaftliche Amnesie über das Verhalten von gestern. (Manche erinnern sich wirklich nicht mehr, welche »inoffiziellen Kontakte« sie zur Staatssicherheit hatten.) Flucht in die Krankheit wird zum Selbstschutz. Dazu gehört, daß die Amnesie zum Normalzustand erklärt wird und als gesundes Verhalten verstanden wird. Da wirkt jede kritische Erinnerung als störend. Die Oppositionellen von gestern sind heute wieder die Störenfriede in der Scheinharmonie der Einheit. Der politische Einverleibungs- und individuelle Schnellanpassungsprozeß an die Bundesrepublik ist auch als ein Versuch zu verstehen, sich den schmerzlichen Lernprozeß zu ersparen.
Der Wunsch, einige wenige Sündenböcke auszumachen und sich an ihnen für die verlorenen Jahre zu rächen, ist Teil der Selbstentschuldigungsstrategie, die sich oftmals die Differenzierung erspart. Dies trifft auch die Kritiker heute, die schon die Kritiker gestern waren.
Eine Öffentlichkeit hatte es in der DDR ebensowenig gegeben wie eine Opposition. Die wenigen, die die kritische Öffentlichkeit im Ansatz repräsentierten, waren im wesentlichen Individualisten, die ihr »Privileg« recht unterschiedlich nutzten. Einige hatten durch ihre Lebensgeschichte, ihre Kompetenz oder Bekanntheit auch Auftritts- oder Publikationsmöglichkeiten im Westen – und eben dadurch eine gewisse Freiheit gewonnen. Das wird ihnen jetzt häufig als Privileg vorgeworfen, ohne zu unterscheiden, in welcher Weise sie diese Freiheit für die Bürger in der DDR genutzt haben. Schließlich hat Stefan Heym diese Freiheit anders genutzt als Anna Seghers, Christa Wolf anders als Hermann Kant, Konrad Wolf anders als Markus Wolf, Hans Stubbe anders als Manfred von Ardenne, Silly anders als die Puhdys, Wolfgang Mattheuer anders als Fritz Craemer, Bar-

bara Thalheim anders als Kurt Demmler, Thomas Langhoff anders als Ludwig Güttler, Volker Braun anders als Peter Hacks, Bischof Forck anders als Bischof Gienke ...
Mancher hatte stets das Loblied der Partei, mancher noch am 7. Oktober 1989 geschrieben, gesungen oder geblasen und hat sich schnell und radikal und laut gewendet. Andere blieben gänzlich uneinsichtig, wie der senile Erich Honecker auch, während seine Frau Margot, die »Hexe der Pädagogik«, ganz verstummt scheint. (Im Juni 1989 hatte sie unter dem Beifall der Pädagogen die geistigen Mauern ein letztes Mal hochgezogen.)
Die Opposition der DDR hatte keine Zeit für die Organisation von Opposition. Das Strafgesetzbuch hatte dafür gesorgt, daß zwar einzelne Individuen geduldet wurden, aber »die Organe« schlugen sofort zu, sowie sich eine Struktur und Strategie der Opposition auch nur andeutete. Sie verpaßten jedem, der den Kontakt mit Dissidentengruppen des Ostens gesucht hatte, einen PM 12 als Ersatzausweis. Dies war praktisch eine permanente Überwachung plus Reiseverbot in die sozialistischen Länder.
Die evangelische Kirche wurde zum einzigen, scheinbar schützenden Dach für das offene Gespräch. Die eingeschleusten Stasileute sorgten allerdings dafür, daß es oft beim resignierten Palaver blieb. Die Kirche wollte unter ihrem Dach keine Opposition zulassen und argumentierte bisweilen mit einem Gemisch aus Selbstverständnis, Selbstzensur und Eigeninteresse, stand aber insgesamt zu den Gruppen. Die globalen und lokalen Dimensionen ihrer »Umkehr«-Forderungen finden sich gebündelt in den zwölf Beschlußtexten der »ökumenischen Versammlung« (Dresden, April 1989).
Das Leben in der DDR wurde zum einzigen faulen Kompromiß. Der Widerstand wurde durch einzelne, kompro-

mißlose Personen getragen. Sie waren vielleicht gerade deshalb nicht in der Lage, nun Kompromisse zugunsten der Handlungsfähigkeit größerer Gruppen zu bilden. So gab es schnelle Polarisierungen, sowie der gemeinsame Gegner verschwunden war. Hinzu kam ein Gegenüber von Bürgerbewegungen und Parteien. Die Bürgerbewegungen konnten sich nicht recht entschließen, ob sie Parteien werden wollten, die nur den Namen »Bürgerbewegung« tragen, oder ob sie sich aus dem Parlamentarismus heraushalten sollten, um auf Parteien und Parlamente einzuwirken. Die sich neu herausbildenden Parteien mußten so auf das menschliche und intellektuelle Potential der Leute aus den Bürgerbewegungen verzichten – ein historischer Fehler von epochalem Ausmaß! Um eine relativ eigenständige politische Kultur in der DDR zu erhalten, hatten die Bürgerbewegungen am zentralen Runden Tisch vorgeschlagen, auf »Gastredner« aus der Bundesrepublik zu verzichten. Einmütig verweigerten *die* Parteien ihre Zustimmung, die Schwesterparteien in der Bundesrepublik ausgemacht hatten, wohl ahnend, daß die DDR-Bürger die Westler wählen würden, nicht aber die alten Bartlosen oder die neuen Bärtigen aus der DDR. So wurden die Wahlen zum 18. März 1990 mehr und mehr zu einer Bundestagswahl auf dem Gebiet der DDR. Der jungen SPD insbesondere ist anzulasten, daß sie dies nicht durchschaut hat und sich aus dem Bündnis '90 ausklinkte, weil sich einige Neupolitiker in der Euphorie angeblicher demoskopischer Aussagen wiegten und sich wegen der sozialdemokratischen Traditionen des deutschen Ostens eine Wahlmehrheit versprachen. Was hat sie nur geritten? Vielleicht der Wunsch, einmal nach so langer Zeit ihres Wirkens im Hinter- und Untergrund im politischen Vordergrund und auf erhöhten Tribünen zu stehen?

Als die permanente Revolte weniger zur plötzlichen Revolution der vielen wurde, bekam sie schon Züge der Restauration. Basisdemokratische Elemente wurden durch Mehrheitsbescheid schnell wieder verabschiedet, der Verfassungsentwurf des Runden Tisches vom Tisch gewischt und das parlamentarische System der Bundesrepublik im wesentlichen übernommen. Die Anlehnung an den neuen »großen Bruder« führte zur Ablehnung alles Gewesenen. Freiheit wurde zur Einsicht in die nötige Wendigkeit.

Wer zu früh kommt, den bestraft das Leben, aber büßen werden wir es alle. Die Revolutionäre des Herbstes '89 und ihre intellektuellen Sprachgeber kamen zu früh und zu spät zugleich.

Stefan Heym, wie Günter de Bruyn, Christa Wolf und Rolf Schneider haben mit ihrem klaren Engagement für die Friedensbewegung Anfang der 80er Jahre tapfer eine Orientierungs-, Schutz- und Aufrichtungsfunktion wahrgenommen, vor allem für die jüngeren Oppositionellen in diesem Land. Eine stille und eine ausdrückliche Koalition gab es mit der Friedensbewegung in der evangelischen Kirche. *Nachdenken über Christa T.* (1968), wie der *König-David-Bericht* (1974) wurden erhellende Zeugnisse fundamentaler Gesellschaftskritik. Auch Stephan Hermlin tat das ihm mögliche, nicht nur mit dem Symposion »Schriftsteller für den Frieden« 1981 in Berlin, auch mit seinem *Abendlicht* (1979). Der Schriftstellerkongreß 1987 mit den Beiträgen von Christoph Hein, Jurij Koch, Helga Königsdorf und Volker Braun brachte die Schriftsteller in eine geistige Führungsposition bei der grundlegenden Erneuerungsbedürftigkeit des Systems. Die Annullierung der DDR oder die nationale Vereinigung spielten hier allerdings keine Rolle, wohl aber Menschenrechte, Demokratie und die Überwindung der ökologischen Krise. Man könnte hier auch sagen: »Wer zu früh kommt, den bestraft das Leben, aber büßen werden es alle.«

Den »sanften Revolutionären« hat von seiner psychoanalytischen Couch aus ein Psychiater den Vorwurf gemacht, daß sie, statt die Macht mit Gewalt und mit Blutvergießen an sich zu reißen, Reden gehalten hätten. Diese sanften Revolutionäre wollten in der Tat den Weg in die Demokratie ohne menschliche Opfer! Sie nahmen den Satz ernst, daß der, der den Frieden will, Mittel des Friedens anwenden muß, daß der, der die Demokratie will, Mittel der Demokratie anwenden muß, daß der, der auf die Macht der Argumente vertraut, nicht mit dem Argument der Macht die eigene Macht ergreifen dürfe. Wie schwierig dies letztlich für sie selbst geworden ist, steht jedermann vor Augen. Aber diese sanften Revolutionäre und ihre intellektuellen Symbolfiguren haben die Themen von übermorgen angesprochen. Die Krise der DDR ordneten sie in die größere Krise der Welt ein und wollten nicht nur eine Wende in der DDR, sondern eine Wende für Bewußtsein und Verhalten überhaupt. Die erneuerte »DDR« sollte Teil einer sich erneuernden Welt sein, die aus dem Bewußtsein handelt, daß wir nicht so mit der Welt weiter »wirtschaften« können. Aber die Faszination des Westens, die die DDR-Deutschen nach dem 9. November millionenfach erlebten, ließ in den endlich Freigelassenen einzig den Wunsch stark werden, so zu leben wie der Mittelstand in der Bundesrepublik. Die Schattenseiten der Zwei-Drittel-Gesellschaft wollten und konnten sie nicht sehen. Die Freiheit wollten die meisten jetzt erst einmal kosten und zwar auf dem Gaumen, mit den Augen, auf rollenden Rädern. Wer hier nicht gelebt hat,

soll diese Menschen nicht als »Bananenmenschen« abqualifizieren.
Die Revolutionäre, die mit wunden Augen in die Zukunft und plötzlich eine Chance sahen, einen Wertewandel herbeizuführen und ihm Strukturen zu geben, waren letztendlich in ihren ethischen Maximen tief getäuscht. Sie sind gescheitert an ihrem Menschenbild und an einer Fehl-Erwartung an Mehrheitsentscheidungen. Die Mehrheit will sich offenbar das Recht nicht nehmen lassen, Fehler selber zu machen. So werden wir vielleicht eines Tages erwachen und weinend sehen, was wir angerichtet haben, indem den alten Gebrechen der SED-Diktatur die neuen Gebrechen der kapitalistischen Wachstumsgesellschaft nur noch hinzugefügt werden. Ein Beispiel dafür ist, daß die Altlasten niemand übernimmt und neue Betriebsansiedlungen auf »unschuldigem« Terrain errichtet werden. So wird auch dieses Land zugebaut und weiter zubetoniert werden. Wir sitzen insgesamt in der Falle des unreflektierten Konsumismus und versuchen, solange es geht, die Nord-Süd-Problematik ebenso zu verdrängen wie den verschleißenden Umgang mit unseren natürlichen Lebensgrundlagen. Das Allgemeinbewußtsein ist tief in der naturverschleißenden Wachstumsideologie des Industrialismus verwurzelt. Die Arbeiter in den Kupferhütten in Ilsenburg, auf der Wismut oder im Bitterfelder Raum hatten sich stets bereit erklärt, unter extrem gesundheitsschädigenden Bedingungen und an umweltvergiftenden Arbeitsplätzen zu arbeiten, wenn es dafür kräftige finanzielle Zulagen gab. In derselben Denkweise liegt es jetzt, wenn Menschen bei der möglichen Weiterführung solcher gefährdeten Betriebe vorrangig von Arbeitsplätzen her argumentieren.
Die Minderheit, die die sogenannte »Hauptaufgabe« (auf-

gestellt vom VIII. Parteitag 1971, dem Beginn der Honecker-Ära: »Die immer bessere Befriedigung der stets wachsenden materiellen und kulturellen Lebensbedingungen«) kritisierte, ist wieder Minderheit, weil die Mehrheit zum Beispiel erst einmal die Segnungen der prosperierenden Autokultur genießen will und gegen die heillose Verstopfung der Straßen lediglich das Mittel des Straßen- und Autobahnbaues sieht. So wird auch in Ostdeutschland die Zukunft verpaßt – unter mehrheitsdemokratischen Bedingungen. Die Revolution wurde an den sprichwörtlichen »Mann auf der Straße« verloren, der alle Entbehrungen und Selbstwertkränkungen schnell in schnellen Autos mit deutschem Reisefreiheitspaß den schnellen Wohlstand erreichen wollte und deshalb diejenigen wählte, die »Wohlstand für alle« versprachen.

Die sanften Revolutionäre und ihre Wortführer haben sich in ihrer Mehrheit wieder auf ihr Metier zurückgezogen; aufs Malen, aufs Dirigieren, aufs Schreiben, aufs Forschen. Stefan Heym verarbeitet in seinem Erzählband *Auf Sand gebaut* literarisch, was geschieht. Christoph Hein findet in der Parabel *Seeweg nach Indien* eine bitterhumorige Parabelgeschichte. Kurt Masur dirigiert in New York. Der Dramatiker Heiner Müller adaptiert weiter Shakespeares große Stücke – Welttheater vor der permanenten Überlebensbedrohung. Der Bürgerrechtler und Stasi-Auflöser Werner Fischer war schon von Peter-Michael Diestel seines aufhellenden Einflusses beraubt worden. Die Ärztin Erika Drees streitet weiter gegen das Kernkraftwerk in Stendal und ist wieder in der Minderheit. Der sanfte Medizinstudent Arnold, den die Stasi wegen seines Engagements für das Neue Forum in Haft genommen hatte, widmet sich nun seinem Studium. Der Tierpräparator Michael Beleites, der, da er die Brisanz des Wismut mit seiner Schrift *Pechblende* ans Licht gebracht hatte, besonderes Zielobjekt der Stasi wurde, arbeitet in einem Bürgerkomitee zur Auflösung der Stasi und will ein Buch darüber schreiben. Die Malerin Bärbel Bohley ist »einfache Abgeordnete« im Berliner Parlament und wird eine wichtige Minderheitenstimme bleiben. Der Magdeburger Akademiedirektor Hans-Jürgen Tschiche, besonders aufmüpfig schon seit den 60er Jahren, schaffte es bis ins Landesparlament. Der Friedensforscher Jochen Garstecki ist zur katholischen Friedensorganisation Pax Christi nach Frankfurt am Main gewechselt. Der Jurist Rolf Henrich wurde wieder Anwalt und streitet nebenher gegen die neue Vormundschaftlichkeit. Die Psychiaterin Sonja Schröter bemüht sich um die Aufklärung der Verbrechen in der Gefängnispsychiatrie in Waldheim. Der Wissenschaftler Jens Reich forscht weiter und bleibt einer der bestechendsten Kommentatoren unserer Situation. Die Biologin Marianne Dörfler ist für die Ostdeutschen in den Vorstand von Greenpeace gewählt worden. Der Kirchenhistoriker Wolfgang Ullmann wird zum einsamen parlamentarischen Gewissen des demokratischen Aufbruchs in seinem Engagement für eine neue Verfassung. Der Erfurter Probst Heino Falke, Vordenker in weltweiter Perspektive und Verfechter des regimekritischen Konzepts »Kirche im Sozialismus«, steht bei der Minderheit derer, die die Volkskirche nicht restaurieren wollen. Der Dresdner Superintendent Christoph Ziemer, einer der Hauptinitiatoren der Friedensbewegung seit 1981, der ökumenischen Versammlung 1988 und des ersten Dialogs nach den Gewaltausschreitungen in den ersten Oktobertagen 1989, reflektiert am konsequentesten die neuen und bleibenden Aufgaben der Bürgerbewegungen, die nicht parteiähnlich werden. Der Physiker Sebastian Pflugbeil, Experte in Energiefragen und engagierter

Kritiker einer gefährlichen Atomstromtechnologie in der DDR, Minister in der Regierung der Nationalen Verantwortung, engagiert sich jetzt für die Folgenaufarbeitung des Reaktorunglücks von Tschernobyl. Einzig Manfred Stolpe hat aufgrund seiner Kompetenz und Stellung wirklich Einfluß auf die deutsche Politik in und nach der deutschen Einheit gewonnen.

Die Bundestagsabgeordnetenriege aus der ehemaligen DDR hat nur wenige Köpfe aus der Oppositionsbewegung in sich versammeln können. Ob ihr Einfluß vor der Kamera größer sein wird als hinter der Kamera, oder im Bundestagsausschuß größer sein wird als im Gemeindekleinkreis, muß noch dahingestellt bleiben.

Das von Rudolf Bahro in seinem Buch *Alternative* annoncierte überschüssige Bewußtsein reichte im Gebiet der DDR nicht mehr aus, zumal der Aderlaß nach 1976 zu groß geworden war. Die Bürgerbewegung in der DDR gibt es praktisch nicht mehr. Die kirchlichen Gruppen befinden sich in einer fundamentalen Krise. Die engagierten Leute aus den Gruppen sind zum großen Teil als Minderheitenvertreter in den Stadt- und Kreisparlamenten. Die »Intellektuellen« haben ihren Dienst getan. Ihre Bücher werden als »Ostbücher« in den Buchhandlungen kaum angeboten und nur von wenigen Käufern nachdrücklich verlangt. Die Theater sind leer geworden. Dafür gibt der Ostdeutsche jetzt sein gutes Geld nicht aus, schon gar nicht aus einer verpflichtenden Dankbarkeit gegenüber dem, was Künstler in Jahren zuvor für sie als Ventil und Sprachgeber bedeutet haben. Die gegenseitigen Anwürfe weisen auf einen tiefen Graben zwischen Volk und Intellektuellen hin, der nur vordergründig überwunden war, solange die Künstler eine Stellvertreterfunktion hatten. Manches trägt schon Kampagnencharakter. So gab es wütende Leserbriefe aus der DDR gegen sogenannte privilegierte Künstler.

Symptomatisch für die Situation ist die Reaktion auf ein aus dem Zusammenhang genommenes Zitat in der SÄCHSISCHEN ZEITUNG.

Darauf antwortete ein Mann, der sich als kleiner namenloser Arbeiter vorstellt:

»Ich war Antifaschist, kein Kommunist, immer nur ein kleiner namenloser Arbeiter. Als solcher finde ich die Äußerungen von Pfarrer Schorlemmer (›Zeit im Zitat‹ vom 12. 12.) arrogant, ideologisch verblendet und weltfremd. Er kennt die Mentalität eines Arbeiters oder kleinen bedeutungslosen Menschen nicht, lebt nur in seinen idealen Ideen. Er hat die Wirklichkeit nicht erfaßt wie viele Intellektuelle, Künstler, höchste Wissenschaftler und auch Journalisten. Ihr alle müßt begreifen lernen, daß das Sein doch sehr verschieden ist und jeder von seiner Warte aus urteilt. Ich meine, jeder sollte bei seiner Erkenntnissuche bei sich selbst anfangen und vor allem erst mal ehrlich vor sich selbst und über sich selbst sein.«

Ich sehe darin auch die »Rache der schweigenden Mehrheit«, die sich in ihrer duckmäuserischen Anpassungsleistung nicht etwa erinnert und schämt, sondern zum Angriff gegen diejenigen antritt, die ihr damals und heute den Spiegel vorhalten wollten. Das wird einfach als intellektuelle Arroganz abgetan: warnen als Miesmacherei. Bei der SED hieß das »Skeptizismus« und wurde als solcher immer gegeißelt, weil er beim Aufbau des »Neuen« nur hindern würde. Die Ostdeutschen sitzen immer noch tief in der SED-Falle eines Denkens, das mit intellektueller Kritik und den Zumutungen des aufrechten Gangs schwer umgehen kann.

Das Ressentiment, zwischen denen, die denken, daß nur sie denken, und denen, die mit ihren Händen arbeiten und sagen: »Die sollen erst mal arbeiten!«, dieses Ressentiment sitzt tief im deutschen Volk. Und dies hatte sich schon die SED nutzbar gemacht, wenn sie Stimmung gegen die Intellektuellen und Künstler machen wollte. Des Volkes Stimme ist immer leicht gegen die Spitzköpfe zu mobilisieren.

Zusammenfassend komme ich zu folgendem Urteil:

Gescheitert sind in der DDR nicht nur Personen, gescheitert sind alternative Formen einer Politik, die den Herausforderungen am Ende dieses Jahrhunderts entsprechen. Das Parteienspektrum, das aus dem 19. Jahrhundert kommt, wurde auch auf dem Gebiet der ehemaligen DDR installiert. Zugespitzt gesagt: Statt der Autonomie kam das Auto, statt der Emanzipation die Nation, statt des Bedürfnisses nach freier Kommunikation das Bedürfnis nach freier Konsumtion, statt des aufrichtigen persönlichen Wandels die schlitzohrige Wendigkeit, statt der grundlegenden Umgestaltung die schnelle rückwärtsrollende Wende, statt eines einigen Europa das einige Deutschland, statt einer Kultur der Bescheidenheit der Kult der Prosperität, statt des entschlossenen Schutzes der gebeutelten Umwelt die Faszination der Wegwerfgesellschaft, statt der Entwicklung einer Sekundärrohstofferfassung der totale Müllstau, statt der Entfaltung freier eigenständiger Kultur das Hineinstürzen in die amerikanisierte Vergnügungsindustrie der Privatfernsehprogramme, statt der kritischen Aneignung der Erkenntnisse Karl Marx' der unkritische Glaube an den Markt, statt der eigenen Anstrengung die Anpassung, statt differenzierter (Selbst-)Kritik die Tabula-rasa-Wünsche, statt der Überwindung von Ausgrenzung neue Aus-

grenzung, statt Aufarbeiten der Erinnerung gesellschaftliche Amnesie, statt der Pazifisierung der Gesellschaft die Kultivierung von Rachebedürfnissen an einzelnen, statt der entschlossenen Abrüstung die neue Akzeptanz »unserer Bundeswehr«, statt des schwierigen Weges der Selbstbestimmung das willige und schmerzlose Sicheinfügen, statt der Brückenfunktion nach Osten die Anklammerung an den Westen, statt der Solidarität mit den Armgemachten der Wunsch nach Teilhabe am Leben der Reichen.
Die alte Opposition in der DDR ist wieder am Anfang – aber diesmal unter den Bedingungen der Demokratie. Und das ist trotz allem ein Glück, das ergriffen werden will.

Erschienen in: Winfried Maass (Hrsg.):
Das Schicksalsjahr der Deutschen
Hamburg, 1991.

Demokratie ist schön – schwer

Gedanken nach einem Jahr kommunaler Arbeit

Demokratie kannten wir alle nur aus dem Fernsehen. Und was uns da bisweilen geboten wurde, war auch die Preisgabe des öffentlichen Streites bis zur Lächerlichkeit. Während die sozialistische Demokratie bei uns wie am Schnürchen lief, an den sichtbaren und unsichtbaren Schnüren, die als ein feinmaschiges Netz über alle und alles geworfen wurden. Da wurden die Parteien im Block mitgezerrt. Da verlief eine Wahlveranstaltung nach einem vorher bis in jede Einzelheit abgesicherten Zeremoniell: Wer wann zu reden hatte und vor allem, was er zu reden hatte, war dem, der zum Reden aufforderte, schon vorher bekannt. Alles stand fest, die Veranstalter waren sich sicher, daß es keine Überraschung gab. Dafür stand schließlich die Sicherheit ein.

Sehr plötzlich sind wir nach 60 Jahren Diktatur in die Demokratie entlassen. Das Land ist kaputt. Die enormen Probleme verlangten und verlangen ein gemeinsames Handeln und nicht den Parteienstreit. Darüber sind sich alle Parteien einig. Nur, wenn es konkret wird, wird es schwierig. Man möchte sich wohl gern einig werden, aber möglichst auf der Grundlage der jeweils eigenen Position. Wie wohltuend ist es da, resümieren zu können, daß die Stadtverordnetenversammlung viele wesentliche Entscheidungen mit großen Mehrheiten oder einstimmig fassen konnte, nachdem in den Ausschüssen die nötige Vorarbeit geleistet worden war. Wer die Kommune, das Parlament, die Verwaltung und die Ausschüsse schilt wegen Untätigkeit, Faulheit oder Unfähigkeit, tut ihnen Unrecht. Sie arbeiten und schuften zum Teil mehr, als für sie selbst und für die Qualität der Arbeit auf Dauer zuträglich ist. Sie müssen praktisch im Dauer- und Schnellschritt alles neu regeln, was zu regeln ist, und das mit wenigen Kräften und Erfahrungen – und mit leeren Kassen.

Im Herbst 1989 erlebten wir so etwas wie unmittelbare und spontane und lebendige Demokratie unter engagierter Beteiligung einer größtmöglichen Zahl. Demokratie aber lebt auf Dauer von der Beteiligung, aber nicht nur dann, wenn es um die unmittelbaren persönlichen Interessen geht. Im Herbst '89 ging es wirklich um die Interessen der Allgemeinheit, denen sich die Interessen des einzelnen ein- und unterordneten. Jetzt scheint eine Mehrzahl Demokratie als den günstigsten Weg zu verstehen, die eigenen persönlichen Interessen durchzubringen.

Demokratie lebt nicht nur von unmittelbarer Beteiligung, sondern auch von institutioneller Kontinuität. Sie braucht stabile Institutionen *und* dynamische Instrumentarien. Deshalb ist das Gespräch zwischen den Bürgern und ihren gewählten Repräsentanten innerhalb der Legislaturperiode wichtig, möglichst aber nicht nur dann, wenn es um die ganz privaten Interessen geht.

Die Formen der Demokratie können sehr unterschiedlich sein. Die Basisdemokratie versucht, permanente Demokratie zu üben, wo alles alle immer mitbestimmen. Die ist in komplexen Gesellschaften, zumal mit längeren Planungen, nicht mehr praktizierbar. Im übrigen führt erfahrungsgemäß das mögliche Chaos der Basisdemokratie zu autoritären Regierungsformen, wie es sich nicht nur in der Sowjetunion mit Stalin entwickelte. Demokratie lebt vom fleißig erarbeiteten Kompromiß. Er ist die Basis der Demokratie. Eine Ansammlung aus lauter Überzeugungstätern, die um der reinen Lehre und ihrer Glaubwürdigkeit gegenüber den Wählern willen keinen Kompromiß eingehen, führt die Demokratie in die Handlungsunfähigkeit. Konsensfindung ist nur möglich auf der Basis von Kompromissen. Dabei ist es in der Regel günstiger, statt Kampfabstimmungen Konsenspapiere zu erarbeiten, weil bei Kampfabstimmungen immer einzelne oder einzelne Gruppen unterliegen, die dann in der Gefahr sind, sich für ihr Scheitern bei nächster Gelegenheit zu rächen. Außerdem neigen Unterlegene häufig dazu, den Mehrheitsbeschluß zu unterlaufen, bloß um nachher recht gehabt zu haben, statt dem Mehrheitsentscheid zum Erfolg zu verhelfen oder ihn wenigstens nicht zu behindern. Demokratie setzt auch die Einsichtsfähigkeit des einzelnen Abgeordneten voraus, da in den von ihm abgelehnten Argumenten des Gegners auch respektable Argumente stekken. Häufig sind Alternativentscheidungen Zufallsentscheidungen, weil für beide Varianten vieles spricht.

Demokratie ist der beständige Prozeß des Ausgleichs zwischen Privat- und Gemeininteressen nach Regeln, die durchschaubar sind. So ist Demokratie als ein ständiger Streit zwischen der Freiheit des einzelnen und Freiheit der vielen selten schmerzlos. Sie setzt also auch Staatsbürger voraus, die bereit und in der Lage sind, sich in die Position der anderen Interessenten oder der Kontrahenten zu versetzen. Sie setzt auch voraus, daß der einzelne in den gewählten Repräsentanten die Autorität der Gesamtheit, also des Gesamtwillens der Gesellschaft, anerkennt, ohne daß er dabei seine eigenen Interessen verleugnen müßte. Ganz falsch wäre Schweigen aus bloßer

Angst vor der Obrigkeit oder das Umgehen des Rechtsmittelwegs.

Wenn in der Demokratie die verschiedenen demokratischen Instanzen nicht mehr von ihrer Irrtumsfähigkeit ausgehen, kommen sie in die Gefahr der Rechthaberei und des Regierens von oben herab. Einen Irrtum zugeben zu können, spricht von der inneren Freiheit der Demokratie und macht neben der möglichen Blamage vor der Öffentlichkeit auch deutlich, daß die Repräsentanten des Staates lernfähig sind. Wahre Demokratie ist fehlerfreundlich.

Ein weiteres Problem ist das Problem von Mehrheitsentscheidungen und Kompetenzentscheidungen. Häufig behaupten die Fachleute, sie seien die einzig Kompetenten und sprechen den politischen Entscheidungsträgern wenig Kompetenz zu. Andererseits sind die politischen Entscheidungsträger häufig in ihren Entscheidungen überfordert oder lassen sich von Emotionen beziehungsweise von Gruppierungen, die sie vertreten, von ihrem beschränkten Blickwinkel leiten. Jeder Mensch ist inkompetent, fast auf allen Gebieten. Der Ausgleich zwischen Kompetenz und Mehrheit ist ein beständiger Spannungsprozeß, wobei die Expertokratie nicht weniger gefährlich ist als die Diktatur des »Herren Omnes«, also der Mehrheit. Da Verantwortung selten von einer Gruppe als ganzer wahrgenommen werden kann, wird sie letztlich immer wieder auch personalisiert. Wir sprechen deswegen von der politischen Verantwortung der gewählten Repräsentanten – der Ministerpräsidenten, Minister, Bürgermeister oder Dezernenten. Ein Bürgermeister muß eine bestimmte personale Autorität haben und auch ausüben, ohne deshalb autoritär sein zu müssen. Er darf nicht zum Spielball verschiedener Interessen werden und den Versuch machen, es jedem recht zu machen. Er muß riskieren, nicht von jedem Beifall zu bekommen, aber es muß erkennbar bleiben, daß er sich um Fairneß gegenüber jedermann bemüht.

Da das Volk in seiner Mehrheit wetterwendisch ist und sich häufig von Stimmungen treiben läßt, ist es sowohl in Wahlen führbar, als auch verführbar. Gerade in gesellschaftlichen Konfliktsituationen mit hohem Emotionswert. Wenn ein Mordfall geschieht und der Verdacht auf einen Ausländer fällt, ist es für eine Gesellschaft ein Segen, wenn keine unmittelbare Demokratie ausgeübt wird und damit auch Lynchjustiz verhindert wird. Das Volk kann klug beraten sein, und es kann plötzlich zum Pöbel entarten. Der Grundkonflikt, der in jedem Menschen steckt, steckt auch in einer Menschenmasse.

Nach 40 Jahren Friedhofsruhe, in denen eine Partei bestimmte, was alle zu sagen, zu denken und zu tun hatten, sind wir in die Parteidemokratie gekommen, die von der prinzipiellen Gleichberechtigung der demokratischen Parteien ausgeht. Es besteht gegenwärtig allzuleicht die Gefahr der Diffamierung des Parteienstreits. Demokratie ist aber Parteienstreit, der solange fruchtbar bleibt, wie erkennbar bleibt, daß dies die Sache der Bürger ist. Daß dabei auch persönliche Begabungen und Schwächen, Eitelkeiten, Rivalitäten und Borniertheiten hineinspielen, gehört zum Menschsein im Streit dazu. Wenn wir den Parteienstreit aber prinzipiell diffamieren, müssen wir wissen, was wir wollen. Wollen wir wieder die Bestimmung von oben, die von oben verordnete Ruhe? Wir brauchen noch ein gerüttelt Maß Lernfähigkeit und Toleranzfähigkeit, wir brauchen eine Streitkultur.

Beispielhaft für eine Stadt sehe ich gegenwärtig vier weiterreichende politische Aufgaben, die wir in Wittenberg zu lösen haben:

1. Den *Aufbau eines kleinteiligen produktiven Sektors* und den Ausbau des Dienstleistungswesens. Der Konflikt zwischen Großanbietern und kleinem Gewerbe muß im Interesse der Stadt und der Käufer gelöst werden. Das Hauptproblem bei der Lösung der Strukturkrise im Osten dürfte die Frage sein, wieviel Arbeitslosigkeit uns im überschaubaren Zeitraum zumutbar ist. Außerdem wird die Sinnfrage bei der Arbeit neben der Gewinnfrage durch Arbeit zu klären sein.

2. *Polarisierung der Gesellschaft verhindern.* Heil-Hitler-Grüße von Jugendlichen und nächtliches Gegröle von Nazi-liedern sollte die Demokraten rechtzeitig herausfordern und sie eine enge Verbindung zwischen Bürgern und Staatsmacht herstellen lassen. Weder eine rechtlos dreinschlagende Polizei, noch eine völlig verunsicherte Polizei kann den Rechtsstaat sichern. Wir brauchen eine Sicherheitspartnerschaft zwischen Polizei und Bürgern bei der Verteidigung unserer Demokratie. Wir müssen den Anfängen jeglichen Terrors wehren und ein Hineinschlittern in Gewalt und Gegengewalt vermeiden. Sonst kommt es zum Schluß dazu, daß alles wieder in eine neue Diktatur einmündet.

3. Wir brauchen eine äußere und innere *Integrationsbereitschaft* und Fähigkeit für die Asylantenströme aus dem Osten und Süden, auch in unserer Stadt. Dies wird eine schwierige Herausforderung angesichts der sozialen Situation im eigenen Lande.

4. Die Tradition unserer Stadt verpflichtet uns zur Pflege des Erbes und zur produktiven Aneignung dieses Erbes. Die Stadt Wittenberg verlangt nach mehr als ge-

ronnener Geschichte in Museen; sie muß ihre Impulse in der Gegenwart nutzen.

5. Auch in diesem Gemeinwesen stehen wir vor der Aufgabe, den Generationenvertrag zu füllen und alle unsere Entscheidungen Verträglichkeitskriterien zu unterziehen. Ist das, was wir tun und lassen, für die nächste Generation verträglich – ökologisch und ökonomisch, städtebaulich, sozial und kulturell? Wir haben eine schwere Hinterlassenschaft übernommen und brauchen zur Lösung der enormen Probleme die Mitwirkung aller Bürger. Ein Herkules wird uns nicht helfen, sondern der Einsatz jedes einzelnen. Deshalb erinnere ich an die Schlußsätze des Königs Augias, der einsehen muß, daß weder eine überbürokratisierte Demokratie noch eine Heldenleistung eines einzelnen die Probleme lösen kann.

Der König zeigte einst seinem resignierten Sohn Phyleus ein kleines Stück Garten, nachdem selbst der Held Herkules das Ausmisten nicht geschafft hatte. Auch die vielen Institutionen der Demokratie hatten es nicht geschafft. Er sagte: »Aus Mist ist Erde geworden. Gute Erde. Siehst du, mein Sohn. An diesem Garten habe ich mein Leben lang im geheimen gearbeitet, und so schön ist er. Er ist ein etwas trauriger Garten. Ich bin kein Herkules, und wenn nicht einmal er der Welt seinen Willen aufzuzwingen vermag, wie wenig erst vermag ich es. So ist dies der Garten meiner Entsagung. Ich bin Politiker, mein Sohn, kein Held, und Politik schafft keine Wunder. Sie ist so schwach wie die Menschen selbst, nicht stärker, ein Bild nur ihrer Zerbrechlichkeit. Sie schafft nie das Gute, wenn wir selbst nicht das Gute tun. Und so tat ich denn das Gute. Ich verwandelte den Mist in Humus. Es ist eine schwere Zeit, in der man nur so wenig für die Welt zu tun vermag, aber dieses wenige sollen wir wenigstens tun: das Eigene. Die Gnade, daß unsere Welt sich erhelle, kannst du nicht erzwingen, doch die Voraussetzung kannst du schaffen, daß die Gnade – wenn sie kommt – in dir einen reinen Spiegel finde für ihr Licht. Sei du nun wie er: verwandelte Ungestalt. Trage du nun Früchte. Ersetze mit dir selbst das Verlorene. Wage jetzt zu leben und hier zu leben, mitten in diesem gestaltlosen wüsten Land – die Heldentat, die ich dir nun auferlege.«

ELBE-ELSTER-RUNDSCHAU
6. Juni 1991

Das Theater der Demokratie

»Ist das ein Theater gewesen!«, sagen wir manchmal, wenn wir die Debatten aus einem Parlament anhören oder ansehen und den Streit der Parteien in der seriösen und der Boulevardpresse widergespiegelt oder angeheizt oder abgewiegelt bekommen. Die Streithähne fallen übereinander her, Politiker setzen eine Maske auf oder lassen einmal die Maske fallen. Einige werden als Hauptdarsteller und umfeierte Stars plötzlich weggedrängt und verschwinden in der Versenkung. Demokratie ist ein Spiel des Lebens, ja *das* Spiel des Lebens mit Regeln: das Spiel von Intrigen und Interessen, von Zuneigung und Feindschaft, von Meineid und Verrat, von Geldgeschäften und hehren Reden. Nach manchen Wahlen sagt man als Wähler oder Zuschauer: »Vor Tische las man's anders, ganz anders.«

Demokratie ist Spiel und Spiegel des Lebens. Darin gibt es Hauptdarsteller, und Nebendarsteller, Kulissenschieber und Kulissenmaler, Kritiker und Kritikaster, Souffleure und Zuschauer. Da gibt es den Schalk und den Schuft. Da laufen Gockel über die Bühnen und zeigen ihr Gefieder. Darinnen gibt es Tragödien und Komödien. Bisweilen spielen die Spieler ein Spiel und denken, *sie* seien die Akteure; dabei werden sie an geheimen Fäden gezogen, dabei spielt sich das wahre Spiel nicht auf dem Tisch, sondern unter dem Tisch ab. Die Zuschauer lassen sich entweder von diesem Spiel faszinieren oder sie durchschauen viel besser als die Spieler, was geschieht, können aber nicht eingreifen. Erst, wenn das Spiel nach vier Stunden oder nach vier Jahren zu Ende ist, können sie klatschen oder trampeln oder buh rufen. Das Publikum ist in der Masse stimmungsabhängig und manipulierbar. Die meisten sind lieber Zuschauer und Kritiker, als daß sie sich selber in das unbarmherzige Rampenlicht der Öffentlichkeit stellen.

Wer sich einsetzt, setzt sich aus. Wer – statt sein eigenes Geschäft zu machen – sich auf das Geschäft der Politik einläßt, muß wissen, daß er verschlissen werden kann und Undank erntet.

Die demokratisch gewählten Politiker brauchen kritische Solidarität und solidarische Kritik der Bürger, deren Interessenvertreter sie sein sollen (und wollen). Lernbereite Politiker machen eine fehlerfreundliche Politik. Dazu brauchen sie das Mitdenken und Mitreden der Bürger, die bereit sind, den größeren Zusammenhang wahrzunehmen und auch zu vertreten, wenn einseitig über »die da oben« gehechelt wird.

Als Bürger und Abgeordneter stelle ich folgende Fragen: Wie kommen wir in der Demokratie als Spiel des Lebens zu einem eingreifenden Mitdenken der Spieler und der Zuschauer? Wie kommen wir dazu, Personen und Sachkonflikte nicht so zu vermengen, daß nicht mehr erkennbar wird, worum es jetzt eigentlich geht? Wie kommen wir dazu, daß nicht die Rivalitäten zwischen Personen bestimmend werden? Wie werden die zur Entscheidung stehenden Alternativen jedermann bewußt und die kurzen oder weiterreichenden Folgewirkungen erkennbar? Wie kann der Streit so geführt werden, daß alles auf den Tisch kommt und nichts unter den Teppich gekehrt wird, daß schließlich nicht so wichtig ist, wer gewinnt oder unterliegt, sondern wichtig wird, wo die sinnvollste oder sachlichste Variante liegt. Es gibt keine Entscheidung »ohne Haken«. Der Volksmund sagt, was auch für die Politik gilt: »Jedem recht getan, ist eine Kunst, die niemand kann.«

Und nebenbei oder gerade nicht nebenbei: wie werden aus den Zuschauern Mitspieler? Wie wird der Staat als institutioneller Rahmen für die Interessen der Gesellschaft erkennbar? Wie bleibt dem einzelnen spürbar, daß der Staat zum Wohle der Gesellschaft da ist?

Während der einzelne Bürger natürlicherweise meist nur sein Einzelinteresse im Auge hat, muß der Bürgermeister, Verwaltungsmitarbeiter oder Abgeordnete stets das Interesse der »Gegenpartei« beziehungsweise das Gesamtinteresse im Auge haben. Ein Beispiel ist die schwierige Güterabwägung, ob der Vertrag für MASSA verlängert wird oder nicht. Einsprüche hätte es in jedem Falle gegeben.

Die Zeitungen nehmen ihre Aufgabe in der Demokratie wahr, wenn sie zur Versachlichung der Debatte beitragen, indem sie Argument und Gegenargument darstellen. Das schließt eine Meinung des Redakteurs nicht aus; seine Meinung hilft zur Meinungsbildung.

Demokratie ist ein spannendes und spannungsreiches Spiel.

Nach einem Jahr Erfahrung sind wir alle noch Anfänger. Daß das Spiel gut ausgeht, dafür sind wir alle mitverantwortlich.

Nach dem Zusammenbruch der SED-Diktatur ist eine tiefe Struktur- und Wertekrise zutage getreten. Unsere junge Demokratie hat noch schwierige sozialökonomische und sozialpsychologische Belastungsproben zu bestehen. Gewaltlosigkeit, ökonomische Effektivität, soziale Ausgewo-

genheit, ökologische Verträglichkeit und menschliche Toleranzbereitschaft sollten bei allem Streit im einzelnen unser Grundkonsens bleiben.
Dann und nur dann ist die Demokratie ein Mittel für die Mit-Menschlichkeit.

Mitteldeutsche Zeitung
5. Juni 1991

Einheit in der Demokratie – einig über Demokratie?

Daß ausgerechnet am 21. August 1991 ein Putsch des tschekistisch-militaristisch-dogmatischen Komplexes in Moskau zusammenbrach, ist schon ein historisches Symbol. Waren es im August 1968 nur zehn, die gegen den Panzerkommunismus, eine Ausgeburt der Breschnew-Doktrin, auf dem Roten Platz demonstrierten und einfach weggefangen wurden, so verharrten im August 1991 Zehntausende nachts im Regen vor dem Weißen Haus und schützten mit ihren bloßen Leibern die Demokratie vor den Panzern. Ein Volk ließ sich nicht mit plötzlich in die Läden gebrachtem Räucherlachs für eine erneute Despotie ködern. Es mag erschrecken, daß unverhohlene Freude und Zustimmung über die nun wieder zu erwartende Ordnung in Reih und Glied des Lebens und Denkens ausgesprochen wurde. Dazu gehörten neben französischen Kommunisten auch Altkader aus der SED, die in PDS-Basisgruppen angefangen haben zu feiern. Es stimmten aber auch Saddam Hussein und Kadhafi zu. Die Reaktion der PDS war so halbherzig, daß dies eine letzte demokratische Glaubwürdigkeitskrise heraufbeschworen hat.

Ist der Name PDS ernst zu nehmen?

Die Gespenster drohten wieder aufzuerstehen. Wer diesen Putsch nicht aus prinzipiellen Gründen und dann auch praktisch in entschiedener Weise verurteilt hat, hat die Probe der Demokratie nicht bestanden.

Ich stelle mir vor, beim Sturm auf die Stasizentrale am 15. Januar 1990 hätten alle die, die jetzt auf der Anklagebank der Gesellschaft sitzen, noch einmal zugeschlagen. Es war vielleicht ihre letzte Chance, da der Dammbruch vom 9. Oktober 1989 der Anfang vom Ende des stasiistischen Systems wurde. Der danach begonnene und in vielem hoffnungsvolle Dialog zwischen den einst Mächtigen und den Ohnmächtigen wurde zu einem schmerzhaften, aber letztlich läuternden Anfangsprozeß, der uns in eine neue Demokratie hätte bringen können. Die wirtschaftliche Insuffizienz der DDR, die immer mehr zutage tretende Skrupellosigkeit, mit der das Dreieck Mielke-Honecker-Schalck waltete, und das verlockende Wohlstands-Versprechen durch Einheit brachten uns um die Kraft der Aufarbeitung.

Das belastet jetzt nachhaltig den Transformationsprozeß in die Demokratie. Demokratie lebt von breiter Mitbeteiligung und duldet keine prinzipielle Ausgrenzung, es sei denn die Ausgrenzung derer, die Ausgrenzung zum Prinzip machen, es sei denn das Verbot derer, die Freiheit abschaffen wollen ... Demokratie lebt von der breitest möglichen Mitbeteiligungsbereitschaft und der durchschaubaren und erfahrbaren Entscheidungsmöglichkeit der Bürger. Im Zeitalter der Massenkommunikation und einer Gesellschaft, in der alles verkauft und gekauft werden kann, steht die Demokratie vor der Gefährdung unbewußter Manipulation. Demokratie zielt aber auf Mündigkeit. Sie setzt Fähigkeit und Bereitschaft zum problemklärenden Diskurs voraus, wobei der einfühlende Verstand schließlich Sieger über dumpfe Gefühle bleiben kann. Demokratie braucht Mehrheitsentscheidungen wie die Berücksichtigung von Minderheitsmeinungen und Minderheitsinteressen. Das Spannungsverhältnis von Kompetenz und Mehrheit führt einerseits zur Versuchung eines neuen elitären Bewußtseins, über dem Volk zu sein, das erzogen werden müsse, und andererseits steht sie vor der Gefahr bloßer Exekution einmal gewonnener Mehrheiten beziehungsweise im Vorwahlkampf vor einer Wünschelrutenpolitik, die nur danach sucht, Stimmen zu machen, ja Stimmen zu fangen. Wir Ostdeutschen sind nicht in die Demokratie hineingewachsen, sondern schließlich mehr hineingestolpert. Wir haben unsere eigenen Muster und Erfahrungen nicht einbringen und gestalten können, sondern uns in vorgegebene Muster mehr und mehr eingefügt. Nun stellt sich heraus, daß wir mit unserer besonderen Erfahrung und Lebensgeschichte der letzten 45 Jahre in die vorgeprägten Muster der Bundesrepublik nicht hineinpassen. Restaurative Züge sind unverkennbar. Der alten Geschichtsklitterung wird eine neue hinzugefügt. Die Enttäuschung über den längeren Weg zu einer prosperierenden sozialen Marktwirtschaft wird zur Suche nach den Schuldigen.

Minderwertigkeitserfahrungen der letzten 40 Jahre werden durch Kolonisierungserfahrungen im letzten Jahr abgelöst. Die Freiheit der Presse wird im skrupellosen Kampf um Leserzahlen bisweilen zum zynischen Geschäft, zur Freiheit der Würdelosigkeit.

Entwürdigende Auswüchse der Pressefreiheit, erfolgreich psychologisch ausgeklügelt, appellieren eher an niedere Instinkte und richten bei den ohnehin aufgewühlten Ostdeutschen ein seelisches Zerstörungswerk an.

Wir haben nach einem Jahr Einheit noch einen langen Weg zur Einigung vor uns, sowohl mit den Westdeutschen wie auch mit uns selbst, unserer Geschichte und unseren Geschichten. Wir stehen vor dem Widerspruch, jetzt schnell handeln und gleichzeitig gründlich nachdenken zu müssen, Arbeitsplätze zu schaffen für eine Arbeit, die auf Dauer nicht nur Absatz verspricht, sondern auch verträglich ist für Natur, Umwelt und Mensch. Demokratie braucht couragierte Demokraten, die an Menschenrechten, als den unverrückbaren Rechten auf Leben für alle, nicht rütteln lassen. So brauchen wir jetzt viel Courage für die bedrohten Asylsuchenden überall, gegen eine Mehrheitsstimmung.

Aus einem System kommend, in dem die sozialen Menschenrechte gegen die individuellen ausgespielt wurden, haben wir die besondere Verpflichtung, nun nicht umgekehrt zu verfahren. Sie gehören zusammen! Oder: Verordneter Internationalismus wirkte verheerend; nun erschrecken wir vor osteuropäischen Orgien des Nationalismus. Identität und Internationalität bedingen aber einander, wenn es Frieden geben soll. Schließlich braucht Demokratie Rücksicht. Rück-Sicht hieße Zurück-Sehen auf das, was mit uns war, Rücksicht auf Schwächere und auf Minderheiten, Rücksicht auf die, die nach uns kommen, daß wir ihnen nicht Wüste hinterlassen, Steine statt Brot. Wo Rücksicht und Voraussicht das Denken und Fühlen des einzelnen und der Politik bestimmen, kann selbst die bedrängende Gegenwart als Glück erlebt werden. Demokratie bleibt ein permanentes Wagnis. Das schwierige Lehrstück der deutschen Einigung darf nicht zum Zweifel an der Demokratie, sondern muß zur Einforderung von mehr Demokratie führen.

NEUES DEUTSCHLAND
zum 3. Oktober 1991

Manche wollen die Früchte der Freiheit ohne Mühe

FRAGE: *Herr Schorlemmer, der Optimismus der deutschen Einheit ist in den vergangenen zwei Jahren dahingeschmolzen. Von Ihnen las ich den Satz, Sie seien lieber traurig als leer. Sind sie traurig darüber, wie sich die Einheit der Deutschen jetzt vollzieht bzw. nicht vollzieht?*

SCHORLEMMER: Es wäre ungerecht zu sagen, ich bin traurig. Ich bin ganz froh über das, was wir hinter uns haben, und freue mich auch über vieles, was jetzt schon an Einheit wächst. Aber das, was geschieht, steht in überhaupt keinem Verhältnis zu dem, was geschehen müßte.

FRAGE: *Zum Beispiel?*

SCHORLEMMER: In der Ökonomie, im Verhältnis der Deutschen Ost und West zueinander; und im Verwaltungsaufbau, wie in den gesamten Rechts- und Eigentumsfragen. Ich habe den Eindruck, daß die Mehrheit der Deutschen noch nicht ausreichend verstanden hat, daß wir hier vor einer Generationenaufgabe stehen. Hans-Dietrich Genscher hat zum Anfang des Vereinigungsprozesses einmal gesagt, wir müßten so etwas schaffen wie eine Nationalstiftung zur Lösung der Probleme. Das wurde alles dem Wahlkampf geopfert, in dem der Bundeskanzler die Mehrheit kriegen wollte. Und die hat er nur bekommen, indem er allen das Blaue vom Himmel herunter versprochen hat – und die Leute haben das auch noch geglaubt. Insofern kann man nicht ihm alleine den Vorwurf machen. Jetzt, nachdem der Bundespräsident den Vorschlag vom Lastenausgleich gemacht hat, habe ich wieder etwas mehr Hoffnung.

FRAGE: *Ist Ihre Partei, die SPD, da nicht auch zu zögerlich und unsicher? Denn wieder hat ein Mann der Union die Initiative ergriffen.*
SCHORLEMMER: Das vermisse ich in der SPD auch weitgehend. Also ein Alternativkonzept zur Lösung der anstehenden Probleme, die ja einerseits große ökonomische, ökologische und soziale sind, aber andererseits auch mentale. Es muß eine Bereitschaft geweckt werden, bei den Bürgern der alten Bundesrepublik, diese Aufgaben lösen zu helfen, und bei den Ostdeutschen, auch stärker anzufassen und nicht nur Hilfe aus dem Westen zu erwarten. Die SPD hat hier meiner Meinung nach noch kein einziges Konzept entwickelt.

FRAGE: *Und was schlagen Sie vor?*
SCHORLEMMER: Ich meine, daß es jetzt höchste Zeit ist, daß sich die demokratischen Parteien alle zusammentun und die Kraft bündeln, statt sich zu zerstreiten. Wir brauchen jetzt eine Koalition für die Einheit.

FRAGE: *Macht diese besondere Situation nicht eher deutlich, daß Parteien zur Lösung von solchen, ein ganzes Volk betreffenden Problemen überhaupt nicht in der Lage sind – siehe das jüngste Parteiengespräch?*
SCHORLEMMER: Im Grundgesetz steht, daß die Parteien bei der politischen Willensbildung mitwirken. Sie haben eine Hilfsfunktion. Ich denke schon, daß die Parteien wichtig bleiben als Gruppierungen, die ein bestimmtes Interesse

versammeln und daraus politische Programme entwickeln. Wir brauchen aber auch eine viel stärkere Verknüpfung von Parteien, Bürgerbewegungen, Verbänden. Die Parteien allein sind überfordert.

FRAGE: *Was man ihnen anmer ...*
SCHORLEMMER: Aber es nützt andererseits nichts, nur über Parteien zu schimpfen. Wir brauchen viel stärkere Mitarbeitsbereitschaft der Bürger. Was ich gegenwärtig erlebe, ist eine Mehrheit von Bürgern, die beobachtet, was die anderen machen, und es beurteilt. Das reicht nicht aus. Demokratie ist ein schwieriger Einigungsprozeß zwischen verschiedenen Interessengruppen. Demokratie ist Mühe. Nur wer sich der Mühe der Freiheit unterzieht, wird auch die Früchte der Freiheit ernten. Aber manche wollen die Früchte der Freiheit ernten, ohne sich der Mühe zu unterziehen.

FRAGE: *Deshalb reisen Sie wie ein Wanderprediger von Ort zu Ort und bringen Ihre politische Botschaft den Menschen selbst?*
SCHORLEMMER: Ich bin ein politischer Wanderprediger und gleichzeitig Theologe. Dies versuche ich zu verbinden. Ich spreche als Publizist in Kirchen und als Pfarrer in Kulturhäusern. Aber ich versuche nicht, Leute zu missionieren für meine Sache, für meine Kirche oder für die Partei. Was ich möchte, ist, daß Menschen Mut bekommen und auch Lust, sich als mündige Bürger in die gesellschaftlichen Prozesse einzumischen, mitzumachen, mitzugestalten. Das ist meine Botschaft.

FRAGE: *Und wird sie aufgenommen?*
SCHORLEMMER: Die Leute müssen mir nicht glauben. Ich will gern auch mit ihnen streiten. Ich möchte auch gern,

daß wir merken, daß Streit dann nützlich ist, wenn erkennbar bleibt, daß wir ein gemeinsames Anliegen haben, z. B. sozial- und naturverträglicher zu leben. Daß wir dafür die beste Lösung suchen und daß es nicht um Schaukämpfe für die Popularität von Politikern geht. Politische Kultur wächst nur dann, wenn es auch politische Glaubwürdigkeit gibt, d. h. wenn Leute merken, der sagt, was er meint, und der meint, was er sagt.

FRAGE: *Sie trennen sich da von der starken Hierarchie in Ihrer Kirche, in der der Pfarrer der Hirte für seine Schäfchen ist ...*
SCHORLEMMER: Ich habe die Kirche, in der ich tätig bin, jetzt 24 Jahre, im ganzen als eine demokratische Institution erlebt. In unseren Synoden – also in den Kirchenparlamenten – habe ich gelernt, was Demokratie ist. Und so, denke ich, haben viele Leute in dieser Kirche auch Demokratie gelernt. Aber die Gefahr, daß eine Kirche auch immer wieder autoritär wird, die ist schon da. Wir sind ja auch eine Pastorenkirche. Wobei mancher den Eindruck hat, wir unterscheiden uns von Katholiken dadurch, daß es nicht einen Papst gibt, sondern lauter Pastoren, die sich als Päpste verstehen. Aber insgesamt haben wir doch eine Streitkultur entwickelt.

FRAGE: *Tut die Kirche auch jetzt genug im Streit um die eigene Vergangenheit?*
SCHORLEMMER: Als Christ muß man sagen, man tut nie genug. Aber ich habe den Eindruck, daß es Kräfte gibt, die wollen, daß auch von der evangelischen Kirche nach diesen 40 Jahren nichts übrig bleibt als schmähliche Anpassung und schäbige Kumpanei. Dies kann ich insgesamt von dieser Kirche nicht sagen, so groß auch das Erschrecken über die Stasi-Mitarbeit einzelner Pfarrer ist,

wie des Chefredakteurs der Kirchenzeitung in Schwerin. Dies zu unterscheiden von der Tätigkeit eines Kirchendiplomaten wie Manfred Stolpe, ist schon nicht leicht. Aber es muß wahrgenommen werden. Kirche muß den Beitrag liefern für die größtmögliche Differenzierung. Das heißt für mich zuallererst, wir müssen jedem einzelnen Menschen Genüge tun und versuchen, ihm gerecht zu werden. Dabei werden wir feststellen, nicht jeder IM ist gleich IM. Es gibt wirklich große Schweine, und es gibt arme Schweine. Das aber letztlich herauszukriegen, das bleibt Gott vorbehalten.

FRAGE: *Dann dauert die Vergangenheitsbewältigung aber noch lange ...*
SCHORLEMMER: Wir müssen schon, so gut es geht, Aufklärung leisten. Auch darüber, wie viele Leute bei uns in die Kirche geschickt worden sind oder die erpreßt oder überredet wurden, in diesem furchtbaren Stasi-Apparat mitzuarbeiten. Da haben wir noch einiges vor uns. Vielleicht auch noch einige furchtbare Enttäuschungen.

FRAGE: *Das, was Sie zur Kirche und zu Manfred Stolpe sagen, klingt für mich etwas wie der Eiertanz, der uns seit Monaten geboten wird. Warum ist man nicht zumindest in diesem doch etwas geschützten Bereich in der Lage, klar zu erklären, so und so war das, wir mußten so handeln?*
SCHORLEMMER: Ich kann zwischen dem, was ich in den letzten gut 20 Jahren, die ich Herrn Stolpe kenne, von ihm gehört habe, und dem, was er jetzt sagt, keine Widersprüche erkennen. Ich habe auch in dieser Zeit mit ihm hin und wieder Konflikte gehabt. Aber ich hatte immer den Grundeindruck, daß er es tat im Sinne der Vermeidung von Überhitzungen. Er mußte vermitteln zwischen Kirchengemein-

den, die sich nicht kriminalisieren lassen wollten, den kleinen engagierten Gruppen, die leider nicht sehr viele waren, und den Staatsorganen. Die benutzten dann manchmal die Kirche als verlängerten Arm von Drohungen. Sie haben den Gemeinden gesagt, wenn ihr nicht dafür sorgt, dann greifen wir ein. Und die Kirche hat sich verantwortlich gefühlt für uns, um uns nicht nach Bautzen zu bringen. Vielleicht hätte sie es manchmal mehr darauf ankommen lassen müssen und sagen, gut, dann sperrt sie doch ein, wir jedenfalls lassen uns nicht mißbrauchen als verlängerter Droharm des Staates. Das kann man im nachhinein in manchen Fällen nicht mehr klären.

FRAGE: *Die Absicht war gut, also Schwamm drüber?*
SCHORLEMMER: Wir haben damals schon darüber diskutiert – und zwar heiß. Ich möchte nicht, daß wir heute lauter Nachhutgefechte führen und dabei übersehen, welche faulen Kompromisse jetzt schon wieder gemacht werden. Gerade wo wir unsere Kräfte bündeln müßten, um den Menschen heute in diesem Land eine Perspektive zu geben. Also das, was mit dem Einigungsvertrag passiert, mit den Rücküberführungsansprüchen, mit der Treuhand, mit den Werften, mit den Universitäten ... Da muß man Kräfte und Zeit genau abwägen und einteilen. Es kann nicht sein, daß wir die Gegenwart und Zukunft verpassen, indem wir alle Kraft auf die Vergangenheit richten. Aber es kann auch nicht so sein, daß wir sagen: Vergessen wir, was war, und stellen wir uns dem, was jetzt ist, denn die ehrliche Aufarbeitung von Vergangenheit hilft uns auch, die Zukunft zu verstehen. Das Ziel dieser Aufklärung ist aber nicht, Schuldige nur an den Pranger zu stellen, sondern die Erneuerung. Wobei es mir um die Genugtuung für die Opfer, aber auch das Lebensrecht der Täter geht.

FRAGE: *Wird es einen Friedrich Schorlemmer geben, der einen Ostdeutschen und einen Westdeutschen an einer Kette zusammenschmiedet, wie er einst ein Schwert zu einer Pflugschar umschmiedete?*
SCHORLEMMER: Also Zusammenschmieden würde ja heißen, daß jeder seine Identität verliert. Nein, aber ich werde schon an dieser mühevollen Tätigkeit des Verstehensprozesses mitwirken. Nichts wäre schlimmer, als wenn wir nur noch übereinander sprechen und nicht mehr miteinander. Und da habe ich gegenwärtig den Eindruck, daß die Westdeutschen sehr offen über uns reden und wir sehr offen über sie. Aber wir brauchen das offene Reden miteinander. Vielleicht wird manches dann ungerecht und schmerzlich, aber es wird uns helfen, uns besser zu verstehen. Grundbedingung ist jedoch, daß wir wieder sagen dürfen, wie es uns ist. Ostdeutsche müssen sagen, daß es ihnen jetzt zum Teil auch schlecht geht und sie Angst vor der Zukunft haben, ohne daß sie fürchten müssen, gleich als Jammer-Ossis bezeichnet zu werden. Und die Westdeutschen sind im übrigen nicht alles lauter arrogante, geldgierige Haie, die hierher kommen, sondern auch sehr, sehr viele, die die beste Absicht verfolgen, das gemeinsame Land aufzubauen.

FRAGE: *Das mögen Illusionen des Missionars Schorlemmer sein, aber die Realität ist mehrfach so, daß das Spiegelbild der DDR-Vergangenheit und der Versuch, die Einheit in den Köpfen zu gestalten, sehr schwer zusammengehen.*
SCHORLEMMER: Das sieht man auch in den Parteien. Es gibt hin und wieder eine Ossi-Partei im Bundestag. Ich finde es ganz toll, daß wir den Wolfgang Thierse im Bundestag haben. Davon müßten wir noch mehr haben. Was ich von Rainer Eppelmann gegenwärtig höre, ist für mich, als ei-

nem ehemaligen Mitstreiter von ihm, nicht mehr ganz erkennbar als das, was wir hier gedacht haben. Deshalb müssen wir ja auch viele Leute wieder weglocken von ihrem Fernseher in die politische Aktivität.

FRAGE: *Warum haben Sie sich dann nicht so engagiert wie ein Wolfgang Thierse, eine Regine Hildebrandt ...?*
SCHORLEMMER: Ich bin Pfarrer. Und ich glaube auch, daß ich mich auf meine Weise engagiere wie andere auf ihre. Ich wollte kein Parteipolitiker werden. Das hat bestimmte Gesetze, denen ich mich unterwerfen müßte, denen ich mich aber nicht gerne unterwerfen möchte.

FRAGE: *Was bewog Sie dann, überhaupt in eine Partei zu gehen, und warum gerade in die SPD?*
SCHORLEMMER: Ich bin in einer Kirche, die ist reformatorisch und nicht revolutionär. Ich bin nicht in einer Kirche von Thomas Müntzer, sondern in einer Kirche von Martin Luther. Das heißt, in einer Reformkirche, die sagt, wir werden das ganz Gute nie herstellen, sondern können uns nur bemühen, das Bessere zu gestalten. Und das ist auch sozialdemokratisch. Ich bemühe mich in dieser Partei nicht, das ganz Gute durchzusetzen, sondern für das ein bißchen Bessere zu wirken. Das ist für Leute, die hohe Ideale haben und große Konsequenz, immer etwas faul oder inkonsequent. Aber was nützt die beste Konsequenz, wenn sie nicht politisch wirksam wird. Ich bin in eine Partei gegangen und nicht bei den Bürgerbewegungen geblieben, zu denen ich eher gehöre, weil ich der Meinung bin, daß die Bürgerbewegungen ihre Stärke und ihre Schwäche darin haben, daß sie zuwenig kompromißfähig sind. Sie wollen gern ihren reinen, klaren, konsequenten Gedanken umsetzen. Dafür bleiben sie in Min-

derheitenpositionen. Ich habe Achtung vor ihnen. Aber ich möchte gern in einer Partei mitwirken, die die Chance hat, auch politisch konkret gestaltend einzugreifen. Ich gehe den schwierigen Weg des fleißigen Kompromisses in einer Reformpartei.

FRAGE: *Ist das ganz Gute, von dem Sie sprechen, der demokratische Sozialismus, wie der Begriff einst von der SPD gebraucht wurde?*
SCHORLEMMER: Ich habe aufgehört, den Begriff Sozialismus zu benutzen. Dieser ...ismus wirkt gegenwärtig gegenteilig. Ich würde lieber sagen, soziale Demokratie oder demokratisch sozial, demokratische Solidarität ... Ich meine, daß die Werte der Freiheit und die Werte der Solidarität verbunden bleiben müssen. Ein ...ismus hat immer die Gefahr der Absolutsetzung und der Selbstüberforderung. Dieses System der DDR ist auch an einer permanenten Selbstüberforderung, Selbstüberschätzung und an der Lüge über sich selbst zugrunde gegangen. Zu einer demokratischen Partie gehört immer auch die Selbstkritik, also die kritische Reflexion. In der christlichen Kirche sagt man dazu: das Eingeständnis, daß wir Sünder sind.

FRAGE: *Haben Sie nie überlegt, in eine christliche Partei einzutreten?*
SCHORLEMMER: Es kommt nicht auf das Adjektiv an, sondern es kommt auf die Inhalte an.

FRAGE: *Geht es überhaupt zusammen, Pfarrer und Politiker zu sein?*
SCHORLEMMER: Es ist schwer. Aber es muß auch gezeigt werden, daß es nicht unmöglich ist. Denn sonst würden die klare Rede am Sonntag von der Kanzel und die nebelige Rede am Alltag auseinanderfallen. Ich denke, die gro-

ßen Begriffe brauchen die Bewährung im Kleinen. Sonst ist die Predigt, die wir halten, schön, aber unwirksam in der Bewährung im Alltag. Wobei ich auf längere Sicht glaube, daß Pfarrer sich auf ihre eigentliche Tätigkeit zurückbesinnen sollten, ohne sich der Mitverantwortung für das Allgemeinwesen zu entziehen. In dieser Übergangsphase war es aus Personalmangel jedoch nötig, daß viele Pfarrer auch in die Politik gegangen sind. Sie fehlen uns nun in der Kirche.

FRAGE: *Was denkt ein Pfarrer im historischen Wittenberg, wenn er das Wort Deutschland heute hört?*
SCHORLEMMER: Ich kann auf das Wort gut verzichten. Ich würde es lieber als Adjektiv benutzen, also z. B. deutsche demokratische Republik. Ich kann auch gut sagen: deutsche Bundesrepublik, deutsche Kultur. Genauso wie französische Kultur. Aber ich bin gern Deutscher, einfach wegen dieser wunderbaren Sprache.

SCHWERINER ZEITUNG
6. Juni 1992

II.
Ohne die Mauer leben lernen

Deutschland, was nun?

Neues denken, Neues tun

Meine sehr verehrten Damen und Herren, liebe Schwestern und Brüder!

Es ist nichts Besonders mehr, daß ich hierherkommen und reden kann – und *das* ist das Besondere. Ich muß mir nicht mehr genau überlegen, was ich sage, weil ich wieder zurück will – und ich muß mir doppelt genau überlegen, was ich sage, weil ich verstanden werden möchte. Wir benutzen die gleichen Wörter, aber in vielem sprechen wir eine andere Sprache.
Wir sind jetzt eins geworden, ein Staat – und doch wird's noch länger ein Hier und Drüben, Euch und Uns geben. Wir waren zu lange getrennt, als daß wir jetzt ganz schnell eins werden könnten. Über die Wirklichkeit schönend hinwegzureden, hatten wir 40 Jahre zu erdulden, ja an der Wirklichkeitsallergie, die mit allen Mitteln der Staatssicherheit geheilt werden sollte, ging dieses Staatsgebilde zugrunde und hat uns in diesem Dreckloch hinterlassen. Der Schaden reicht bis in das Grundwasser unserer Seelen.
So möchte ich meine Rede heute unter das Wort des Propheten Jeremia stellen, der im Namen des Herrn sagt: »... und sie hielten den Schaden meines Volkes nur obenhin, indem sie sagen: ›Friede! Friede!‹, und ist doch kein Friede.« Ich füge für unser Thema hinzu: »Indem sie sa-

gen: ›Einheit! Einheit!‹ und ist doch keine Einheit.« Beides stimmt nämlich, es ist Friede in Einheit und doch ist weder Friede noch Einheit. Wir haben so sehr mit dem Äußeren zu tun, daß wir wenig sorgsam das Innere beachten und betrachten. Ich sehe durchaus Chancen, die Probleme zu lösen, aber nur dann, wenn wir bereit sind, die Wahrheit wahrzunehmen.

Lassen Sie mich aber zunächst noch einmal die Brücke zwischen uns schlagen. Unsere Städte Wittenberg und Nürnberg verbindet viel – wir hatten den großen Luther und ihr den kleinen Sachs, ihr den so berühmten Dürer und wir den fast so berühmten Cranach. Eure Stadt wurde mit den Rassengesetzen verbunden, in der unseren wurde der Reichsbischof gewählt – mit Talar und Hitlergruß zog er durchs SA-Spalier. Ihr habt die Konkurrenz zwischen Sebaldus- und Lorenzkirche – wir zwischen Schloß- und Stadtkirche. Bei uns ist alles um ein paar Nummern kleiner, bei euch ist alles um ein paar Nummern reichhaltiger. Bei uns ziehen die russischen Besatzungstruppen gerade ab, hinterlassen verkommene, verseuchte Areale, und nun ringen wir mit der Bundeswehr, weil wir eine soldatenfreie Stadt werden wollen. Nun müssen wir den Bundesverteidigungsminister bitten, uns die freiwerdenden sowjetischen Stützpunkte zu überlassen – welche Absurdität. Wie ich höre, haben sich viele im Raum Nürnberg gewünscht, daß die amerikanischen Hubschrauberstaffeln abziehen, und nun ziehen amerikanische Truppen tatsächlich ab, aber an den Golf. Die Angst der jungen Soldaten können wir uns wohl vorstellen. So ist die Freude, daß sie abziehen, hier sicher nicht ungetrübt, wie die Freude der Sowjetsoldaten, die bei uns abziehen, nicht ungetrübt ist, weil sie in eine ungewisse Zukunft zu Hause ziehen. Aber uns in Wittenberg und Nürnberg verbindet der Wunsch, daß unsere Wälder endlich frei werden, die Wälder zwischen Wittenberg und Jüterbog, wie der Reichswald zwischen Nürnberg und Erlangen – aber nicht frei werden für neues Militär, sondern für Spaziergänger und Förster.

Ich stehe hier und kann nicht anders als mich zu freuen, daß ich hier stehen kann. Ich wage es, auch zugespitzt zu reden, nicht weil ich es besser weiß, sondern weil ich etwas halte von der »Tapferkeit vor dem Freund« (Ingeborg Bachmann).

Ich bin ein sieben Wochen alter Neu-Bundesbürger und komme aus den FNL, den Fünf Neuen Ländern. So ein Neu-Bundesbürger aus den neuen Ländern – aber wir sehen doch ziemlich alt aus, wenn ich sehe, wie unsere Stadt Erfurt aussieht und wie diese Stadt Nürnberg aussieht.

Vor einem Jahr habe ich auf der größten Demonstration in der Geschichte der DDR, die dazu auch noch freiwillig war, gesagt: »Wir sind auferstanden aus Ruinen und der Zukunft neu zugewandt.« Und fügte dann spontan hinzu: »Bald werden wir dieses Lied auch wieder singen.« Ich ahnte nicht, daß man dieses Lied zwar nicht singen, aber gerade die eine verbotene Zeile in den Mittelpunkt heben würde: »Deutschland, einig Vaterland«. Noch weniger ahnte ich, daß dieses Lied nicht mehr gesungen werden würde, sondern daß wir jetzt miteinander die dritte Strophe des Fallersleben-Liedes zu singen haben, in dem es heißt: »Einigkeit und Recht und Freiheit für das deutsche Vaterland.« Das mag mir nicht so recht aus der Seele kommen, weil ich das Gefühl habe, daß gerade die für die Zukunft bestimmenden Zielwerte des Friedens und der Gerechtigkeit (Solidarität) ebenso fehlen wie dieses Lied uns Deutsche wieder einengt für das deutsche Vaterland. Wir sind in einem sich einigenden Europa und in einer

Welt, die nur überleben kann, wenn sie sich als Überlebensgemeinschaft versteht und daraus ihre Konsequenzen zieht. Ich frage: Was bedeutet uns das Vaterland auf der bedrohten Muttererde? Ist das Denken in Vaterländern der Zeit gemäß, in der wir leben? Zunächst stellen wir fest, daß das Denken und Fühlen in nationalen Bezügen in ganz Europa stark geblieben und neu gefährlich geworden ist.

Wir sind ein einig Vaterland – aber die Einheit ist juristisch und politisch vollzogen, ohne daß wir schon wirklich von einer Einigung sprechen können. Der Abstand der Lebensverhältnisse läßt sich nicht von heute auf morgen beseitigen, und wir werden wahrscheinlich die Talsohle erst noch vor uns haben. Und ich bin auch nicht sicher, ob bei der Mehrheit der Bundesbürger schon angekommen ist, daß dieser Prozeß innere Akzeptanz und äußere Opfer braucht – ohne daß *wir* mit einer unangemessenen Anspruchshaltung kommen dürften. Wir hatten einen Teil der gemeinsamen Last des Krieges 40 Jahre allein zu tragen. Unsere Schnelle-Hilfe-Erwartung ist auch Folge eines merkwürdigen sozialistischen Hospitalismus: Wir sind nichts, der Staat ist alles. Er hat uns ebenso bewacht wie bewahrt, gesichert wie kontrolliert. Niemand fiel durch das Netz, das man unter uns gehalten *und* über uns geworfen hatte. Die einen verstrickten sich im oberen, die anderen im unteren Netz. Daß Risikobereitschaft und Innovationsfreude bei uns jetzt nicht besonders entwickelt sind, darüber muß man sich zunächst nicht wundern.

Ich komme noch einmal zurück auf unsere gemeinsame Nationalhymne, deren erste Strophe bei uns nun auch schon mal gegrölt wird, wenn das Faß übergelaufen ist. Wir vereinigten Deutschen haben wohl jetzt noch eine

gemeinsame Erblast zu tragen und stehen gleichzeitig vor ganz neuen Herausforderungen.
Zunächst zu der Art der Verengung der Deutschen auf sich selber (über den Charakter anderer Völker will ich hier nicht urteilen). Heinrich Heine, der Vielzitierte, immer mit derselben Zeile Zitierte, hat sich sehr viel häufiger tiefgründig mit den Deutschen beschäftigt. Er schreibt aus Frankreich etwas über den Patriotismus der Deutschen und der Franzosen: »Der Patriotismus des Franzosen besteht darin, daß sein Herz erwärmt wird, durch diese Wärme sich ausdehnt, sich erweitert, daß es nicht mehr bloß die nächsten Angehörigen, sondern ganz Frankreich, das ganze Land der Zivilisation, mit seiner Liebe umfaßt; der Patriotismus des Deutschen hingegen besteht darin, daß sein Herz enger wird, daß es sich zusammenzieht wie Leder in der Kälte, daß er das Fremdländische haßt, daß er nicht mehr Weltbürger, nicht mehr Europäer, sondern nur ein enger Deutscher sein will.« Aber in dieser Verengung sieht Heine »die plumpe, schäbige, ungewaschene Opposition gegen eine Gesinnung, die eben das Herrlichste und Heiligste ist, was Deutschland hervorgebracht hat«, nämlich eine Humanität, eine allgemeine Menschenverbrüderung, einen »Kosmopolitismus, dem unsere großen Geister Lessing, Herder, Schiller, Goethe, Jean Paul gehuldigt haben«. 1833, genau 100 Jahre vor Hitlers Machtantritt schrieb Heine diese Zeilen. Wohl ahnend, was in den Deutschen steckt, was wir nun als gemeinsame Hypothek zu tragen haben. Und das abgeschottete Mauersystem der DDR hat Schäden hinzugefügt, die wir nun gemeinsam in Deutschland ausgleichen müssen, wenn nämlich die sozialen Probleme bei uns wieder ihre Ablenkung in Nationalismen und ausländerfeindlichen Stimmungen finden sollten und als Bazillus auf unser ganzes Land übergreifen

sollten. Hier gilt nicht, etwas herbeizureden, sondern den Anfängen zu wehren. Wir haben gute Chancen, die Probleme kleinzuhalten, wenn wir die sozialökonomischen, wie die sozialpsychologischen Probleme in gleicher Weise ernst nehmen und an die großen geistigen Traditionen unseres Volkes anknüpfen. Heute ist der Todestag Heinrich von Kleists, der von sich sagte: »Die Wahrheit ist, daß mir auf Erden nicht zu helfen war.« Und sich das Leben nahm auch aus Enttäuschung über die Schlappheit der Deutschen, sich vom napoleonischen Joch zu befreien. Kleist hat vorgezeichnet, worum es uns auch heute noch gehen mag: »Eine Gemeinschaft gilt es, deren Wurzeln tausendästig einer Eiche gleich, in den Boden der Zeit eingreifen ... Eine Gemeinschaft, die unbekannt mit dem Geist der Herrschsucht und der Eroberung, des Daseins und der Duldung so würdig ist wie irgendeine; die ihren Ruhm nicht einmal denken kann, sie müßte denn den Ruhm zugleich und das Heil aller übrigen denken, die den Erdkreis bewohnen; deren ausgelassenster und ungeheuerster Gedanke noch ... Unterwerfung unter eine Weltregierung ist, die, in freier Wahl, von der Gesamtheit aller Brüdernationen, gesetzt wäre. Eine Gemeinschaft gilt es, deren Wahrhaftigkeit und Offenherzigkeit, gegen Freund und Feind gleich unerschütterlich geübt, bei dem Witz der Nachbarn zum Sprichwort geworden ist. Eine Gemeinschaft, die dem Menschengeschlecht nichts in dem Wechsel der Dienstleistungen schuldig geblieben ist; die den Völkern, ihren Brüdern und Nachbarn, für jede Kunst des Redens, welche sie von ihnen erhielt, eine andere zurückgab; ... eine Gemeinschaft gilt es, die den Leibniz und Gutenberg geboren hat; in welcher ein Guericke den Luftkreis wog ..., die den Hutten und Sickingen, Luther und Melanchthon, ... in welcher Dürer und

Cranach ... gelebt und Klopstock den Triumph des Erlösers gesungen hat. Eine Gemeinschaft mithin gilt es, die dem ganzen Menschengeschlecht angehört; die die Wilden der Südsee noch, wenn sie sie kennten, zu beschützen herbeiströmen würden ...« Soweit Kleists politische Apotheose der Deutschen in der *Welt*-Gemeinschaft. Heute nennt man das »Neues Denken«, das von unserem Präsidenten und Außenminister ebenso vertreten wird wie vom sowjetischen Präsidenten und Außenminister. Der östliche Feind ist weg, aber der Feind des Partikularismus und Nationalismus ist längst noch nicht überwunden.
Es geht also nicht einmal um ein besonders neues Denken, sondern um Anknüpfung an ein Denken, das sich noch nicht überholt hat und das auch im Schoße unseres Volkes schlummert.
Was wollen, was werden wir wecken? Was noch vor einem Jahr jedermann undenkbar schien, ist Wirklichkeit geworden: wir sind wieder ein Land. Der Grenzvertrag mit Polen ist unterschrieben. Ein Freundschaftsvertrag mit der Sowjetunion ist ratifiziert. Es gibt keine offene deutsche Frage mehr. Die andern europäischen Staaten haben keinen akuten Grund, sich vor uns zu fürchten. Die ökonomischen Probleme sind lösbar. Es gibt keine weiteren Gebietsansprüche. Es gibt keine nennenswerte revanchistische oder nationalistische Stimmung in unserem Volk, weder in Ost noch in West. Die Wahlkampfparole in der ehemaligen DDR »Für ein starkes Deutschland« ist verschwunden. Der Weltmeistertitel im Fußball ist uns Deutschen nicht zu Kopfe gestiegen. Der Umsturz in der DDR erfolgte ohne einen einzigen Toten. Im Herbst des letzten Jahres erlebten wir in unseren Kirchen, wie Menschen, die nie gebetet hatten, die Kraft des Gebetes an sich erfuhren, und wie diese Kraft des Gebets sie trug auf die Straßen,

wo sie die Faust der Wut öffnen mußten, um die Kerze des Friedens zu schützen. Die Gewaltlosigkeit war bei uns auch eine Frucht des Gebetes im Angesicht des gekreuzigten Herrn. Die Menschen strömten hunderttausendfach in die Kirchen, und die Solidarität mit den Leidenden war in dem Maße wachgeblieben, wie die Menschen selber litten. (Das sollte sich leider bald ändern.) Es war eine ungeahnte Hörbereitschaft für das Wort Gottes da, und er schenkte uns vom Vogtland bis nach Rügen die Kraft, das Wort der Schrift in die Situation hinein auszulegen. Die Kirchen wurden nicht mißbraucht, sondern wirklich gebraucht. Und es war so, wie es Luther einst in seiner Zeit erlebte: »Gottes Wort und Gnade ist ein fahrender Platzregen, der nicht wiederkommt, wo er einmal gewesen ist ... Ihr Deutschen dürft nicht denken, daß ihr ihn ewig haben werdet; denn der Undank und die Verachtung wird ihn nicht lassen bleiben. Darum greift zu und haltet zu, wer greifen und halten kann!« Ja, wir haben zugegriffen, und der Platzregen ist wieder vorüber. Darüber möchte ich nicht klagen, sondern dankbar sein für das, was dieser Platzregen unter uns eine Zeitlang für einen Segen brachte. Eine Frucht war dann auch, daß wir das liberalste Zivildienstgesetz haben. Wir erlebten eine ungewöhnliche Solidarität mit den Menschen in der Tschechoslowakei und in Rumänien, die sich nach uns befreiten und es nun so viel schwerer haben. Wir erlebten Sympathie mit den Besatzungstruppen, den Gehaßten in der DDR. Wir können froh sein über die Rahmenbedingungen für die Freundschaft zwischen den Deutschen und den Völkern der Sowjetunion durch den Deutsch-Sowjetischen Vertrag. Wir können froh sein darüber, daß weder nationalistische Stimmungen bei uns große Bedeutung gewonnen hatten, noch daß die Republikaner den erwarteten Erfolg bekamen. Erstmals in der deutschen Geschichte ist es uns gelungen, eine Diktatur mit friedlichen Mitteln abzuschütteln und ohne Krieg die deutsche Einheit herzustellen. Und wir sind miteinander in der Demokratie und nicht in einer neuen Despotie angekommen. Auf dem Gebiet der ehemaligen DDR entwickelte sich eine hohe Bereitschaft, die radikale Abrüstung voranzubringen. Sie fand Ausdruck im Appell der 89, die die Regierung aufforderte, als Dekret Nr. 1 ein Dekret zum Frieden zu veröffentlichen. Darin heißt es: »Im Wissen und mit der Erfahrung tiefgreifender Veränderung in der Welt der sozialistischen Länder, angesichts der sich zuspitzenden ökologischen Krisensituation unseres Planeten, die sich in Gestalt der Bevölkerungsexplosion, der Energie- und Umweltkrise, in der sich anbahnenden Klimakatastrophe, der Zerstörung der schützenden Ozonschicht, der Abholzung des tropischen Regenwaldes und des Verlustes von immer mehr Tier- und Pflanzenarten als *die* Existenzgefährdung der Erde erweisen könnte, rufen wir in Übereinstimmung mit der Zusicherung, daß von deutschem Boden nur noch Friede ausgehen wird, alle Menschen guten Willens auf, mit einem mutigen und die Phantasien überflügelnden Schritt der Welt den Beweis für die Kraft der Vernunft zu liefern, indem die Deutsche Demokratische Republik einseitige Vorleistungen mit dem Ziel einer totalen militärischen Abrüstung bis zum Jahre 2000 vollzieht ... Im Sog des uralten Traums der Menschen von Freiheit, Gleichheit und Brüderlichkeit und seiner ersten wirklichen Chance in der Geschichte werden sich die Menschen aller Länder zusammenfinden, die wie wir erkannt haben, daß die völlige Abrüstung der erste Schritt ist, unseren bedrohten Planeten zu retten.« (Wie bedroht unsere Welt ist und welches Wunder nötig ist, daß wir vom Krieg im Zusammenhang mit der Golfkrise verschont bleiben und auch von einem Bürgerkrieg mit unabsehbaren Folgen in der Sowjetunion ...)

Wir können uns freuen über die deutsche Einheit und sind ganz beschäftigt mit den Fragen der deutschen Einigung. Aber damit sind wir in gewisser Weise von den Hauptproblemen der Welt abgelenkt, denn gelöst ist im Entscheidenden noch nichts, gar nichts. Durch die Zwänge der Wahl zumal sind wir davon abgehalten, uns die wirklichen Fragen wirklich zu stellen. Kassandra ist nicht mehrheitsfähig. Mit dem Ausmaß der Gefahr wächst die Gefahr ihrer Leugnung. Wissend, daß Wissende niemals etwas gegen den drohenden Untergang ihrer Kultur oder Zivilisation haben ausrichten können ... Wir Europäer haben in den letzten Jahrzehnten Kriegen auf anderen Erdteilen zugesehen. Wir erleben, daß sich die Politik gegenüber dem Volk als eine einzige Manipulationstechnik erweist. Schon Kleist hat 1809 in einem fiktiven Lehrbuch der Journalistik beschrieben, wie man »dem Volk eine schlechte Nachricht vorzutragen« habe: »Man schweige davon, bis sich die Umstände geändert haben. Inzwischen unterhalte man das Volk mit guten Nachrichten; entweder mit wahrhaftigen, aus der Vergangenheit, oder auch mit gegenwärtigen, wenn sie vorhanden sind ... Sobald sich die Umstände geändert haben, welches niemals ausbleibt, und irgendein Vorteil, er sei groß oder klein, errungen worden ist, gebe man eine pomphafte Ankündigung davon und an ihrem Schwanz hänge man die schlechte Nachricht an.« So betrügt man das Volk, den großen Lümmel, bis der größte Lümmel gewählt wird. Ein Glück nur, wenn die zur Auswahl stehenden Lümmel Demokraten sind.

Die Kirche muß der Ort bleiben, an dem unbequeme Wahr-

heiten ohne Schielen nach Zustimmung gestellt werden können und wo die unter der Oberfläche der Schlagzeilen des Tages liegenden Probleme angesprochen werden.
Bisher haben wir in Deutschland eine erfolgreiche Anschlußaktion geschafft – mit der Aktivierung des Bauches, nicht des Kopfes. Auf dem Gebiet der ehemaligen DDR erlebten wir Ansätze für eine Umkehr, bis wir jetzt eine Umkehr der Umkehr erleben als eine einfache Rückkehr, weil die »Sieger«, die mit dem Geschenk der Demokratie und dem Marshallplan nach 1949 erfolgreich wucherten, uns den Eindruck vermitteln, sie brauchten überhaupt keine Umkehr, nur *wir* müßten uns hinkehren zu ihnen – und nun alles so machen, wie es hier sich bereits bewährt hat. Was soll der, der im Ruin sitzt, dazu sagen? Und so schlucken wir auch Besoldungsordnung für Pfarrer, Kirchensteuererhebung durch Finanzämter, Militärseelsorge, Religionsunterricht als kirchliche Bestandssicherungsmaßnahmen. Wir kehren heim in die erfolgreiche Bundesrepublik, und sie strotzt in ihrem Selbstbewußtsein – mit generösem europäischem Bewußtsein. Nicht wenige, zumal die Revolutionäre von gestern und die Oppositionsgruppen von gestern, fühlen sich jetzt in neuer Weise fremdbestimmt.
Wir sind 40 Jahre fremdbestimmt worden. Wir erlebten eine Zwischenphase der Selbstbestimmung, bis wir jetzt eine Selbstenteignung erleben, einen bedingungslosen Anschluß an die, die erfolgreich waren. Gerade hatten wir begonnen, uns selbst zu bestimmen, da wollte eine Mehrheit nur noch einen Anschluß. Wie viele bleiben nun aber draußen? Wir wissen nicht mehr, wer wir sind: Wir sind keine DDR-Deutschen mehr und wir sind noch keine Bundesbürger. Was wir einzubringen haben, scheint nur eine enorm schnelle Anpassungsleistung zu sein. Die Gefahr

sehe ich darin, daß wir die Lektion aus unserer Geschichte nicht gelernt haben. Ich fürchte auch, daß sich das rächt, zum Beispiel in Verbitterungen und folgenden Radikalisierungen.
Ein Extrakt dessen, was wir nach der Befreiung von diesem atemberaubenden Staat geschaffen hatten, war und ist der Verfassungsentwurf des Runden Tisches, der für die gemeinsame Fahne weder den Adler noch Hammer und Zirkel vorsah, sondern das Symbol Schwerter zu Pflugscharen. Für mich und meine Freunde gehört es zu den schmerzlichsten Erfahrungen des letzten halben Jahres, daß eine Parlamentsmehrheit die völlige Selbstenteignung dadurch beschloß, daß sie dieses Ergebnis der selbsterrungenen Demokratie – auf fremdes Geheiß oder in vorauseilendem Gehorsam? – nicht einmal in einem Ausschuß der Volkskammer bereden wollte.
So kümmert sich jetzt ein kleines außerparlamentarisches Gremium, in dem aber viele Parlamentarier mitarbeiten, um unsere gemeinsame Verfassung, die auch etwas aufsammelt von dem, was wir aus diesen 40 Jahren und dem halben Jahr der relativen Selbstbestimmung einzubringen haben. Darin ist sowohl das Recht auf menschenwürdiges Sterben wie das Verfassungsgebot des Schutzes der Umwelt aufgenommen, die Friedenspflicht der Deutschen, die solidarische Teilung der gesellschaftlichen Arbeit und vieles andere mehr. Wir wollen damit keine Besserwisser sein gegenüber dem bewährten Grundgesetz, sondern die Chance wahrnehmen, uns eine Verfassung zu schaffen, die den Herausforderungen am Ende des Jahrtausends entspricht. Die Ziele eines guten ökonomischen Lebens und einer guten gesellschaftlichen Ordnung sollten nebeneinander bestehen bleiben, damit wir auf Dauer in guter Verfassung bleiben.

Das Vaterunser hat die Sängerin Barbara Thalheim treffend verfremdet: »... wie im Westen, so auf Erden.«
Die Selbstbestätigung der Sieger aber lenkt uns nach meinem Eindruck ab von den gemeinsamen Problemen der Zukunft, die nicht durch das Vaterland, sondern durch die Muttererde gestellt sind.
Was geschieht jetzt mit uns in der ehemaligen DDR? Wir haben ein halbes Jahr lang Gewaltlosigkeit erlebt, indem sich Bürgerbewegungen zwischen die bewaffneten Machthaber und das überkochende Volk gestellt haben. Das war ein großartiges Erlebnis. Es ist nicht zu verschweigen, daß das nicht allein ein Verdienst des Volkes ist, sondern auch eine unerwartete Zurückhaltung derer, die auf Gewaltanwendung gegen Konterrevolutionäre getrimmt worden waren. Aber eine sanfte Revolution hat auch ihre sozialpsychologischen Probleme, denn es gab weder die Stillung eines Rachebedürfnisses an den Machthabern, noch einen Märtyrer. Nun scheint sich ein schier unstillbares Rachebedürfnis auszubreiten. Viele der einst so Feigen und Angepaßten entlasten sich in ihrer Feigheit und Angepaßtheit und suchen die Seilschaften nur bei anderen, als wenn sie nicht 95%ig in der vierzigjährigen Seilschaft gehangen hätten. Die Feigen aus dem alten Block entlasten die Feigen und suchen den einzigen Sündenbock in denen, die verblieben sind in der Nachfolgepartei der SED. Was da geschieht, trägt neurotische Züge, die bis in den Bundestag reichen, wenn man den Rechtsanwalt Gysi, der unter Honecker eher zu den wackeren Leuten gehört hatte, erst gar nicht ausreden lassen will – als ob Gregor Gysi Erich Mielke wäre.
Die Ausländer verschwinden aus unserem Lande wie Diebe in der Nacht. Mir sind die Mosambikaner, die ihre Heime nicht mehr verlassen wollten, sehr nahe gegangen. Sie hatten mich als einen Ersatzvater verstanden. Grußlos

sind sie nun verschwunden. Haben wir sie vertrieben? Sind sie die ersten Opfer der Einheit? Gleichzeitig aber kommen Tausende von Juden aus der Sowjetunion nach Deutschland und suchen hier eine neue Heimat. Noch werden sie von uns aufgenommen, aber gleichzeitig werden sie von uns ferngehalten. Antisemitismus hat überlebt, ohne daß es bei uns Juden gab. Aber wer, wenn nicht wir Deutschen, sollten Platz haben für sie. Wir haben doch in unvergleichlich grausamer Weise Platz gemacht ... (Auch dies gehört zur Wirklichkeit: Als ich in einer Sendung zum Reformationstag 1990 den Text unseres Mahnzeichens unter der Judensau in Wittenberg las, in dem es heißt, daß »unter einem Kreuzeszeichen 6 Millionen Juden starben«, bekam ich mehrere Briefe, die mich auf die »Lüge« hinwiesen von den sechs Millionen umgebrachten Juden. Es habe sich doch inzwischen wissenschaftlich erwiesen, daß es nur 1,5 Millionen waren.)
So sehr die Kirchen im Herbst 1989 den gewaltlosen Umsturz vorbereitet und begleitet haben, so wenig scheint die Öffentlichkeit bei uns sich daran zu erinnern. Falschmeldungen über die Kirchensteuer – 10 Prozent des Einkommens wolle die Kirche monatlich einziehen – führten zu massenweisen Austritten.
Der Schaden unseres Volkes ist nur obenhin geheilt. Es ist keine Einheit, es ist kein Friede, es ist noch keine Solidarität.

Ich versuche jetzt zugespitzt noch einige Aufgaben unseres Einigungsprozesses konkret zu beschreiben:

1. Der Ost-West-Konflikt ist aus der politisch-ideologischen Ebene auf die menschliche Nachbarschaftsebene gekommen. Die Mauer aus Beton ist verschwunden –

die Mauer aus Verständigungsschwierigkeiten, Ansprüchen und Verweigerungen bleibt. Die Einheit haben wir noch ohne die Einigung. Das steht uns jetzt bevor. Katalysator für diese Einigung könnten die Partnerschaftsbeziehungen zwischen Kirchgemeinden sein. Sie bekommen eine neue, größere Aufgabe mit der Freiheit. Nichts sollte unter den Teppich gekehrt werden. Das würde uns nichts nützen.

2. Die Flucht geht weiter. Viele in unserem Land fliehen aus ihrer Vergangenheit und passen sich den neuen Machthabern und den neuen ökonomischen Zwängen an. Viele fliehen auch noch weiter in die Bundesrepublik, weil sie sich dort eher ein wirtschaftliches Weiterkommen versprechen. Besonders Menschen, die wir so dringend in diesem Lande brauchen, gehen immer noch. Sie werden nur nicht mehr gezählt. Die Angleichung der Lebensverhältnisse liegt auch im Interesse der immer mehr zersiedelten Bundesrepublik.

3. Der Arbeitsmarkt.
Es gibt wohl keinen einzigen Produktionsbetrieb in der DDR, der auf Anhieb konkurrenzfähig ist. Fast alle Betriebe in Wittenberg sind ohne Perspektive. Von 8500 Arbeitern im Düngemittelwerk werden 5000 entlassen. Wohin? Noch haben die meisten von ihnen Kurzarbeitergeld für Nichtstun. Noch wirkt die Beruhigungspille für den Übergang: »Wir sind ja nicht arbeitslos.« Aber wie lang soll das so weitergehen? Es ist absurd, wenn Menschen bei uns Geld bekommen für Nichtarbeiten. Man nennt das Kurzarbeit Null. Dabei »liegt« die Arbeit auf der Straße, und die Leute »liegen« auf der Straße, ohne daß es schon eine Perspektive gibt. Dies

ist eine riesengroße Organisationsaufgabe, die wir in der ehemaligen DDR nicht allein schaffen können. Dies ist eine nationale Herausforderung. Wer stellt sich ihr? Wo bleiben die Investoren, die Fachleute, die Juristen, die Wirtschaftsfachleute, die für eine gewisse Zeit, ohne daß das große Geld für sie winkt, zu uns kommen und diesen Teil wiederaufbauen helfen? Wenn die sozialen Probleme wachsen, könnten die politischen Probleme wuchern. Wohin sich das entlädt, weiß man aus der deutschen Geschichte – zuerst gegen die Fremden oder die Andersdenkenden.

4. Die Eigentumsfrage.
Die DDR hatte ein grundlegend anderes Rechtsverständnis als das des Bürgerlichen Rechts. Das Gesetz der Geschichte stand stets über dem geschriebenen Gesetz, beziehungsweise die Gesetze wurden im nachhinein geschrieben oder je nach politischer Interessenlage angewandt oder ausgesetzt. Die fortgesetzte sogenannte Vergesellschaftung des Eigentums, die eigentlich eine Verstaatlichung unter Kontrolle der Partei war, führte zu fortgesetztem Unrecht. Aber viele Menschen in der DDR haben in gutem Glauben Eigentum mit Recht erworben. Nun kommen die ehemaligen Besitzer, die meistens ja durchaus keine Armen sind, und nehmen denen, die bei uns lebten, was sie sich mühsam erworben haben. Manchen ist erst einmal der Schlaf genommen. Und an die großen Haie kommen wir offenbar gar nicht heran. Es muß wohl auch ein gemeinsames Interesse geben, daß einer der größten Rechtsbrecher und Devisenschieber in einer gut geschützten Villa in Bayern lebt.
Viele in der DDR fühlen sich wieder und wieder als

die Betrogenen, die nur den einen Fehler gemacht haben: daß sie nicht dieses Land auch noch rechtzeitig verlassen hatten. Das staatlich begangene Unrecht sollten nun nicht der kleine Mann und die kleine Frau büßen. Bertolt Brecht hat im »Kaukasischen Kreidekreis« ein Eigentumsverständnis vertreten, das jedenfalls bedenkenswert bleibt: »Daß da gehören soll, was da ist, denen, die für es gut sind, also
Die Kinder den Mütterlichen, damit sie gedeihen,
Die Wagen den guten Fahrern, damit gut gefahren wird,
Und das Tal den Bewässerern, damit es Frucht bringt.«

5. Remilitarisierung?
Innerhalb der nächsten vier Jahre sollen die 400 000 Sowjetsoldaten und ihre Angehörigen Deutschland verlassen und in ihr Land zurückkehren. Dort haben sie kaum eine Perspektive. Es ist noch nicht absehbar, ob die Deutschen in den nächsten Jahren die Russen weiter tolerieren werden. Die Angst der Verantwortlichen ist nicht unbegründet, daß es größere Konflikte geben wird, zumal die Sowjetarmee sich als Besatzerarmee bei uns verhaßt gemacht hat – bei gleichzeitiger offizieller Lüge über die ewige Freundschaft. Echte Freundschaft aber zu den Menschen in der Sowjetunion ist eine unserer Überlebensbedingungen. So ist die Sorge um die Zukunft der Menschen in der Sowjetunion ein Teil unserer Vorsorge für unsere Zukunft. Die Gestaltung des Abzugsprozesses als Teil unseres Verständigungsprozesses ist eine große nationale Herausforderung.
Aber nach dem Einigungsvertrag gehören die freiwerdenden Areale zunächst dem Bundesverteidigungsministerium. Haben wir kein Recht darauf, endlich ent-

militarisiert zu werden? Wir haben in diesem kleinen Land unter so viel Militär gelitten. Zehn Prozent unseres gesamten Territoriums waren in Mitleidenschaft gezogen, darunter die schönsten Gegenden. Wir wollen die riesengroßen modernen Flughäfen jetzt zivil nutzen und nicht für das Phantom »Phantom« vorbehalten, der das Feind-Phantom noch suchen muß.
Die Absurditäten des Militärs wollen wir nicht wiederhaben. Was Heinrich Heine schon 1832 in den französischen Zuständen als Aufgabe beschrieb, ist noch vor uns: »Wenn wir es dahin bringen, daß die große Menge die Gegenwart versteht, so lassen die Völker sich nicht mehr von den Lohnschreibern der Aristokratie (heute würden wir sagen der Rüstungsindustrie) zu Haß und Krieg verhetzen, das große Völkerbündnis, die heilige Allianz der Nationen kommt zustande, wir brauchen aus wechselseitigem Mißtrauen keine stehenden Heere von vielen Hunderttausend Mördern mehr zu füttern, wir benützen zum Pflug unsere Schwerter und Rosse und wir erlangen Friede und Wohlstand und Freiheit.«

6. Autogerechtes Deutschland?
Unser Land wird gegenwärtig in chaotischer Weise vollgestopft mit den Autowracks, die die selbstwertgestörten Trabibesitzer zu Hunderttausenden kaufen. Wir brauchen eine naturschützende Verkehrskonzeption.

7. Sorgenkind Landwirtschaft.
Wir brauchen im geeinten Deutschland und in der EG eine gesunde Landwirtschaftspolitik. Unsere Bauern sind von heute auf morgen nicht konkurrenzfähig, und wir haben den Eindruck, daß sie es auch nicht werden sollen. Es findet eine innere Zerstörung unserer Bau-

ern statt, wenn sie Zehntausende Mark dafür bekommen, daß sie ihre Kartoffeln unterpflügen und mit Gülle übergießen. Hier wird die Würde der Bauern mit Gülle übergossen. Ihnen wird klargemacht: euch brauchen wir nicht, ihr könnt nichts, ihr seid nichts. Die ökologische Zeitbombe einer verfehlten landwirtschaftlichen Produktion tickt bei uns noch lauter als bei euch.
Hören wir das Ticken?

8. Neue Fremdbestimmung.
Endlich konnten unsere Leute im Rundfunk und Fernsehen frei reden, sich frei machen. Sie machen erste, kräftige Freischwimmstöße. Sie bekamen eine neue, ungewohnte Einschaltquote. Sie haben unser Leben hier geteilt, auch mit Schuld und Blessuren. Nun macht sich Verbitterung breit, wenn ein 70jähriger, durch eine besonders rechte Gesinnung bekannter Fernsehmann bei uns anfängt aufzuräumen. Einige fangen schon wieder an, sich aus Existenzgründen anzupassen. So wird man nicht die vierte Gewalt als eine freiheitliche Kraft der Demokratie aufbauen können. Wir mit unseren 40 getrennten Jahren wollen im geeinten Deutschland auch noch hörbar bleiben. Dazu gehört es auch, daß nicht eine systematische Demontage unserer Kulturträger und der damit verbundenen Identifikationspersonen geschieht.

8. Neuer Kolonialismus?
In den vergangenen Jahren haben unsere Bonzen mit besonders cleveren Industriemanagern des Westens die Ausbeutung und Auslaugung der DDR betrieben. Wir verkauften Schweine, Pflastersteine, Bäume, Men-

schen, Soda, Zement. Einer der Vermittler der schmierigen Geschäfte, der viel auszusagen hätte, Herr Schalck-Golodkowski, bleibt unbehelligt. Die Verbitterung bei uns darüber ist groß. Jetzt haben viele bei uns den Eindruck, daß die Investoren erst kommen, wenn unsere Betriebe ganz und gar kaputt sind. Aber dabei gehen nicht nur Betriebe kaputt; dabei gehen auch Menschen kaputt.

10. Marshallplan für Osteuropa.
Wenn es keinen gesamtwestlichen Marshallplan für Osteuropa gibt, drohen dreifache Gefahren:
1. Die Überlegenheit der einen wird sich in der Unterlegenheit der anderen niederschlagen.
2. Es wird bei einem weitergehenden wirtschaftlichen Gefälle zu Einwanderungsschüben kommen, die zu einer gewaltsamen Abschottung nach Osten hin führen müßten.
3. Die Destabilisierung Osteuropas und ein nationalistisch motivierter Zerfall, besonders der Sowjetunion, könnte uns neben der Golfkrise an den Lebensnerv gehen. Wir haben keine Wahl, als uns im geeinten Deutschland auf das Wohlergehen aller Menschen zu richten.

Heilen wir den Schaden unseres Volkes nicht obenhin! Begnügen wir uns nicht mit Formeln von Friede und Einheit, sondern suchen wir den schwierigen, aber möglichen lohnenden Weg, die Freiheit mit der Gerechtigkeit, die Einheit mit der Solidarität, den äußeren Frieden mit dem inneren Frieden, die parlamentarische mit direkter Mitbestimmung, das neue Nationalgefühl mit Ausländerfreundlichkeit, die Sorge um das Vaterland mit der Sorge

um die Muttererde und schließlich unser Beten mit dem Tun des Gerechten zu verbinden.
Michail Gorbatschow, Friedensnobelpreisträger des Jahres 1990, hat in seiner großen Rede vor der UNO vor zwei Jahren unsere Überlebensaufgabe mit »globaler Solidarität« bezeichnet. Wir stehen an der Schwelle zum dritten Jahrtausend. Der sowjetische Schriftsteller Juri Sljepuchin schrieb dazu: »Entweder werden wir in einem vergifteten und übervölkerten Chaos völliger Gesetzlosigkeit oder in hundertprozentig ›in Ordnung gebrachten‹ Kasernenstaaten leben ...
Man darf sich nicht damit abfinden, daß wir in ein Eckfeld gezwängt sind, das die Geschichte unserer Zivilisation matt gesetzt hat ... Wir hoffen im Grunde auf ein Wunder. Wenn es geschieht, wird man es irgendwann die Revolution des Geistes nennen, und wenn das Wunder nicht geschieht, dann wird dieses ›Irgendwann‹ überhaupt nicht sein.«
Wir wären keine Christen, wenn wir dieses Wunder nicht mehr erhoffen würden.

Kommentargottesdienst
in der Lorenzkirche
in Nürnberg am Bußtag 1990

Arbeit ist Teil der Würde

Liebe Mitbürgerinnen und liebe Mitbürger!
Die Mauer hier ist gefallen, aber die Spuren der Mauer reichen noch tief und weit in unserem Land und in unserer Wirtschaft und in uns selbst.
Dieses Tor und viele Türen haben sich auch für uns endlich geöffnet, aber zu viele sind nun vor die Tür gesetzt worden!
1989 sind wir dafür auf die Straße gegangen, daß es demokratischer, daß es frei wird bei uns.
Nun gehen wir auf die Straße, damit es auch gerechter wird.
Wir klagen nichts anderes ein als das, was die Regierung vor den Wahlen versprochen hat!
Warner wurden überhört,
Weichen falsch gestellt,
Wahrheiten verschwiegen.
Wie ein Hohn klingt nach neun Monaten der Satz: »Niemandem wird es schlechter gehen als zuvor, dafür vielen besser«. Man höre: »Niemandem!«
Wo sind die vielen?
Das Loch ist tiefer, als wir uns zugegeben haben. Der Weg wird länger sein, als wir dachten und uns eingeredet wurde. Wir brauchen Mut und Geduld, auch Offenheit und Klarheit. Was uns wenig nützt, sind gutes Zureden und Sprüche oder Streubüchsen von Almosen. Es gehört zu

unserer Würde, zu unseren Menschenrechten, daß wir die Wahrheit erfahren.
Wir haben doch erlebt, wohin es geführt hat, wenn uns die Wahrheit verschwiegen wird. Wenn wir die Wahrheit sagen und gesagt bekommen, werden wir die Zeichen der Hoffnung ebensowenig übersehen, wie wir die Sorgen leugnen müssen. Wir brauchen die Gewißheit, daß es sich nun lohnt, sich *hier* einzusetzen und *hier* zu leben. Wer uns unterstellt, wir seien vom Westen außengesteuert und organisiert, der erinnert uns an die Töne, die wir 40 Jahre erdulden mußten.
Ich erinnere an das bekannte Wort:
Wer einen Nagel im Schuh hat, dem muß man nicht sagen, daß ihn der Schuh drückt.
Wir brauchen für das Gelingen der Jahrhundertaufgabe des deutschen Einigungswerkes noch längere Zeit Hilfe. Wir brauchen eine Hilfe, durch die wir uns selber helfen können.
Die DDR war ökonomisch und politisch nicht mehr überlebensfähig und moralisch nicht mehr überlebenswürdig. Wir brauchen nun lebensfähige Betriebe und lebenswürdige Verhältnisse.
Hier ist die Mauer gefallen, aber unsere Trennung ist noch lange nicht überwunden,

- solange im Westen immer besser verdient wird und im Osten immer mehr entlassen werden,
- solange vor allem im Westen produziert und im Osten nur konsumiert wird,
- solange der menschliche Aderlaß in den Westen weitergeht und wir im Osten bei der Bundesanstalt für Arbeit am Tropf hängen.

Die Zeitverzögerung, bis es zum »Gemeinschaftswerk Aufschwung Ost« gekommen ist, ist sträflich. Die Weichen hätten schon 1990 gestellt werden müssen, wenn man den Mut gehabt hätte, zu sehen und zu sagen, was ist, statt mit Versprechungen Stimmen von Gutgläubigen zu fangen. Dazu wäre es schon im Einigungsprozeß nötig gewesen, eine »konzertierte Aktion« aller gesellschaftlichen Kräfte zusammenzubringen.

Wir brauchen ein breitgefächertes Förderprogramm bis zum Jahre 2000, damit wir nicht zur armen Ostmark werden, damit wir nicht weiter zum ökonomischen und ökologischen Hinterhof verkommen, damit die geistig-kulturelle Verödung verhindert und die Völkerwanderung jüngerer Menschen gen Westen gestoppt wird.

Ich bin kein Arbeiter und ich habe Arbeit. Aber es geht mich etwas an, wie es denen geht, die keine Arbeit haben oder Angst um ihre Arbeit haben müssen. Denn ich bin Ostdeutscher wie die meisten hier. Gemeinsam haben wir hier ausgehalten, auch manches erlitten, vieles mitgemacht und schließlich ein marodes System abgeschüttelt. Wir haben uns aufgerichtet und dann ausgerichtet auf die Einheit der Nation, was auch heißen sollte, auf die Einheitlichkeit der Lebensverhältnisse in Deutschland. Das Grundgesetz gilt auch für uns alle, und das dürfen und müssen wir einklagen. Das ging und das geht nicht ohne eine gemeinsam zu tragende Last. »Eine gemeinsam zu tragende Last«, so ließe sich das beschädigte Wort »Solidarität« übersetzen, die wir zwischen Ost- und Westdeutschen in allen gesellschaftlichen Bereichen brauchen. Sie ist eine Spätfolge des furchtbaren Krieges. Wenn wir jetzt Sorgen haben, dann müssen wir sie artikulieren. Wer sich nicht mehr rührt, der hat schon aufgegeben. Es darf kein neues Rede- und Demonstrationsverbot geben, auch keine neue innere oder äußere Zensur für die öffentliche Wahrnehmung unterschiedlicher Interessen.

Wir müssen den Übergang organisieren, wobei die Sorge um menschliche Schicksale und die Organisation wirtschaftlicher Effektivität zum Ausgleich gebracht werden müssen. Soziale Marktwirtschaft heißt menschlich erfahrbare Wirtschaft. Wir brauchen jetzt kein gutes Zureden, sondern Investitionen. Wir sind zu lange vertröstet worden. Es wurde uns gesagt, wenn die ersten freien Wahlen sind, kommen die Investitionen, wenn die Währungsunion da ist, kommen die Investitionen, wenn die Einheit da ist, kommen die Investitionen. Wir warten noch immer! Wir brauchen keine Aufforderungen, endlich die Ärmel hochzukrempeln, sondern wir brauchen Arbeit. Die soziale Alarmglocke muß geläutet werden, damit wir nicht bald politischen Alarm kriegen. Wenn wir heute zusammenkommen, geht es nicht um das Schüren sozialen Unfriedens, sondern um die berechtigten Forderungen für den sozialen Frieden. Wenn die soziale Unruhe wächst, kann es zum politischen Unwetter kommen. Es geht bei der Sozialfrage also auch um die Stabilität unserer Demokratie.

- Wir dürfen denen keine Chance geben, die andere Völker wieder mit nationalistischen Tönen das Fürchten lehren, die uns einreden, die Lösung läge in der Parole: »Deutschland den Deutschen«.

Darum: *Wehrt den Anfängen!*

- Die Ermordung eines Mosambikaners in Dresden und die Verprügelung und Mißhandlung polnischer Besucher sollte uns warnen. Auch dagegen müssen wir zusammenstehen. Das hängt auch zusammen mit der Lösung sozialer Fragen.

Viele sind heute zu Hause geblieben, weil sie in die alte Lethargie gefallen sind oder weil sie vor den neuen Machthabern wieder Angst haben. Gut, daß *Sie* gekommen sind und nicht in der Depression verharren, sondern Ihrem

Willen Stimme geben. Wir brauchen Signale gegen die Depression und gegen die Aggression. Wir brauchen Signale für neue Hoffnung.

Wir Ostdeutschen hängen alle miteinander am gleichen Strang und fordern deshalb genauso die Rechte für die Bauern und die Handwerker, die Rechte für die Künstler und die Wissenschaftler, die Rechte für die Rentner und Behinderten, die Rechte für die Ausländer unter uns. Solidarität ist unteilbar! Oder sie ist keine! Die Nation ist unteilbar oder sie ist keine Nation. Der soziale Frieden in Ost und West ist unteilbar. Es geht *nicht* um Feindbilder gegen Bonner Ministerien, Frankfurter Banken oder wirtschaftliche Bosse; es geht um die gemeinsame Verantwortung im geeinten und doch noch so zerrissenen Deutschland.

Vierzig Jahre haben uns geprägt; mehr als uns lieb ist. Und wir müssen die Westdeutschen manchmal um Verständnis bitten. Sie sind nicht in unseren Schuhen gelaufen, und wir müssen sagen können, wo uns der Schuh noch drückt.

- Wir Ostdeutschen haben nicht unter Bedingungen der scharfen Konkurrenz, sondern unter Bedingungen der scharfen Kontrolle gelebt.
- Wir haben nicht das Risiko der Freiheit, sondern die Risiken der Unfreiheit zu bestehen gehabt.
- Wir wurden auf Gehorsam getrimmt und nicht auf die Verantwortungsübernahme vorbereitet.
- Bei uns galt weniger fachliche Leistung als vielmehr politische Überzeugung.
- Wir wurden mit einem Ideal gefüttert, hinter dem wenig moralische und materielle Deckung stand.
- Was wir materiell erreichten, war bescheiden, aber es reichte.
- Arbeitslosigkeit wurde verdeckt, aber Menschen lagen nicht auf der Straße.

Daß wir uns nun nicht so schnell zurechtfinden und uns nicht so schnell anpassen können oder wollen, dafür soll man uns nicht schelten. In 40 Jahren hat sich auch eine Mentalität ergeben, die man nicht einfach abschütteln kann.
Außerdem war Arbeit für uns mehr als nur Gelderwerb. Auch dies ist vielleicht nicht ganz falsch gewesen.
Viele, viel zuviele, wissen nun nicht mehr, wer sie sind und was sie noch wert sind.
Und was jetzt noch Wert hat!
Ist es ganz falsch, wenn es bei uns immer noch Menschen gibt, die fragen, was etwas wert ist, was nicht Geld ist? Haben wir je soviel vom Geld gesprochen wie jetzt? Gab es nicht auch etwas, was neben Geld Wert hatte?
Und deswegen frage ich: Ist es ganz falsch, wenn Menschen unzufrieden sind, wenn man sie jetzt nur mit Geld abspeist?
Ist es nicht erklärlich, wenn 50jährige Menschen zigtausendfach daran zerbrechen, daß sie plötzlich nicht mehr »vermittelbar« sind?
Es ist nötig, daß jetzt Arbeitsförderungsgesellschaften im großen Stil gebildet werden und die buchstäblich auf der Straße liegende Arbeit in einem großen nationalen Aufbauprogramm organisiert wird. Die bisherigen Instrumentarien reichen dafür nicht aus.
Es ist wahr: Die Grenzen sind endlich offen, das einst allmächtige Politbüro ist durch freie Wahlen abgelöst, unser ergrautes Land wird farbiger, die Läden reichhaltiger, und es gibt Blumen. Aber wir wollen nicht so dahinleben und uns nur unterhalten lassen im Imbiß-Video-Land, sondern wollen auch für etwas leben können in diesem verfallenen und doch so schönen Land.

Die Mühen der Unfreiheit liegen hinter uns – die Mühen der Freiheit liegen vor uns, und wir müssen alles dafür tun, daß die Freiheit nicht die große Enttäuschung wird. Freiheit muß für uns heißen: eine Perspektive haben und ergreifen können.

Bisher scheint es so zu sein, daß die Großindustrien hier im Osten keine müde Mark verlieren wollen, aber der westliche Steuerzahler soll die Steuermark zahlen, die hier im Osten fehlt. Sie aber schafft noch keine Investitionen! Bisher reparieren wir nur immer mit Geld die Folgen fehlender Konzeptionen.

Wir alle haben ein Recht darauf, durch unsere Arbeit am gesellschaftlichen Leben teilzuhaben. Jeder muß die Möglichkeit bekommen, eine anerkannte Tätigkeit für das Gemeinwohl zu finden. Jeder braucht das Gefühl, gebraucht zu sein. Wenn aber Menschen zu Hunderttausenden arbeitslos sind und keine Perspektive absehbar ist, fühlen sie sich als gesellschaftlicher Müll. Das muß verhindert werden, nichts weniger!

Wir haben in diesem Land so viele Altlasten zu beseitigen. Es gibt in diesem Teil Deutschlands so unendlich viel zu tun. Es muß möglich sein anzupacken, und es muß endlich aufhören, daß wir pauschal aufgefordert werden, wir sollten dankbar sein und arbeiten, als wenn wir auf der faulen Haut lägen und uns nur an den Kurzarbeitergeldern und den Arbeitslosengeldern mästen wollten. Dies ist eine Beleidigung, die wir uns nicht gefallen lassen. Der Übergang von unserer zerrütteten Planwirtschaft zur (sozialen) Marktwirtschaft passierte fast konzeptionslos; der Glaube an die Selbstregulierungskräfte des Marktes hat sich als Irrglaube erwiesen. Die Kosten werden wir noch eine Weile zu tragen haben. Und noch immer hindert uns die leidige Eigentumsfrage! Altem Unrecht wird immer noch neues Unrecht hinzugefügt. Die Eigentumsregelung des Einigungsvertrages hat in vielen Fällen zum Stillstand geführt. Auch wenn Unrecht durch die früheren Machthaber geschehen ist, darf Wiedergutmachung nicht durch Unrecht an dafür Unschuldigen geschehen. Viele haben Angst um ihre Wohnungen und Gewerbetreibende haben keine Chance, wenn Rückführungsansprüche drohen. Hier muß klar und unbürokratisch entschieden werden: zugunsten von Entschädigung und Investition. Wenn das Prinzip »Eigentum verpflichtet« gilt, dann muß dies insbesondere in unserem verfallenen Land gelten. Nur wer wirklich zum wirtschaftlichen Aufbau sichtbar beiträgt, Menschen nicht im eigenen Land wieder zu Fremdlingen macht, ist hier auch gern gesehen. Es ist wahr: Viele Ostbetriebe waren so heruntergewirtschaftet, daß eine Sanierung sich nicht lohnte und eine Privatisierung nicht möglich wurde. Aber es wurden auch viele Betriebe niederkonkurriert, weil sie im plötzlichen Wind der freien Konkurrenz keine Chance hatten und offensichtlich auch keine bekommen sollten, weil die westdeutsche Industrie prosperierte, ihre Produktionskapazitäten einfach auslastete und den Osten lediglich zu einem großen Verkaufsland degenerieren ließ. Die Mehreinnahmen in der alten Bundesrepublik gehören uns! Wir wollen keine Geschenke! Das »Gemeinschaftswerk Aufschwung Ost« ist ein erstes hoffnungsvolles Zeichen, aber es kommt für viele Menschen und viele Betriebe hoffnungslos zu spät. Vieles ist unnötig kaputtgegangen: an wirtschaftlicher Kapazität und an menschlichem Mut.

Es wurde so oft vom Wert der Einheit gesprochen, und es erschien unschicklich, von den Kosten zu sprechen. Jetzt aber werden die Kosten von Tag zu Tag höher, wenn nicht endlich politisch gehandelt wird. Unsere Interessenvertreter in Bonn sind kaum vernehmbar und bekommen kaum Stimme. Ich habe den Eindruck, daß unsere Interessen in den Bonner Ministerien so nebenbei mitvertreten werden. Das reicht nicht aus! Die Vorurteile der Westdeutschen über uns werden so nur täglich genährt und die Abneigung gegen uns wächst. Das kann doch nicht das Ergebnis der Einheit sein!

Die Gewerkschaften haben in der Demokratie eine unverzichtbare Rolle beim Interessenausgleich zwischen Arbeit und Kapital. Wer den Protest der Arbeiter gegen falsche oder fahrlässige politische und ökonomische Entscheidungen diffamiert, gefährdet die soziale Demokratie.

Wenn die Gewerkschaften diesen Protest nicht organisieren, besteht die Gefahr, daß der Protest zerstörerisch oder radikal wird; nach rechts oder nach links. Insofern ist es wichtig, daß die Gewerkschaften den Protest organisieren. Niemand wird verschweigen dürfen, wohin der Genosse Mittag und seine Gefolgschaft uns geführt haben, aber dies kann nicht als die ständige Selbstentschuldigung für jetzt fehlende oder falsche Entscheidungen herhalten.

Es geht nicht darum, Öl aufs Feuer zu gießen, sondern darum, den Osten Deutschlands als Standort von Industriebetrieben und Forschungsinstituten und als Ort von Kultur und Wissenschaft zu erhalten und dafür zu sorgen, daß er nicht saniert, planiert, liquidiert wird. Die Westbetriebe haben durch Einsicht in die Sanierungspläne ihr Wissen auch gegen unsere Betriebe ausgenutzt, indem sie den Markt für unsere Produkte zugemacht haben. Die Kommissionen der Treuhand haben ihnen alle Daten zur Verfügung gestellt. Dies hat sich letztlich auch gegen uns ausgewirkt.

Investitionen müssen bei uns schon beginnen können, be-

vor der Personalbestand bei der Privatisierung abgebaut wird. Dazu müssen auch die Treuhandbetriebe staatliche Förderung bekommen, und nicht die privatisierten.
Wo es zugelassen wird, daß der Profit zur einzigen Moral wird, gehen bei uns Arbeitsplätze und so auch Menschen zugrunde.
Das Konzept muß heißen: sanieren vor planieren. Es geht um *Menschen* und nicht nur um Industriekapazitäten. Die Marktwirtschaft muß bei uns vorläufig abgefedert werden. Wir brauchen vorübergehende Marktvorteile für die Ostbetriebe, bis sie in den schwarzen Zahlen sind und ihre Marktanteile bei uns gefunden haben.
Wir wollen doch wohl auch nicht, daß der greise Erich Honecker Recht bekommt, der gesagt hat, die beiden Systeme ließen sich sowenig vereinen wie Feuer und Wasser. Wir müssen durch unser politisches Handeln ihm Unrecht geben.
Alles hängt mit allem zusammen. Es darf deshalb auch nicht um Vorteile oder Egoismen einer Branche gehen.
Genauso geht es uns an, was aus der Landwirtschaft wird, aus der Chemie, aus dem Handwerk, aus den Kommunen, aus der Kultur und aus der Wissenschaft. Unsere Umwälzung gelang schließlich, weil wir alle gemeinsam unsere Interessen in unsere Hände nahmen. Es muß nun alles getan werden, daß der Osten Deutschlands nicht zum Bettelhaus der Nation verkommt. Wir Ostdeutschen wollen nicht nochmals für etwas büßen müssen, was wir nicht allein verschuldet haben: ein gründlich mißratenes Gesellschaftsexperiment, an dessen Anfang die Folgen des furchtbaren Krieges standen, die Reparationen, Flucht von Millionen, und das uns nun verrottete Industriebetriebe, verlotterte Landschaften, verfallene Städte, vergiftete Wasser, verdichtete Böden, ausgepowerte Bodenschätze,

verunsicherte Menschen, abgebrochene Traditionen und Neubaukrebsgeschwülste hinterlassen hat.
Es kann doch nicht sein, daß jetzt weiterhin Nichtarbeiten bezahlt wird, wo so unendlich viel Wiederaufbauarbeit nötig ist. Wir sind nicht die dummen oder faulen Deutschen, sondern die Betrogenen, die nicht noch einmal betrogen werden wollen. Wir brauchen den einen großen Tisch und nicht die Katzentische von Almosenempfängern; wir brauchen den großen Tisch aller gesellschaftlichen Kräfte, wo auch wir Ostdeutschen ausreichend beteiligt werden, um der Jahrhundertaufgabe des Einigungswerkes gewachsen zu sein. Wir Ostdeutschen wollen nicht ewig Bittende, ungeduldig Nörgelnde und maßlos Fordernde sein, wir wollen als aufrechte und gewürdigte Menschen im geeinten Deutschland arbeiten und leben.
Wir haben Anspruch darauf, endlich zeigen zu können, was wir können: produktiv arbeiten und dabei den Widerspruch zur sozialen Gerechtigkeit und zur ökologischen Verantwortung verringern.
Erst wurden wir um unserer Hände Arbeit betrogen und jetzt um die Arbeit selbst. Wir brauchen dringend Wirtschaftsförderung und nicht bloß Geld. Wir lassen uns nicht mit Geld abspeisen. Wir brauchen den Abbau aller Hemmnisse für wirksame Investitionen. Wenn die Treuhand nicht endlich menschenfreundlicher saniert und dezentraler entscheidet, wird es nicht weitergehen. Nach dem furchtbaren Mord an Karsten Detlev Rohwedder müssen wir um so mehr dafür sorgen, daß die Treuhand ihre Arbeit im Dienste der Menschen tun kann. Die Wirtschaft ist um des Menschen willen da und nicht der Mensch um der Wirtschaft willen.
Wir wollen nicht nur Geld, sondern wir wollen unser Land

gestalten können. Und das wertvollste Kapital sind wir selbst.
Vergessen wir das nicht; verschleudern wir uns nicht und lassen wir uns nicht verschleudern! Wir sind wert, geachtet zu werden, und bleiben dabei die Menschen, deren Wille zu arbeiten gefördert werden muß.

Rede auf der Kundgebung der IG-Metall
vor dem Brandenburger Tor
am 17. April 1991

Ein Graben geht weiterhin durchs Land

»Ihr habt doch auch nichts gebracht – so könnt ihr auch nicht mehr erwarten«, sagt ein 1968 abgehauener Akademiker, nun in guter Stellung dorten. Wäre er gefaßt worden oder aus persönlicher Bindung oder beruflicher Verantwortung hiergeblieben, würde er genauso reden? Er ist durch die Donau geschwommen und zum Sieger geworden. Die dummen Hierbleiber werden behandelt wie die faulen Sitzenbleiber.

Die DDR ist nun mehr eine »ehemalige«. Aber wir reden noch von »uns« und »euch«, von »hier« und »drüben«. Manchmal erwischen wir uns und verbessern uns gegenseitig, weil es doch nicht mehr so sein soll. Aber es ist noch so. Die Sprache verrät uns. Wir können nicht die Sprache verändern, solange sich die damit bezeichnete Wirklichkeit zu wenig verändert hat.

Eine Krankenschwester in einer märkischen Kleinstadt, seit 14 Jahren auf der Intensivstation tätig, wird nach BAT Ost (Bundesangestelltentarif Ost) vergütet, erhält also 60 Prozent des Westgehalts. Außerdem wird sie als Anfängerin behandelt, und ihre Dienstjahre werden nicht angerechnet. Gleichzeitig locken hohe Prämien für erfahrene Krankenschwestern, die »rübergehen« und »hier« ist Pflegenotstand. Der potentielle Patient tut dann wohl gut daran, auch gen Westen zu ziehen. Wer gut ist, hat dort gute Chancen. Wer gut ist, wird gerade hier dringend gebraucht. Aber wer gut ist, ist sich bald für die Misere im Osten zu schade. In der Ungleichbehandlung geht es nicht mehr bloß ums Geld. Hier geht es um mehr als ums Geld. Es geht um die Würde.

Ein Graben geht weiter und tiefer durchs Land. Für viele in Ost und West wird er erst jetzt sichtbar. Was die SED-Herrschaft hinterlassen hat, ist unansehnlich. Was der furchtbare Krieg verschont und dann die Russen hiergelassen hatten, das haben 40 Jahre SED-Herrschaft unter hehren Überschriften geschafft: verlotterte Landschaften, verfallene Städte, vergiftetes Wasser, verdichtete Böden, ausgepowerte Bodenschätze, selbstwertgekränkte Menschen, verrottete Industriebetriebe, Stasi-verdorbene menschliche Beziehungen, abgebrochene Traditionen, unansehnliche Betonkrebsgeschwülste an den Rändern der einst so schönen alten Städte. Aber diese Herrschaft hat auch uns hinterlassen mit den großen Schätzen kultureller Tradition, Zeugnissen auch schwieriger deutscher Vergangenheit, mit einigen beachtlichen Leistungen in Kultur und Wissenschaft, mit der überraschenden Selbstbefreiung eines so lang gedruckten Volkes aus den Fängen einer angstgeröteten Diktatur. Wer hier ausgeharrt hat – ob aus Überzeugung oder aus Verantwortung –, steht plötzlich dem gegenüber, der vor dem 9. November weggegangen ist. Der wurde nicht gefragt, welche Stellung er vorher hatte. Der bekommt Anstellung und Rente nach bundesdeutschen Tarifen. Er kann jetzt kommen und sich sein Erbe zurückholen. Er wird nicht zurückkommen, sondern er holt sich Geld von denen, die bankrott sind. Was teilweise mit den Rückführungsansprüchen geschieht, die selbstverständlich rechtens sind, grenzt angesichts des Zustandes der meisten Immobilien und der leeren Kassen der Kommunen schon an Leichenfledderei. Die DDR ist verschwunden. Die Kommunen stehen vor dem Scherbenhaufen. Die Bewohner der Häuser bekommen Angst vor denen, die plötzlich vor ihrer Tür stehen und sagen: »Das ist meins.« Und die meisten derer, die da kommen, ihr jetzt meist verkommenes Erbe anzutreten, sind weniger bedürftig als vielmehr begierig, an dem irgendwann zu erwartenden Aufschwung (nach dem Glück unerwarteter Öffnung) teilzuhaben, sich ihr Teil zu holen, und sei es, daß sie für eine günstig gelegene Ruine ihre Millionenforderungen an eine Stadt stellen. Es ist alles rechtens. Warum aber gibt es bei Inanspruchnahme dieses Eigentums nicht eine Investitionsverpflichtung oder eben eine Verzichtserklärung? Hatten die »Übersiedler« nicht großzügige Startchancen in der Bundesrepublik bekommen? Haben nicht Enteignete Entschädigungen bekommen? Leben sie jetzt nicht so gut, daß sie keinesfalls »mit uns« tauschen wollen?

Die Kommunen, die sich termingerecht mit ihren Anträgen auf Überführung des sogenannten Volkseigentums in kommunales Eigentum handlungsfähig wähnten, ihre Städte planten, Anträge fristgemäß abgaben, Konzeptionen entwickelten und glaubten, durch den Erlös für verkaufte Gebäude andere sanieren zu können, die Infrastruktur zu entwickeln, den Städten ein ansehnliches Gesicht zurückzugeben, sind häufig wieder am Anfang. Immer wieder melden sich längst »Abgeschriebene«, um sich das längst Abgeschriebene zurückzuholen, weil sie das große Geld wittern. Das ist ihr Recht. Ja, das ist Recht. Es ist wie in den besten Familien: wenn es ums Erbe geht, kennt man keine Verwandten mehr. Schwestern und Brüder verwandeln sich in Aasgeier. Da geht's ums Recht, nicht um Bedürftigkeit, in unserem speziellen Falle nicht darum, wer ausgehalten und ausgeharrt hat, sondern wer

Anspruch anmelden kann. Stellten die Kommunisten die Eigentumsfrage in den Mittelpunkt ihrer Ideologie und Praxis und scheiterten mit ihrem Eigentumsverständnis objektiv und subjektiv, so wird die Eigentumsfrage wieder zur Gretchenfrage. Das große Geld macht der, der das große Geld hat. Da geht es nicht nur um Immobilien und Produktionsbetriebe, da geht es auch um Medien, Verlage und Universitäten. Welche Chance haben bei Neubewerbungen unsere Professoren, Habilitanten, Redakteure, Lektoren, Journalisten, Sekretärinnen, Schriftsetzer und Kameraleute?

Hinzu kommt, daß wir zu wenig voneinander wissen, daß wir dieselben Worte benutzen, die aber jeweils anders aufgeladen sind, daß wir zu schnell urteilen, daß wir zu verletzenden Verallgemeinerungen kommen, daß wir bei Konflikten lediglich den Schuldigen suchen, daß wir uns nicht in die Schuhe des andern begeben wollen, daß es weiter und wieder Deutsche erster und zweiter Klasse gibt, daß das Ungleichgewicht zwischen uns nur mit Geduld und Beharrlichkeit überwunden werden kann. An die Stelle einer produktiven Unruhe in Ost und West ist eine unproduktive Ungeduld im Osten und eine der Jammerei überdrüssige Zurechtweisung aus dem Westen getreten.

Ob man es billigen mag oder nicht – man muß es verstehen, daß die Mehrheit der Bürger aus den neuen Bundesländern Zuckererbsen will für jedermann, sobald die Schoten platzen (Heinrich Heine). Jetzt, da die Schoten geplatzt sind, wollen sie essen, weil sie sich betrogen fühlen. Den Himmel der Werte, der Solidargefühle, der Bescheidenheit, der großen Ideale von Demokratie und Sozialismus überlassen sie getrost den Spatzen. Es zählt, was sich zählen läßt. Was sich zwischen Daumen und Zeigefinger abspielt und nicht, was auf den Bühnen oder in den

Kirchen vorgespielt wird. Die Erfahrung, daß in der Bundesrepublik nur der etwas ist, der etwas hat, verfing bei den Trabifahrern mit FDGB-Urlaub. Niemand soll ihnen dies vorwerfen. Das Wir-sind-wieder-wer-Gefühl wollte sich bei den DDR-Deutschen doch nie so richtig einstellen. Olympiamedaillen waren letztlich nichts gegen Tic-Tac-Werbung und Mercedessterne. Besonders an den Weichstellen des Menschen – im Mund und am Hintern – wurde die Differenz der Systeme tagtäglich erfahren, bei der Zahnpasta und dem Toilettenpapier. Man unterschätze nicht die Langzeit- und Tiefenwirkung der Demütigung in Gestalt der alltäglichen Dinge – von der Gaststätte, in der der Gast Bittsteller wurde, bis zum Gemüseladen, der eigentlich ein Kohlladen war, von der Paßmeldestelle, wo der Bürger ein armseliger rechtloser Bittsteller war, bis zum Zeitungskiosk, an dem tagtäglich die Pression der Presse erkennbar wurde im »Neuen Deutschland« und allem, was da »im Block« erschien.
An die Stelle der freien Kommunikation ist das Bedürfnis nach freier Konsumtion getreten. Aber ist das nicht auch von den Westdeutschen abgeguckt? Wurde ihnen nicht ein kurzer Weg in das gelobte Land versprochen? Sie trauten allzugerne den Schön-Reden und nicht ihren eigenen Augen. So fliehen nun immer noch die Besten, die wir jetzt hier doppelt brauchen. Sie fliehen auch vor der Herkulesarbeit des Ausmistens und des Neuanfangs in einem juristischen, moralischen und politischen Chaos.
Für die, die arbeiten wollen und nicht arbeiten können, ergibt sich ein Enttäuschungsstau. Die emotionalen Dämme könnten brechen. Aber wohin wird sich die Aggression entladen? Wir sehen jetzt ganz praktisch, was früher als theoretisches Gedankengut galt, daß Arbeit mehr ist als Gelderwerb. Sie strukturiert das Leben, den Tag, die Wo-

che – sie erst macht frohe Feste möglich. Vorübergehend reichte es Menschen, wenn sie das nötige »gute Geld« hatten und sich die Zeit mit ihren neuen Spielsachen vertreiben konnten. Aber Zigtausende Arbeitslose in unwirtlichen Gegenden werden auf Dauer eine sozialpsychologisch und dann auch politisch ernstzunehmende Gefahr für das Gemeinwesen. Arbeit gibt Sinn, wo Sinnvolles geschaffen werden kann. Und Arbeit ist Teil der Würde von Menschen, die keine Almosenempfänger sein wollen und sich nicht als arbeitsscheu schelten lassen oder als unbrauchbar fühlen wollen. Und schließlich ist Arbeit auch Ab- und Umlenkung von überschüssigen menschlichen Triebenergien, die – ohne eine Richtung zu bekommen – auch destruktiv-aggressiv durchschlagen können. Ähnlich könnte es im Ruhrgebiet kommen, wenn die Bergarbeiter zu Zigtausenden plötzlich arbeitslos würden.
Wir alle sind von der Einheit überrascht worden. Durchdachte Konzepte gab es 1990 nicht. Es mußte gehandelt werden, es mußte gewagt werden. Hinterher ist jeder klüger, ist jeder der Klügste. Daß es zwischen uns, sowohl wirtschaftlich wie menschlich, schwierig werden könnte, und daß beides sehr eng zusammenhängt, war voraussehbar. Die Ungleichzeitigkeit der Entwicklungen in Ost- und Westdeutschland wurde in den 40 Jahren Trennung lediglich durch Massenkommunikationsmittel und die wenigen gegenseitigen Besuche gemildert. Doch nur etwa zehn Prozent der Bundesbürger haben sich für die DDR wirklich interessiert und uns regelmäßig besucht. Im übrigen befand sich die Bundesrepublik ja stets schon als »Deutschland« mit dem Kennzeichen »D«. Ein wunderschöner Bildband, in vielen Auflagen erschienen, hieß »Unser schönes Deutschland – neu gesehen«. Als ich es 1989 geschenkt bekam, durchfuhr es mich, weil der Osten

lediglich als Hintergrund in einem Bild aus West-Berlin erschien. Wir waren abgeschrieben. Die Bundesrepublik Deutschland war sich als Deutschland genug: wirtschaftlich, kulturell, politisch, landschaftlich reich und vielgestaltig. Sie brauchten uns nie – wir brauchten sie immer. Jetzt aber gehören wir zusammen, und es wird sich längerfristig rächen, wenn nicht alle begreifen, daß wir jetzt ein gemeinsames Schicksal haben und *einander* brauchen, aufeinander angewiesen sind. Allerdings fühlen die Ostdeutschen jetzt ein immenses Nachholbedürfnis, und eine Mehrheit will im Schnelldurchlauf zu unerkennbaren Westdeutschen werden. Sie sind gelehrige Schüler, die für ihre Anstrengung von den überlegenen Westlern bewertet und benotet werden. Der damalige Finanzminister galt als Sperrmüll. Der Einigungsstaatssekretär galt als Schmieröl. Letzterer versucht nun, seine Beschleunigungsschneisen durch unser Land zu schlagen und ersterer hatte zwar recht, bekam aber nicht recht, als noch Zeit war, mit echten Zahlen bei der Finanzausstattung der neuen Länder auch an eine gesamtdeutsche Solidarität zu appellieren. In der damaligen breiten Vereinigungsbegeisterung hätte sich mehr Akzeptanz für wirkliche »Opfer zugunsten der Einheit« herstellen lassen als im quälenden Nach-Wahl-Steuer-Gestreite. Wird nun nach einem Jahr das Paradox »Entfremdung durch Einheit« Wirklichkeit, jedenfalls als bitteres Durchgangsstadium? Unsere Gespräche sind von (un-)ausgesprochenen Mißverständnissen gespickt. Ich zum Beispiel stelle fest, daß sich ein so richtiges Dankbarkeitsgefühl bei mir nicht breitzumachen beginnt, daß wir nun hinzugekommen, hineingenommen sind in die vergrößerte BRD. Wahrscheinlich, denke ich, hängt das mit meinem Gnatz zusammen, den ich mit einigen wenigen teile: daß uns geraubt wurde, was für nichts erklärt wurde,

nämlich selbsterrungene Demokratie, keimendes Selbstbewußtsein, mühseliger Versuch der Aufarbeitung, beginnende Verständigung über Ziele der gesellschaftlichen und ökonomischen Entwicklung. Wir wollten miteinander etwas tun, was wir auch vor unseren Enkeln verantworten können. Wir wenigen lebten von kräftigen Selbsttäuschungen. Wir wollten uns nicht ins Geschäft stürzen, auf die Straßen, in den bunten Blätterwald. Wir waren noch viel weniger, als wir es in den oppositionellen Gruppen sowieso schon waren. Wir sind unverbesserliche blauäugige Idealisten in dem Meer anschmiegsamer Opportunisten. Für die neue Gesellschaft sind wir einfach zu naiv.
1944 geboren, verbrachte ich mein Kinddasein im Kalten Krieg, dessen scharfe östliche Winde Hunderttausende nach Westen wehten, in den Westen mit dem Hauch der Freiheit, mit dem ganz anderen Duft, den ich lediglich aus Westpaketen kannte. (Die Generation meiner Kinder ging in den Intershop, um ein bißchen Westen zu schnüffeln.) Mein erwachsenes Dasein verbrachte ich in den Mauern des Systems. Mit 17 Jahren zerbrachen meine Lebenspläne an diesem Monstrum. Aber ich hatte in diesen Mauern Räume gefunden, die es nun kaum noch gibt. Ich bin nicht repräsentativ für meine Landsleute und möchte das auch nicht für mich in Anspruch nehmen. Ich habe noch gern meinen alten DDR-Paß und genieße mit diesem unsäglichen Paß die neue Freiheit, gerade mit diesem Paß. Sage ich das alles, werde ich gleich zurückgefragt, ob ich denn die Mauer und die Stasi-DDR zurückhaben wolle ... Als ob damit alles über die DDR gesagt sei! Gefragt werde ich vor allem von denen, die sich nicht die Köpfe wundgeschlagen haben an den vielfältigen Mauern. Nein, sage ich brav, das will ich nicht zurückhaben; aber uns, mich möchte ich nicht ganz verlieren mit allem, was wir gewor-

den sind, trotz allem. So reden wir aneinander vorbei. Ich werde erneut sprachlos und rede deshalb zuviel. Ich bin nicht gern, wo ich herkomme, ich bin nicht gern, wo es jetzt hingeht. Ich will Sand bleiben in einem Getriebe, von dem ich nicht sehen kann, daß es uns in eine überlebensfähige Zukunft führt. Ich möchte schließlich nicht schuld sein an der erweitert verschlechterten Bundesrepublik. Denn was aus dem Osten zu hören ist, sind lauter unlustmachende Nachrichten. Nachrichten aus den NBL: Hakenkreuzschmierereien, Übergriffe auf Asylsuchende und Polen, Umweltverseuchung, Straßenverkehrsunfälle noch und noch, Kriminalität, Verwaltungschaos, Rechtsstillstand, Stasiseilschaften ... »Und die Ossis wollen«, sagt man, »so leben wie im Westen und so arbeiten wie im Osten. Was denken die sich bloß?« Das also muß ich mir anhören und ich weiß auch, daß das nicht so ganz falsch ist; aber das zu verallgemeinern ist wirklich ganz falsch. »So haben wir uns das nicht vorgestellt«, ist der Refrain der Bürger der DDR, die 40 Jahre lang gehorsamst ihre Zettel gefaltet haben, um dann am 18. März 1990 überzuwechseln zu den wirklichen Siegern, nachdem sie sich einer vermeintlichen Siegermacht an die Brust geworfen hatten.

Es ist nicht Zeit gewesen. Wir haben uns nicht Zeit gelassen. Jetzt wird erst einmal böse Zeit zwischen uns sein. Aber die Zeit heilt auch Wunden. Gestatten wir uns zu sagen, wo es uns weh tut. Lernen wir zu reden miteinander und nicht übereinander. Versuchen wir zu verstehen, was eigentlich nicht zu begreifen ist. Wir sind noch lange nicht ein Volk. Wir sprechen noch lange nicht dieselbe Sprache. Wir sind noch lange nicht gleichberechtigt, wenn Gleichberechtigung weiter aus der Gleichbemittelung kommt. Wie M. mit H. umgeht, ist schon exemplarisch,

auch wenn man M mit Mühlfenzl und H mit Hildebrandt ganz konkret meinen kann.
Die letzten Zeitungen und Verlage verschwinden, Rundfunksender verstummen, Fersehprogramme verflimmern. Wissenschaftliche Institute und Kultureinrichtungen können sich nicht halten oder werden abgewickelt. Da werden nicht bloß Arbeitsplätze vernichtet – da werden geistige Ressourcen stillgelegt, da wird Eigenständigkeit verhindert, ein Lernprozeß unterbrochen, eine Erfahrung für null und nichtig erklärt, da werden Existenzen zerstört, die einen Namen haben.
»Knete machen« ist alles. »Was sich nicht rechnen läßt«, ist nichts. So geht es einem, wenn man nichts aufzuweisen hat als den kurzen Lichtblick einer Selbstbefreiung. Aus dem historischen Stillstand wurde ein historischer Strom und nun ein Strudel. Wer in den Strudel gerissen wird, kann mit einigem Geschick, ohne Angst und mit Geistesgegenwart wieder auftauchen. Oder er säuft ab.
Lange saßen wir in einem muffigen Warteraum, in den uns eine geistlose Politgerontokratie eingepfercht hatte. Es sollte nicht weitergehen, weil dekretiert wurde, wir seien schon längst angekommen. Die Türen aufstoßend, die Mauern überspringend, setzten wir den Zug der Demokratie in Gang und bekamen freie Fahrt. Aber da unsere »Kohle« nicht reichte, konnten wir auch die Weichen nicht mehr stellen oder das Tempo beeinflussen. Nun sind alle Züge abgefahren. Wir erleben, wir erleiden, wir genießen die »normative Kraft des Faktischen«.
Daß der Befreiungstag vom 9. November den Befreiungstag des 9. Oktober in den Hintergrund treten ließ, hat fürs erste die selbständige Aufarbeitung unserer 40 Jahre erschwert, wenn nicht verhindert. Vierzig Jahre haben wir

alle in dieser DDR gelebt, leben müssen und uns auf unterschiedliche Weise einzurichten versucht. Auch in der SED hatte sich viel Kompetenz angereichert, auf die wir beim Aufbau unseres Landes meinten, nicht verzichten zu können. Bisher wurden aber nur die Opportunisten anerkannt, die immer wissen, welcher Wind für sie wann am günstigsten steht. Viele werden zur Recht als »alte Seilschaften« ausfindig gemacht, andere zu Unrecht als »rote Socken« denunziert und ausgestoßen. Ausgrenzungsrache ersetzt kein Recht!
Ganz besonders trefflich war es für diejenigen, die vor dem November 1989 in die Bundesrepublik geflohen waren und dort keinerlei Schwierigkeiten hatten, als politische Flüchtlinge anerkannt zu werden, gleich in welcher (politischen) Stellung sie vorher gewesen waren. Sie gaben sich als politische Flüchtlinge aus, die »eigentlich schon immer dagegen gewesen waren«. Der letzte große politische Flüchtling scheint der ehrbare Alexander Schalck-Golodkowski zu sein, der nach eigenem Bekunden immer nach bestem Wissen und Gewissen gehandelt hat. Der Glaube vieler Ostdeutscher an die Rechtsstaatlichkeit ist tief erschüttert, solange jeder kleine informelle Mitarbeiter der Staatssicherheit erbarmungslos relegiert wird, aber dieser Mann von der damaligen Spitze am Tegernsee in einer Villa und als ein Stasiboß von seinen obskuren Devisengeschäften lebt. Er war es, der dieses Land ausverkaufte. Menschen und Schweine waren ihm gleiches Geld wert. Für seine Partei tat er alles, und sie vergalt es ihm gut. Zu alledem hatte er diskrete Geschäftspartner bis in die höchsten Regierungskreise des im Geschäftemachen schon einigen Deutschland.
Die graue Mauer durch unser Land ist weg. Wir können jetzt auf den Betonpisten der Freiheit fahren, wohin wir

wollen. Da wird wichtig sein, sich darüber zu verständigen, wohin wir wollen und wer wir jetzt miteinander sind, da wir die Einheit erreicht, aber die Einigung noch vor uns haben. Die sozialökonomischen Probleme sind mit den sozialpsychologischen eng verknüpft. Sie sind lösbar, wo wir einander wertschätzen, den Konflikten nicht ausweichen, uns der Vergangenheit nicht steinewerfend, sondern selbstläuternd stellen und wo wir schließlich vom gegenseitigen Anspruchsdenken befreit werden. Ob unsere Einigung gelingt, wird zu einem Testfall für das ganze Europa. Der Weg zueinander ist schwieriger als gedacht. Daß er schwierig würde, war absehbar. Es ging alles zu schnell, es wurde nicht immer die Wahrheit gesagt, aus Ungeduld wurde Unzufriedenheit. Der Weg braucht nun mehr Zeit, Wahrheit und Geduld. Er ist der Mühe wert.

Was Bertolt Brecht 1952 schrieb, bekommt nach 40 Jahren überraschend neuen Sinn:

> O, Deutschland, wie bist du zerrissen
> Und nicht mit dir allein!
> In Kält und Finsternissen
> Läßt eins das andre sein.
> Und hätts't so schöne Auen
> Und reger Städte viel;
> Täts't du dir selbst vertrauen
> Wär alles Kinderspiel.

Wir sind eins und zerrissen, aber wir lassen einander nicht in Kält und Finsternissen; doch zu viele fallen noch in ein schwarzes Loch.

Wo das Selbstvertrauen wächst, wird das Kinderspiel möglich – in schönen Auen und regen Städten, in Ost und

West, wenn schließlich auch unsere östlichen Nachbarn nicht in Kält und Finsternissen gelassen werden. Nachdem die deutsche Einheit gelang, muß die deutsche Einigung bald gelingen, damit Kräfte frei werden, die vielfältigen Gräben nach Osten hin zu überbrücken.

Erschienen in: Winfried Maass (Hrsg.):
Deutschland ungleich Vaterland.
Hamburg, 1991

Das unwürdige Spiel beenden

Die innerlich-psychische Lage der Ostdeutschen wird so dramatisch wie die äußerlich-soziale. Das könnte Folgen haben für die künftige politische Lage im geeint-getrennten Deutschland. Endlich gewonnene Pressefreiheit wird erlebt als Freiheit zur uneingeschränkten Verleumdung, zur öffentlichen Denunziation mit einem atemberaubenden Effekt. Die einen verdienen, die anderen verzweifeln am Leben. So teilt sich die Nation. Es ist schon ein merkwürdiges Zusammentreffen von unterschiedlichen skandalträchtigen Nachrichten, die Ostdeutsche betreffen und treffen. Das löst Mißtrauen aus und führt zu Spekulationen über eine regelrechte Kampagne zum endgültigen Plattmachen der Ostdeutschen nach dem Motto: alles Müll – alle Müll. Haben nichts, können nichts, wollen nur alles haben ... Ob berechtigt oder nicht; Abwicklungs- und Entsorgungsstrategien erwecken den Eindruck, daß hier »Sieger« mit »Besiegten« umgehen, wobei die scheinbaren Sieger des friedlichen Herbstumbruchs von 1989 nun im nachhinein bescheinigt bekommen, daß sie eigentlich alle SED-Stasi-Marionetten waren.
Begonnen hatte es mit den sogenannten Staatsdichtern. Werden nun alle nach westlichem Maß gezählt, gewogen und zu leicht befunden? Leider spielen einige Enttäuschte, wieder in die Minderheitenposition geratene Protagonisten des Herbstes ein Spiel mit, wohl ohne genügend zu

spüren, wie verheerend es wird, wenn das Wahrheitspathos aus erschreckender Akteneinsicht das angerichtete menschliche Zerstörungswerk potenziert und Offenlegung gleichzeitig Öffentlichmachung heißt und zur Selbstzerfleischung wird. Es ist schon schlimm genug, wenn durch die IM Familien, Freundschaften, kollegiale Beziehungen zerstört wurden. Das wird den Bespitzelten jetzt in erschütternder Weise offenbar. Aber gehört dieses Wissen, dieser Konflikt nicht zunächst den unmittelbar Betroffenen? Sind die Erschütterten sich darüber klar, welche weiterreichenden Erschütterungen Balkenüberschriften und Talk-Tribunale auslösen? Vorschnell kommen Menschen an den Pranger einer sensationslüstern gemachten Öffentlichkeit. (Von welchen Problemen wird eigentlich abgelenkt?) Wenn es so weitergeht, nimmt Zerstörung ihren unkontrollierbaren Verlauf, dem unterschiedslos Schuldige und Unschuldige ausgeliefert sind. Ehe sie sich erklären können, tut die schreckliche Nachricht schon ihre würgende Wirkung. Selbst Schuldige müssen aber eine Chance haben, ihre Würde wiederzuerlangen. Da es schließlich nicht so einfach ist, in Gute und Böse, Schafe und Böcke zu scheiden, muß man sehr sorgfältig mit den Akten umgehen. Die Wahrheit muß an den Tag, aber nicht unbedingt in die Scheinwerferlichte der Öffentlichkeit, die daran ihr Ergötzen findet. Wir dürfen unsere damaligen Rahmenbedingungen jetzt nicht vergessen.

Wer in der DDR etwa sehr bewußt einen Modus vivendi gesucht und dabei auch Schwieriges riskiert hatte, um Handlungsspielräume zu erweitern, Überreaktionen der Macht zu vermeiden, einzelnen zu helfen, ohne das Ganze verändern zu können, der darf nun nicht flugs zum Kumpanen der Mächtigen erklärt werden, ob er Anwalt, Professor, Autor oder Pastor war. Es geht nicht um vorschnelle

Entschuldigung, aber es geht auch um das Vermeiden vorschneller Beschuldigung, aus der es gegenwärtig kein Entrinnen mehr zu geben scheint.
Das damalige stillschweigende Bündnis zwischen den kleinen radikalen Widerstandsgruppen und den Vermittlern zwischen den Fronten wird nachträglich noch aufgekündigt. Damalige, durchaus heftige Auseinandersetzungen über die richtige Methode, mit den Mächtigen umzugehen, wird jetzt bisweilen zum Abrechnungsversuch vor einem verwunderten Millionenpublikum. Das wirkt wie ein Schaukampf in der römischen Arena vor unbeteiligten, aber interessierten Zuschauern.
Das Stasispitzelnetz war durch und durch pervers, mißbrauchte und zerstörte Vertrauen, machte aus Angst angst. Nun wird das alles offengelegt und bloßgelegt. Aber es geschieht noch längst nicht das, was wir Aufklärung nennen können. Plötzlich am öffentlichen »IM-Pranger« stehend, machen Menschen ihrem Leben ein Ende, weil sie nicht wissen, ob sie die Kraft haben, öffentlich Schimpf und Schande zu ertragen, bis klar wird, was wirklich war. Ein geachteter Medizinprofessor in Halle, ein bis dato geschätzter Bundestagsabgeordneter der PDS hinterlassen bestürzende Briefe, die die demokratische Öffentlichkeit aufschrecken sollten. Ist das flugs veröffentlichte Kürzel IM eine Totschlagformel geworden? Darf nicht selbst ein Schuldiger auf Beweise erkennbarer Schuld hoffen? Was gehört überdies in die Öffentlichkeit und was nicht? Was ist gemacht worden, und was haben die Betroffenen mit sich machen lassen? Wer kann ihre Gründe und Abgründe verstehen? Ist denn bis heute irgendwie klargeworden, was der IM Czerny wirklich gemacht hat? Liegt jeder Fall einzeln oder ist alles gleich, der Torschütze und der Eishockeyspieler, der Szenenautor und der Friedenspastor? Was aber

erleiden denn die Herren von der »Firma«, die sie alle dazu angeleitet, sie dazu verführt und nicht mehr entlassen haben? Wird hier nicht alles völlig ver-kehrt? Und schließlich: Welche Professoren aus der DDR haben bei den fälligen Neubewerbungen an den Unis denn eine Chance? Die Bewerber aus dem Westen brauchen keine Vergangenheit, keine Bewährungsprobe ihrer Gradlinigkeit unter Bedingungen einer Diktatur vorzuweisen. Sie zeigen, was sie haben veröffentlichen können. Oder: Zwei von vornherein schwache Personen wurden an die Spitze von Landesregierungen gestellt und bald beide durch Westdeutsche ersetzt. Der eine hat nicht die geringste Scham, der Spitzenverdiener unter den Ministerpräsidenten zu sein. Er läßt sich seine Leistung bezahlen, die offensichtlich kein Ostdeutscher zu bringen vermag. Ist niemand anders dagewesen oder soll niemand hochkommen? Ausgediente und Altgediente sind für den Osten immer noch gut genug. Das kränkt viele. Soll Stolpe wegen erwiesener Fähigkeit abgewickelt werden? Soll ihm deshalb Stasiverstrickung nachgewiesen werden? Soll er so lange bearbeitet werden, bis er zu Kreuze kriecht, eben weil er Kreuz gehabt hat und sogar in seiner Partei Kreuz hat? Ist es nur Zufall, daß das kriminelle Dopingversteckspiel im internationalen Hochleistungssportgeschäft bei Neubrandenburger Leichtathletikidolen aufgedeckt wird?
Die totale östliche Schieflage in Deutschland wird schließlich niemandem nutzen. Es wird menschlich unwürdig und politisch gefährlich, wenn solcherart Bereinigungsprozesse gegenüber ohnehin selbstwertgekränkten Menschen weitergingen. Die Politiker und die Gesetzgeber, aber auch die ganze Öffentlichkeit sind herausgefordert. Wir sind in einer inneren Krise im geeint-getrennten Deutschland.

Frankfurter Rundschau
29. Februar 1992

III.
Biblischen Texten auf der Spur

Kehrt um!

[14]Nachdem aber Johannes gefangen gelegt war, kam Jesus nach Galiläa und predigte das Evangelium Gottes [15]und sprach: *Die Zeit ist erfüllt, und das Reich Gottes ist herbeigekommen. Tut Buße und glaubt an das Evangelium!*

Markus 1, Vers 14–15

Liebe Kirchentagsgemeinde, liebe Hörer am Rundfunk!

Alles, was ich für diese Predigt vorbedacht hatte, steht jetzt plötzlich im Schatten des grausigen Blutbades in Peking. Die zynische Rechtfertigungsberichterstattung der Offiziellen, in unserem Lande unkommentiert nachgedruckt, tut ein Übriges zum Schaden, zur Schande einer Weltbewegung, die die Menschheit zu befreien sich angeschickt hatte. – Und dazu die Verantwortungslosigkeit angesichts gefährlicher Großtechnik, die zum Unglück für Menschen im Ural führte, die zum Unglück für die Natur in Alaska führte, die zum Unglück für den ganzen Lebenshaushalt auf der Erde in den Regenwäldern führt ...
Wie vielfach unser menschliches Handeln an den Überlebenswert unseres Überlebens geht! Welche Schreckensnachricht von welchem »modernsten Atom-U-Boot«, von welcher »verlorenen« Atombombe, von welcher Hungerkatastrophe und welchem Bürgerkrieg wird uns morgen erreichen? »Ob wir davonkommen, steht noch dahin«. Gott, was soll werden aus uns allen?
Ich möchte, daß wir uns jetzt im Schweigen miteinander der Trauer stellen, uns besinnen, der Opfer gedenken, bittend, daß wir nicht in weitere Torheit geraten.
Die Gnade unseres Herrn Jesus Christus und die Liebe Got-

tes und die Gemeinschaft des Heiligen Geistes sei mit uns allen.
Was sollen Worte jetzt ausrichten? Ich hoffe, es gelingt uns nun, mir nun, dem nachzugehen, nachzuhören, was in allem *jetzt* Bewegenden zu bedenken *bleibt*, im Leben eines jeden von uns, in unseren Ländern und Kirchen, auf unserem Kontinent, Wendepunkte, Umbrüche, Abbrüche, Aufbrüche *im Leben eines jeden*. Zeit der Jugend, Berufszeit, Rentenjahre – bis zum Ende der Zeit, die auf Erden uns gegeben ist.
Und jedes Leben wird betroffen von einer Weltzeit, Zeitaltern, die zu Ende gehen oder die gerade beginnen. Wir erhoffen ihr Ende, wir ersehnen ihren Erfolg ...
Kaiserzeit, Zeit der Weimarer Republik, Hitler-Zeit, Kriegs- und Nachkriegszeit, Kalter Krieg, Blockadezeit, McCarthy-Stalin-Zeit, Ulbricht-Adenauer-Ära, Ära der Entspannungspolitik, Prager-Frühling, Zeit der Großen Koalition bis zur Zeit »nach der Wende«. *Wir* wählen *vor* '61 und *nach* '71. Weiter östlich zählt man jetzt nach '85. Immer sagen welche: »Jetzt ist Zeit!« – »Jetzt ist nicht die Zeit!« Gegenwärtig sitzen *wir* im Wartesaal der Zeit, gespannt, welcher Zug wann wohin fährt, wer mitfahren will, wer mitfahren darf. Mir fällt auf, daß Weltzeiten weitgehend von Herrschaft her bestimmt werden, von Personen, die Herrschaft ausüben. Einer verschwindet, oft unsanft, ein anderer kommt, bis auch er verschwindet, sein Name weiter geehrt oder verdammt wird. Manche müssen sehr spät noch umgebettet werden.
Mancher, der auf der Bühne der Geschichte erscheint, qualifiziert die *mit ihm selbst beginnende Zeit* als »neue Zeit« und zählt, läßt zählen vom Beginn seines Machtantritts an. Ja, im buchstäblichen Sinn hat man mit einer neuen Zeitrechnung nach der Französischen Revolution begonnen

und dies auch nach der Oktoberrevolution wieder versucht.
In diesem Jahr erinnern wir Deutsche uns – bedenklich oder stolz – des Beginns einer Schreckenszeit und einer Aufbauzeit, zweigeteilt. Andere wählen ganz andere Daten aus, sehen ganz andere Zäsuren der Zeit: nach Auschwitz, nach Hiroshima, nach Tschernobyl.
In allen bedrängenden oder hoffnungsvollen Zeitenwechseln haben wir Christen an einer Zeitwende festgehalten, die mit Christus beginnt. Diese Zeitwende liegt hinter uns – und wir haben sie immer noch vor uns. Wo Christus unser Leben zu bestimmen beginnt, da ist für uns »Zeitenwende«. Wir hören in jeder Zeit seinen Ruf, in der uns jetzt gegebenen Zeit, Gottes Zeit – als geschenkte und aufgetragene Zeit – zu ergreifen. Da treten dann in Konkurrenz, ja in Konflikt die beiden Sätze: »Unsere Zeit in Gottes Händen.« und: »Unsere Zeit in unserem Griff.«
Erinnern wir uns, wie es begonnen hat, wie es Markus aufgeschrieben hat:

> »Nachdem aber Johannes gefangengesetzt war, kam Jesus nach Galiläa und predigte das Evangelium Gottes und sprach: Die Zeit ist erfüllt, und das Reich Gottes ist herbeigekommen. Kehrt um und glaubt dem Evangelium.«
>
> Markus 1, Vers 14–15

Es beginnt mit der *Verhaftung eines Propheten* der neuen Zeit, eines Radikalen, der das Zeitende vor sich sieht, Taufe und Umkehr als Schutz vor dem drohenden Endgericht versteht, der in die Wüste geht, sich asketisch abkehrt vom Treiben der Welt, der die Bigotterie aufdeckt, den Mächtigen die Leviten liest und den großen dramatischen Um-

bruch erwartet. Die Welt ist in der Krise und »Krise« heißt: Gericht.
Nachdem er gefangengesetzt wurde, beginnt Jesus. Aber nicht *ab*gekehrt-asketisch in der Wüste, sondern in Dörfern und Städten der fruchtbaren und schönen Galiläischen Provinz, in der *Zu*wendung der Welt also. Und er droht nicht mit dem nahenden Unheil, sondern er lockt mit dem nahen Heil. Er sagt, was ist, was wird, was zu tun ist. Er wirbt um Vertrauen in eine gute Zukunft, die Gott bereithält. Das Evangelium ruft er aus in der Krisenzeit. Nicht um zu übertünchen, sondern um zu ermutigen! »Evangelium«, das ist »ein griechisches Wort und heißt auf deutsch Gute Botschaft, gute Mär, gute neue Zeitung, gut Geschrei, davon man singet und saget und fröhlich ist« (so Martin Luther).
Worin besteht diese gute Botschaft, dieses »gut Geschrei«? In zwei Bewertungen der Zeit und in zwei Ermunterungen:
Die Zeit ist erfüllt. Das Reich Gottes ist nahe, zum Greifen nahe! Kehrt um! Glaubt dem Evangelium.
Ihr lieben Christenleute, sind wir heute dem Johannes oder dem Jesus näher? Soviel scheint mir sicher: Angesichts der Wasserstandsmeldungen der Sintflut und der Expansionsdaten der Wüste – mitten im schrillen Schreien, im dumpfen Hinnehmen, im abgestumpften Übersehen, im gedankenlosen Mitmachen, im scheinkompetenten Beschwichtigen, im blindwütigen Weitermachen – braucht die Welt Menschen, die sich nicht die Augen verbinden, die Ohren verstopfen, die Sinne betäuben, Menschen, die vielmehr klar sehen und doch hoffen. Sie braucht Menschen, die vertrauen, die in der Überzeugung handeln, daß wir noch eine Chance haben, daß wir nicht nur in einer Zeit leben, die drängt, sondern auch in einer

Zeit leben, die reif ist, erfüllt ist, voller Möglichkeiten ist, die glauben, daß Gott uns immer noch eine Chance anbietet, und die glauben, daß wir zu einer Umkehr fähig sind. Uns wird nicht nur Umkehr zugemutet, uns wird Umkehr auch zugetraut.

Jesus glaubt uns, wenn er uns Umkehr zutraut. Ich denke, uns fehlt es an dieser Hoffnung *und* an diesem Selbst-Zutrauen – aus Erfahrung, auch mit uns selber.

Jesus aber gibt keinen Marschbefehl zur Eindämmung der Katastrophe, er läßt kein Drohwort vor dem *Aus* ergehen, sondern einen Lockruf in eine neue Wirklichkeit. Seht! Dem »Irrläufer der Evolution« kommt das Reich Gottes nahe! Wie das *Reich Gottes* ganz unscheinbar erscheint – und nicht als dramatische Weltenwende –, so ist auch die Umkehr ein Prozeß aus vielen einzelnen, uns verändernden Erkenntnissen und riskierten Schritten und seltener das einmalige Umkehrerlebnis.

Das Reich Gottes zielt auf das Reich des Menschen, in dem der Mensch dem Menschen kein Wolf ist, sondern ein Helfer wird, in dem der Mensch kein erniedrigtes, beleidigtes, verächtliches Wesen mehr ist, sondern aufrecht, befreit, würdig leben kann, jede und jeder. Das Reich Gottes wird dort erfahrbar, wo persönliche Barmherzigkeit mit globaler Solidarität verbunden ist.

Und Reich Gottes, das ist der Überschuß des von uns nicht Machbaren, des von uns nicht Planbaren, die Zielperspektive, die von Gott her auf uns zukommt, wunderbar auf uns zukommt und schon jetzt erlebbar wird von jedermann im Augenblick des Glücks, im Augenblick liebevoller Zuwendung, im Herausfinden aus der Einsamkeit, im schenkenden oder widerfahrenden Verzeihen auch des Unverzeihlichen, im Lied, das vom Herzen auf die Zunge kommt.

Ich möchte uns aber darauf aufmerksam machen, daß der Bibeltext nicht von persönlicher *Befindlich*keit, sondern von einer herausfordernden Zeitsituation spricht, in der Menschen sich be*finden*. Der Text gibt seinen Ort und seine Zeit an: Nachdem ... in Galiläa ... Zeit ist erfüllt. So möchte ich auch in unserer Ortszeit sprechen und versuchen, zwei Fragen zu beantworten:

- Welche Erwartungen bestimmen uns; wo kritisiert die Reich-Gottes-Erwartung unsere Erwartungen?
- Wo sehe ich uns auf einem Wege, der dem Reich Gottes zu entsprechen sucht, ganz alltäglich, persönlich und ganz politisch?

Ich begebe mich damit in die Strittigkeit des Konkreten. Das Reich Gottes ist nicht der *»Garten unserer Wünsche«*, die sich hier vielleicht im KaDeWe erfüllen ließen, bei uns im Intershop, sofern man jeweils über die Mittel verfügt. In der Bibel heißt es drastisch: Laßt uns ehrbar leben, nicht im Fressen und Saufen. Das Reich Gottes ist nicht Essen und Trinken, sondern Gerechtigkeit und Friede.
Ich verstehe das so: Wegkommen müssen wir von unserer inneren Unfreiheit und der sozialen Ungerechtigkeit, von der Abhängigkeit des Körpers und der Käuflichkeit der Seele, von der Herrschaft des Marktes über die Moral. Wo wir aber so sind, gemacht worden sind, da wird Politik zum mehrheitsbesessenen Reflex einer fleischfressenden Gesellschaft (dem Hamburger in West-Berlin sieht man ja die zurückgelassene Wüste in Brasilien ebensowenig an, wie dem Schweineschnitzel in der DDR der Güllegestank und die Nitratverseuchung des Wassers anzumerken ist). Da wird dann das *Wohlstandsversprechen* der Regierenden – hüben wie drüben – mit dem *Wohlverhaltensversprechen* der

Regierten quittiert, je nach Klasse. Und zur Käuflichkeit des Menschen ist heute der drohende Ausverkauf der Natur gekommen. Wer von uns hängt da nicht mit drin, wer summt nicht den Refrain: Wohlstand, Wohlstand über alles, über alles in der Welt?

Ich frage uns weiter:
Welchen Widerstand leisten wir gegen eine weltweite kulturen-einebnende Verführbarkeit, die zu höchsten »Freiheitsgütern« buntbedruckte T-Shirts, McDonald's überall, ausreichend Kassettenrecorder und 24 TV-Programme zählt – und das der Welt als *Kultur*-freiheit anbietet?
Auch die *Reisefreiheit* für alle, kein Privileg, ein *Menschenrecht* für alle. Ja, aber sie kann nicht »höchster Wert« sein, zur Erfüllung aller Träume hochstilisiert werden, wenn wir uns klarmachen, daß die Welt auch massentouristisch verreist wird, und daß zwei Drittel der Welt nicht zuerst reisen, sondern *essen* wollen. (Ich wage das als ein Teil-Privilegierter zu sagen.)
Was ist das für eine Amüsierwelt, in der die Medienpolitik nach Einschaltquoten der Kurzweiligkeit betrieben oder – ernster! – nach dem Reifegrad des Volkes von »Wissenden« dosiert wird? (Und wir sind ja in *einem* Medienraum, wir können vieles wechselseitig wahrnehmen.) Also ich meine: Unsere Erwartungen müssen im Lichte der Reich-Gottes-Erwartung auch kritisiert werden und *Widerstand* gegen unser Tun und Trachten *auslösen.*

Vor einer Woche war ich in der Nähe von Bitterfeld und habe ein Abwasser gesehen, das mich seither in meinen Gedanken verfolgt: das ätzend-braune, überhastig dahinstürzende Spittelwasser der Wolfener Farben- und Filmfabriken. Wer das gesehen, gerochen hat und nicht ganz

stumpf geworden ist, der begreift, was ein »Höllengewässer« ist, und fragt sich nach dem wahren Preis der privaten Urlaubsdiathek von schöner Landschaft und seines Autolacks. Wem der Schrecken an diesem giftigen Braunsud gekommen ist oder wem das Sandoz-Unglück keine kurzzeitige Schlagzeile ist, in dem schreit alles nach einer Welt, in der ein Fluß wieder ein Fluß sein kann, wo mir das Baden in der Elbe wieder möglich wird, wo die Robben an unseren Ausflüssen nicht mehr verenden.
Am Glücksversprechen des bisherigen Industriesystems werden wir zugrunde gehen, wenn wir nicht umkehren, wenn wir nicht Widerstand leisten. Und dieser Widerstand wird auf Widerstand stoßen, zuerst und zutiefst in uns selbst und in unseren eingefahrenen Komfortgewohnheiten. Und das Brot-und-Spiele-Macht-Spiel funktioniert noch immer, in Ost und West, solange wir mehrheitlich mitspielen.
Die Zeit ist erfüllt, sagt Jesus. Ich sehe heute eher: Das Maß ist voll.
Mitten in unserem Konflikt mit der herrschenden Arroganz der Mächtigen und »Kompetenten« wächst in vielen von uns – und nicht nur von uns Christen – die Erkenntnis, daß das Neue in uns selbst Raum gewinnen muß. Und wir Christen sagen: Der Gott, der der *»Liebhaber des Lebens«* genannt wird, will uns ergreifen, in uns Raum gewinnen, eine innerste Freiheit und Einsicht schenkende Kraft sein, mit Sanftmut und Besonnenheit. Deshalb beten wir, darum bitten wir. Und das wird immer das Erste sein, das Tiefste sein, das Wichtigste sein. Aber es kann nicht das einzige sein. Wir wissen: Nur von Gewandelten können Wandlungen ausgehen. Und ich sehe Wandlungen, sehe, wie eine neue »Ehrfurcht vor dem Leben« wächst; die Furcht lähmt uns, läßt uns verdrängen, was bedrängend

auf uns zukommt. Aber *aus Ehrfurcht wächst Staunen.* Mit dem Staunen kommen Behutsamkeit und Achtsamkeit gegenüber allem Lebenden. Das wieder zu lernen und unsern Kindern zu vermitteln, wird zu einer zentralen Aufgabe, an der jeder mittun kann.
Schwestern, Brüder, Mitmenschen, es gibt ein Leben, das sich zu leben lohnt:

> schlicht und schön
> vielfältig, aber nicht üppig,
> friedlich, aber nicht konfliktfrei,
> gemeinschaftlich, aber nicht massenhaft,
> naturverbunden, aber nicht naturgläubig,
> bescheiden, aber nicht sinnenfeindlich,
> in Gleichheit, aber nicht in Gleichmacherei.

Wo das erfahren wird, erscheint etwas vom »Reich Gottes«, und es gibt äußere Anzeichen des Neuen, wo wir einhalten, umdenken, größeren Schaden wenigstens begrenzen:

- gerade noch wurden die riesigen Flußumleitungen in der SU eingestellt;
- gerade noch wird die Aufrüstungsdynamik erfolgreich gestört;
- gerade noch wurde die WAA gestoppt;
- gerade noch wird das Donauknie gerettet;
- gerade noch ist im Osten ein Politiker aufgetaucht, der ein Neues Denken mit neuer Praxis bisher glaubwürdig verbindet;
- gerade noch entdecken Menschen in Ost und West, daß wir nicht durch weitere Konfrontation, sondern durch erweiterte Kontakte weiterkommen, zu gemeinsamer Sicherheit;

- gerade noch wird das Bild vom gemeinsamen europäischen Haus als inspirierende Idee von allen Seiten aufgegriffen – und wir Deutschen finden uns darin ein, vielleicht in zwei Räumen, aber mit einer Schiebetür.

Zum Schluß habe ich an euch Christen im Westen drei Bitten:

1. Ich lebe in einem Land, das das Firmenschild »Sozialismus« trägt (ich denke, es ist eher ein Arbeitstitel), und möchte gern, daß Sozialismus sich fortentwickeln kann, nicht einfriert, und daß er nicht zum Verschwinden gebracht wird. Ich habe Grund, einem Politiker Glauben zu schenken, der politische Probleme mit politischen Mitteln lösen will und menschliche menschlich, der einlädt zu einer »globalen Solidarität« und zu einer weltweiten »Konversion« zum Frieden.
   Bei aller tiefen Empörung, bei allem markerschütternden Entsetzen darüber, wie offenbar einige machtbesessene, altersstarre und dialogunfähige Diktatoren des Proletariats mit der Armee des Volkes das eigene Volk als eine Gruppe »Konterrevolutionäre« niederwalzen ließ und beim Berichten über die Anwendung nackter Gewalt Aktion und Reaktion in schamloser Weise verkehrt – bei aller Empörung darüber bitte ich, daß wir Christen nun nicht zu denen gehören, die sagen: »Seht, das ist der Kommunismus. So sind Kommunisten.« Ich bitte, sorgsam zu unterscheiden. (Das mag auch uns Christen nutzen, wenn die anderen auch bei uns sorgsam unterscheiden!) Ich fürchte um uns alle, wenn es zu einer erneuten Konfrontation zwischen Ost und West käme. Setzen wir die immer noch gegebenen Chancen – weltweit, trotzdem – zu friedlicher Einigung nicht aufs Spiel! Noch ist Zeit.

2. Ich bitte euch Christen im Westen, den abrüstungspolitischen Mut eurer Regierungen zu stärken – nicht bis zur Wahl nur –, auf kurzreichende, aber langwirkende Abschreckung zu verzichten und auch 1992 keine neue Raketenrunde eröffnen zu lassen. Habt keine Angst vor Feind- und Feindbildverlust und nicht vor radikalen Abrüstungsschritten, die auch noch ernst gemeint sind. Traut dem Gegner einen Wandel zu und traut ihn auch euch selbst zu: ›Annäherung durch Wandel‹ *und* ›Wandel durch Annäherung‹ – auf beiden Seiten! Die Chance ist da. Jetzt ist Zeit!
   Und ihr lieben Mitchristen, laßt euch lieber »Gorbomanie« vorwerfen, als euch selbst unheilbare »Russo-Phobie« bescheinigen zu müssen.

3. Ich bin in diese Insel-Welt-Stadt gekommen, von der Seite der Mauer, auf der sie nicht bunt ist. Und ich bitte euch darum, statt eine aus überlegener Pose kommende zu einfache Abrißrhetorik zu verstärken, mit Beharrlichkeit daran mitzuwirken, daß sie immer durchlässiger, immer niedriger, immer überflüssiger wird. Eine Instabilität würde auch euch treffen, und ich bin nicht sicher, ob es dann nicht doch einer »Grundgesetzänderungsmauer« bedürfte. Keine neue Völkerwanderung in Europa! Jeder soll in seinem Land gut leben können. Im übrigen wird es unsere Sache in unserem Land sein, *die* Bedingungen, die *bei uns* zu ihrer Errichtung führten, so umzugestalten, daß die Bürger unseres Landes sich bei uns aus Freiheit beheimaten. Wir Christen können die »Volksdiplomatie«, etwa bei Städtepartnerschaften durch »Volksökumene« bereichern. Ich meine: Tut das, wo es Städtepartnerschaften »auf höherer Ebene« gibt. Holt sie

herunter und bereichert sie durch die Volksökumene! Schaffung gemeinsamer Sicherheit, nicht die irgendwie hergestellte Einstaatlichkeit. Geht es uns Christen nicht um Größeres als um »Nation«? Jedenfalls glaube ich, müssen wir auch sehr, sehr bedachtsam sein vor dem, was da noch in unserem Schoße liegt. In unserem Interesse, im Interesse der Völker. Bei euch, bei uns!

Über den Weiterbestand dieser ganzen großen wunderschönen Welt wird an vielen einzelnen Stellen mit entschieden – an der Stelle, an der jeder einzelne lebt:

- im Kampf um einen Baum oder ein Stück Wiese, die vor der Betonwut bewahrt werden;
- in einem Streit mit dem Gegner, der keinen Haß zurückläßt und keinen erniedrigt;
- in einer durchdachten Handwasserpumpenaktion für Tansania.

Wir leben in einer spannenden Zeit, ausgespannt zwischen Rettung und Verderben.
Die Zeit ist reif.
Es gibt Lebensangebote.
Gott ist nicht »aus der Welt«.
Aber wer zur neuen Welt, die Er in vielen Gestalten anbietet, heute, jetzt, unterwegs ist, muß bisweilen in unbequemen Unterkünften auf sie warten – wie Johannes, Mandela, Sacharow –, muß sich auf Selbstzweifel und Selbstversagen, Schläge und Rückschläge gefaßt machen.

Hier im Tegeler Gefängnis schrieb in finsterster deutscher Nacht Dietrich Bonhoeffer:

»Den Optimismus als Willen zur Zukunft soll niemand verächtlich machen, auch wenn er hundertmal irrt ...
Mag sein, daß der Jüngste Tag morgen anbricht, dann wollen wir gern die Arbeit für eine bessere Zukunft aus der Hand legen, vorher aber nicht.«

Vorher aber nicht.
Amen.

Predigt auf dem 23. Deutschen
Evangelischen Kirchentag
in West-Berlin, 7.–11. Juni 1989

Wes Brot ich eß, des Lied ich sing

Zachäus steigt aus

Wer wollte die schelten, die um des Brotes willen sich erniedrigen, nach Ägypten ziehen, weil sie Hunger haben, schlicht Hunger leiden?! Aber wieviele erniedrigen sich und sind bereit, andere zu erniedrigen um der Mehrung des Wohlstandes willen, nicht bloß um der Stillung des Hungers willen! Nein, um des Eigennutzes, des Mehr, des Noch-Mehr willen.
Erst kommt das Fressen, dann kommt die Moral.
Wohl wahr. Aber nach dem Fressen kommt keineswegs schon die Moral; danach kommt die Unmoral der Satten.
Bert Brecht nimmt die Geschichte von Jakobs Söhnen auf, die ausziehen, in Ägyptenland Lebensmittel zu holen, und schreibt:

Jakobs Söhne ziehen aus,
in Ägyptenland Lebensmittel
zu holen

Vater, warum sprichst du nicht?
Die Esel scharren schon.
Wir gehn die Hände schütteln
Mit deinem andern Sohn.

Gebt ihr ihm die Hand
Steckt sie schnell wieder ein:
Euer Bruder in Ägyptenland
Wird ein Ägypter sein.

Vater, warum lachst du nicht?
Wolle nicht bitter sein!
Mehl gibt leckere Kuchen
Und süß schmeckt uns der Wein.

Für ein Fäßlein Wein
Für ein Säcklein Mehl
Ward mancher schon ein Kriegsknecht
Verkauft war Leib und Seel.

Das ist die eine Geschichte. Daneben stelle ich die andere Geschichte von einem Bestechlichen, der aussteigt.

Der Zöllner Zachäus singt das Lied der Macht, die ihn bezahlt. Welches sonst? Er singt es manchmal verbissen, manchmal genüßlich, manchmal bitter, manchmal böse. Das Kollaborations- und das Korruptionslied, daß das Geld nur so in der Kasse klingt und singt. Zachäus Jedermann hat seine Familie zu ernähren. So sagt er. Er hat seine Dienstvorschriften. Seine Arbeitgeber bestimmen, was er zu tun hat. Er ist nur ausführendes Organ. Er kann schöpferisch anwenden, was er selber als schäbig ansehen mag. Er denkt darüber nicht mehr nach. Er macht seinen Job. Und ein Job hat nichts mit Moral zu tun. Wenn *er* den lukrativen Job nicht machen würde, hätte ihn jemand anders gemacht, sagt er, der Herr Zöllner Zachäus Jedermann, biedermännisch.

»Der Dienst«, sage ich Ihnen, »ist nicht immer angenehm, aber den Auftraggeber interessiert nur der Erfolg.« Kreative Willfährigkeit ist ost-westlich gefragt, mehr denn je gefragt. Östlich ist die Willfährigkeit nur etwas billiger. Dafür jammern die Leute mehr.

Aber da hat es einer satt. Da wird er zum Haarriß im System. Er hört andere Lieder. Den Refrain von Geld,

Macht und Gehorsam will er nicht mehr singen. Er steigt aus. Er steigt auf den Baum, dieser zu klein geratene Gernegroß. Und er wird gesehen. Er, der vorher in seinem Ghetto lebte, der seinen Schnüffel-Schmierendienst wahrnahm, der mehr gefürchtet als geachtet wurde, der im Ghetto von Wandlitz oder im Ghetto einer prächtig eingezäunten privatdetektivgeschützten Villa am Tegernsee lebt, oder wo auch immer, – er lädt zu sich ein, in sein Ghettohaus. Er lädt zu Tisch, wird besucht, durchbricht die Mauer, die ihn fremd gemacht hat mitten in seiner Stadt. Der zu klein geratenen Gernegroß steigt aus, steigt auf den Baum, wird von Jesus gesehen, wird anerkannt, wird nicht heruntergepfiffen, heruntergeschmissen, heruntergeschüttelt, heruntergeschrien, heruntergeschossen – er darf hinabsteigen, und Jesus kehrt bei ihm ein.
Aus Fremden werden Gäste. Aus Entfremdung wird Freundschaft. Der sich selbst Fremdgewordene findet wieder zu sich und wird froh. Er fängt an, mühsam, andere Lieder zu singen. Er entdeckt, was ihn frei machte. Sein Geld, das band ihn, und er macht sich frei davon und kann doch leben von dem, was ihm bleibt.
Wieviele sind bereit, das Brotlied mit dem Geldrefrain der Macht zu singen? Zu viele. Bei uns, bei euch, auch anderwärts. Da werden nun die Deutschmarklieder gesungen, daß es nur so klingt. Da dienen sie sich an. Das haben sie ja gelernt. Das haben sie gesehen, abgeguckt. Aber immer wieder sind da Menschen, die zum Haarriß im System, zum Haarriß im Geldsystem werden. Sie tanzen nicht mehr nach der Pfeife. Sie pfeifen auch nicht mehr, daß andere tanzen. Sie tanzen und singen ein neues Lied.
Wann soll das sein? Wann kann das sein? Wann wird das sein?
Kann nicht endlich aufhören das Lied des einen über den

anderen, des einen gegen den anderen, das Lied vom Geld, das Lied von der Käuflichkeit aller? Da wird dann ein Baum zum Tisch, eine geschlossene Gesellschaft offen, eine verschlossene Tür aufgetan. Warum nicht jetzt damit anfangen?
Jesus sieht Zachäus.
Jesus sieht mich, dich, uns.
Und wir setzen uns an den Tisch.

Meditation auf dem Kirchentag
in Dortmund
Juni 1991

Und das Licht scheint in der Finsternis ...

Gedanken zur Menschwerdung

Wodurch wird der Mensch zum Menschen? Dies ist eine der ältesten Menschheitsfragen. Mensch wird der Mensch dadurch, daß er danach fragt, was es heißt, ein Mensch zu sein. »Die größte Angelegenheit des Menschen ist, zu wissen, wie er seine Stellung in der Schöpfung gehörig erfülle und recht verstehe, was man sein muß, um ein Mensch zu sein« (Immanuel Kant). Die Frage nach sich selbst wird zur Bedingung des Menschseins. Wer die Frage nach sich selbst nicht mehr stellt, ist bloß im biologischen Sinne ein Mensch. Wer den aufrechten Gang zwar innerhalb seines ersten Lebensjahres erlernt, aber nicht aufrecht geht, ist nur im biologischen Sinne ein Mensch.
Die Hände hat der Mensch frei zur Freiheit, und sein Hirn hat er zum Denken. Aber er steht immer in der Gefahr, sich zu einem bloßen biologischen Wesen zurückzuentwickeln, das seine biologischen Funktionen mit Genuß zu erfüllen trachtet. So gibt es die beiden extremen Beurteilungen des Menschen. Die eine »der Mensch, das Schwein« (Gottfried Benn), und die andere »ein Mensch, wie stolz das klingt« (Maxim Gorki). Jeder Mensch ist schon ganz Mensch, bevor er etwas aus sich gemacht hat. Aber jeder Mensch kann sich auch ganz verlieren. Er ist einerseits zum aufrechten Gang bestimmt (Ernst Bloch), und andererseits gebietet es die Anerkennung der Realität, daß er ein gebrochenes, gebogenes Wesen bleibt –

»aus so krummem Holz, als woraus der Mensch gemacht ist, kann nichts ganz Gerades gezimmert werden« (Immanuel Kant). So weit, so gut.

Die erhabene Kreatur

Jeder Mensch hat eine »Würde«, ist der Liebe würdig, liebenswürdig, des Lebens würdig und hat Anspruch auf Anerkennung seiner Würde – und dazu gehören seine sozialen Rechte ebenso wie seine bürgerlichen Freiheits- oder Menschenrechte. Diese Höherbewertung des Menschen gegenüber aller anderen Kreatur bleibt letztlich unbegründbar. Der Mensch spricht sich dies selber zu und erhebt damit gleichzeitig einen Herrschaftsanspruch, oder er läßt es sich zusprechen von einer »Instanz«, von der er glaubt, daß sie ihn gewollt und ihm eine Bestimmung gegeben hat.

Ein Mensch ist mit seiner Geburt schon ganz Mensch. (Es spricht sogar vieles dafür zu sagen, daß er schon Mensch ist vor Ablauf der 12 Wochen, in denen nach unserem Gesetz erlaubt ist, ihn abzusaugen.)

Der Mensch ist schutzbedürftig und schutzwürdig; er ist lebensgeschichtlich noch ganz offen und biologisch schon festgelegt. Er kann noch etwas aus sich machen, und aus ihm kann noch etwas gemacht werden. Wer macht was mit ihm, und was macht er selbst mit sich? Wo sind Möglichkeiten und Grenzen seiner Freiheit? Wer kann ihn wie manipulieren?

Höchste Zeit für den neuen Adam

Die Bibel geht davon aus, daß der Mensch mehr ist als ein bloßer Mutationssprung der Natur. Ihm liegt eine Idee zugrunde, die nicht aus ihm selbst kommt. Er ist ein Du-bezogenes Wesen, ein Antwort-fähiges Wesen und damit ein verantwortliches Wesen. Er ist nicht mehr instinktgebunden und hat doch aus der Tierwelt noch »Instinkte«. Er hat Freiheit und muß gleichzeitig die Grenzen seiner Freiheit anerkennen, wenn er nicht das Leben selbst gefährden will. Dies ist in den ersten, den Urgeschichten der Bibel (Genesis 1–11) in mehreren Geschichten erzählt (wie in anderen Ursprungsmythen vom Menschen auch). Der Mensch kann unterscheiden, was für ihn gut und böse ist, und er muß es unterscheiden. Er wächst und er zerbricht an seiner Freiheit. Es gibt kein so widersprüchliches Wesen wie den Menschen, ein Wesen, das sich seines Widerspruches bewußt ist und tödliche Widersprüche produziert. Allmacht und Ohnmacht, Größe und Verbrechen, Sanftheit und Gewalt, Liebe und Egoismus liegen dicht beieinander, sogar in ein und derselben Person. Kann einer abends Mozart hören und morgens Juden vergasen? Kann einer zärtlich zu seinen Kindern sein und gleichzeitig seinen Gegner zu Tode quälen?

Menschwerdung heißt, aus diesem Widerspruch erlöst zu werden – in mythologischer Sprache: den alten Adam auszuziehen und den neuen Adam anzuziehen. Die bloße Abfindung mit der Realität des Bösen, die sich gern als Realismus bezeichnet, ist genauso verheerend wie die blauäugige Leugnung des Bösen und der idealistische Überschwang.

Weihnachten ist im Grunde ein Fest, das eine Zäsur in der Menschheitsgeschichte bezeichnet. Der »alte Adam«, der aus dem Paradies, aus dem Heil- und Ganzsein, ausgetrieben ist und die Welt durch sein Ego und seine Selbstüberschätzung (Allmachtsphantasien) zerstört, soll zu seinem Ursprung zurückkommen und wieder Mensch nach dem Ebenbild Gottes werden: ein nicht nur sprechendes, sondern ein angesprochenes Wesen, das sich nicht im bloßen

Kampf ums Dasein, sondern gerade in seiner sozialen Verantwortung für das Dasein des anderen und des Ganzen bewährt.

Die Frage, wie der Mensch aus seiner Doppelgesichtigkeit befreit wird, hat die Menschheit seit eh und je beschäftigt. Philosophie versucht zu deuten, Märchen versuchen zu beschreiben, Mythen suchen zu ergründen, Religionen suchen zu erlösen. Im christlich-abendländischen Raum feiert man das Fest der Weihnacht als Fest der Menschwerdung.

Die Verheißung des Mensch-Seins

Was später philosophische und scholastisch-dogmatische Fragen wurden – wie sich nämlich Gottheit und Menschheit zueinander verhalten, ob Gott überhaupt Mensch werden, ob das Wort, die Idee, Gestalt annehmen könne –, wird in den Ursprungsgeschichten christlicher Überlieferung sozialkritische Geschichte. Im Johannesevangelium heißt es abstrahierend: »Das Wort ward Fleisch (Mensch) und wohnte unter uns, und wir sahen seine Herrlichkeit ...« (Joh. 1). Der Evangelist Lukas dagegen erzählt eine hintergründige Geschichte, die zur populärsten Geschichte des christlichen Abendlandes werden sollte: »Es begab sich aber zu der Zeit ...« (Lukas 2).

Der Grundsinn von Weihnachten ist, dem einzelnen Menschen und der Menschheit insgesamt eine neue Perspektive für die Vermenschlichung des Daseins zu geben. Dies geschieht dadurch, daß ein Mensch erscheint, der dem Menschen zeigt, was es heißt, ein Mensch zu sein, und ihn erlösen will aus den Zwängen des alten Seins zu neuem Sein.

Die christliche Wahrheit begegnet uns zuerst in erzähltem Leben – mit der Einfachheit und Widersprüchlichkeit

eben dieses Lebens – und nicht in abstrakter philosophischer Begrifflichkeit. Im christlichen Sinne wird nicht die »Idee zur materiellen Gewalt«, sondern die Idee wird zu einem Menschen, genauer gesagt, zu einem verletzlichen Kind, das seine Verletzlichkeit in die Welt hineinträgt, daran zerbricht, zerbrochen wird und dennoch die Versöhnung proklamiert.
Am Anfang steht eine Krippe, am Ende ein Galgen. Aber dieses Ende ist gleichzeitig der Anfang eines neuen Lebens in Glaube, Hoffnung und Liebe, getragen von dem Wanderprediger aus Nazareth. Seine Geschichte beginnt mit der Suche einer jungen Frau, einer Jungfrau, nach einem Quartier. Nicht in einem Palast, in einem Schafstall beginnt das neue Leben. Dies hat Konsequenzen für das Leben dieses Menschen (»Und das Licht scheint in der Finsternis, und die Finsternis hat's nicht begriffen.« Joh. 1,5).

Gewaltlos ins Friedensreich

Die Vorstellung, daß die (immaterielle) Idee die Gestalt der Materie annehmen könne, galt den Griechen als eine philosophische Absurdität, und den Juden galt dies als Skandal, denn sie meinten, daß der unaussprechliche Name Gottes geschändet würde, wenn er in einem sterblichen Menschen zu erscheinen behaupte. Dabei hatten doch die Juden über die Jahrhunderte – und bis heute – auf den Messias gewartet, der als ein Licht erscheinen sollte für das Volk, das im Finstern wandelt, und die Gewalttätigen auf die Dauer besiegen würde.
Im Jesajabuch wird von diesem Erlöser ein Lied gesungen (Kap. 9). Dort heißt es: »Denn Du hast ihr drückendes Joch, die Jochstange auf ihrer Schulter und die Stecken ihres Treibers zerbrochen. Denn jeder Stiefel, der mit Ge-

dröhn dahergeht, und jeder Mantel, durch Blut geschleift, wird verbrannt und vom Feuer verzehrt. Denn uns ist ein Kind geboren, ein Sohn ist uns gegeben und die Herrschaft ruht auf seiner Schulter; und er heißt Wunder-Rat, Gott-Held, Ewig-Vater, Friede-Fürst; auf daß seine Herrschaft groß werde und des Friedens kein Ende.«

Diesen Messias erwarten die Juden als den, der das Friedensreich mit den Mitteln des Friedens errichtet und jede Gewalt verbannt. Dies ist gewissermaßen die Konkretisierung des Hoffnungsbildes, das in den letzten Jahren so große Bedeutung hatte: »Sie werden ihre Schwerter zu Pflugscharen und ihre Spieße zu Sicheln machen, denn es wird kein Volk wider das andere das Schwert erheben, und sie werden hinfort nicht mehr lernen, Krieg zu führen.« (Jesaja, 2, Vers 4).

Menschwerdung ist also ein Akt des Verzichts auf Gewaltanwendung. Und das Symbol dieses Verzichts ist das Kind. Und zu dieser Menschwerdung gehört, daß die Versöhnung mit der gebeutelten Natur Folge der Versöhnung des Verhältnisses zwischen Mensch und Mensch wird. So heißt es über die Zeit, in der die Hoffnungslosigkeit vorbei ist und ein Zweig aus dem abgehauenen Stamm hervortreten wird, daß der Geist des Herrn die Menschen bestimmen wird und daß die Gerechtigkeit zu den Armen kommt. Da wird es dann so sein, daß »die Wölfe bei den Lämmern wohnen und die Panther bei den Böcken lagern. Ein kleiner Knabe wird Kälber und junge Löwen und Mastvieh miteinander treiben ... und ein Säugling wird spielen am Loch der Otter und ein entwöhntes Kind wird seine Hand stecken in die Höhle der Natter.« (Jesaja 11, Vers 5 ff.).

Über die Jahrhunderte und Jahrtausende hinweg gilt diese Botschaft. Menschsein ist erst gewonnen, wenn eine Versöhnung des Menschen mit sich selbst, eine Versöhnung des Menschen mit dem Mitmenschen auf der Grundlage der Gerechtigkeit und Gewaltfreiheit praktiziert wird, und wenn schließlich eine Versöhnung des Menschen in seinem Umgang mit der Natur erfolgt. Das nennt die Bibel *Schalom.*

Grenzüberschreitung in heiliger Nacht

Weihnachten ist eine Erinnerung an die Möglichkeit des Menschen, Mensch zu werden. Es wurde zu einem idyllischen Fest im Geiste des Liedes »Stille Nacht, heilige Nacht« verniedlicht. Und doch rührt dieses Lied die Menschen auch im Innersten an und weist in aller Kitschigkeit auf eine Ursehnsucht hin.

Die Geburtsgeschichte des Menschen, in dem die Erlösung der Menschen nach christlichem Verständnis beginnen soll, ist aber ganz und gar nicht idyllisch. Der Evangelist Lukas erzählt sie (2. Kapitel). Sie führt in die Zeit der römischen Fremdherrschaft, in der Kaiser Augustus als Machtdemonstration »seine Menschen« zählt. Und genau in diese Zeit fällt die Geburt eines Kindes, das man später Jesus von Nazareth nennt. Nach alter jüdischer Verheißung soll dieses Kind, das den Neuanfang der Menschheit begründet, in der kleinen Stadt Bethlehem geboren werden. Deshalb erzählt diese Geschichte auch nicht von der Geburt in der Hauptstadt Jerusalem, schon gar nicht in der Hauptstadt des Imperiums Rom, sondern von der Geburt in der Kleinstadt Bethlehem.

Die Idee vom Menschen wird hier nicht materielle Gewalt, sondern eben ein Kind, das in der Krippe liegt und unbehaust in diese Welt kommt. Die Gegensätzlichkeit wird dadurch verstärkt, daß Engel vom Himmel herab singen: »Fürchtet euch nicht, euch ist heute der Heiland gebo-

ren ... Ehre sei Gott in der Höhe und Friede auf Erden bei den Menschen seines Wohlgefallens.« Dieser Gesang der Engel von oben verbindet die Ehre dessen, der den Menschen gewollt hat, mit dem Frieden auf Erden für die Menschen, an denen Gott sein Wohlgefallen hat – trotz allem. Und dieser Gesang gilt zuerst den Hirten auf dem Felde. Hier geschieht die erste, wesentliche Grenzüberschreitung. Die Hirten galten als »Unreine«, und sie sind die ersten, die den »Reinen« besuchen und froh darüber werden, so froh, daß sie es weitererzählen.
Es ist eine der Ironien der Geschichte, daß dieser Jesus, dessen Lebensweg in einer Krippe beginnt und an einem Galgen außerhalb der Stadtmauern endet, zu einer Herrscherideologie gemacht werden konnte, und daß der Name des Wanderpredigers gepriesen wird im Prunk von Kathedralen.

Kein Held, kein Philosoph, schon gar kein Herrscher

Die Menschwerdung im Geiste Jesu zielt zuerst auf die Menschwerdung der Menschen, die ganz unten sind. Ein Christentum ohne ein entwickeltes soziales Gewissen verrät seine eigenen Wurzeln. Die Christenheit sieht in Jesus den neuen Menschen, der uns alte Menschen verwandeln will. Man könnte auch sagen, er ist menschgewordene Liebe, die immer wieder in Menschen lebendig wird, die sich von der Liebe ergreifen lassen. Er ist ein aufgerichteter und ein aufrichtender Mensch. Er ist kein Held, kein »bedeutender Philosoph«, schon gar kein erfolgreicher Herrscher. Er hat den Staub des Alltags an den Füßen, den Blick für die Verlorenen dieser Erde und zeigt sich mit der offenen Hand, die das Brot der Gerechtigkeit bricht, teilt, verteilt.
Und er hat den entwaffnenden Blick für die ewigen Recht-

haber, wie er den liebenden Blick für die Übersehenen hat. Wenn Christlichkeit mit »konservativ« im Sinne von Erhalten der bestehenden Ordnung von arm und reich, von oben und unten, von Starken und Schwachen verstanden wird, dann ist das Christentum jedenfalls nicht mehr bei seinen eigenen Wurzeln, die in biblischen Überlieferungen stecken. Wie leicht über diese hoffnungsvolle, weil wahre Geschichte die religiöse Tünche gelegt werden kann, hat kein anderer besser beschrieben als Bert Brecht in seinem Gedicht »Maria«.
Die Idylle der Weihnachtsgeschichte kann nur genießen, wer das Aufregend-Neue der Menschwerdung weiß, die ganz unten beginnt, das ganz Große im ganz Kleinen sucht. Die weihnachtlichen Lieder werden zur Seele der Theologie:

»Es ist ein Ros entsprungen
aus einer Wurzel zart …«
»Er kommt aus seines Vaters Schoß
und wird ein Kindlein klein,
er liegt dort elend, nackt und bloß
in einem Krippelein, in einem Krippelein.«
»Er wird ein Knecht und ich ein Herr
das mag ein Wechsel sein …«

Dieser »Wechsel« kann nicht ohne Konsequenzen sein für unsere eigene Menschwerdung.

WOCHENPOST
Nr. 51/1990

Gerechter Krieg?

Dieser Krieg ist die Fortsetzung unserer Zivilisationsform mit seinen fortgeschrittensten Destruktionsmitteln. Er ist schon verloren am Tage, an dem er begonnen wurde. Er ist Ausdruck unserer Niederlage. Wir haben es nicht vermocht, in die Politik Vernunft hineinzutragen und die Ursachen für die Konflikte zu begrenzen, schlimmer noch – die Welt hat einen der gefährlichsten, brutalsten, skrupellosesten Diktatoren soweit aufgerüstet, daß seine Armee zur viertstärksten der Welt wurde und der Supermacht USA Paroli zu bieten vermag. Heute sind die menschlichen Opfer noch nicht bekannt, weil die Kriegszensur aller Seiten zugunsten des Krieges perfektioniert wurde. Aber absehbar sind schon die unabsehbaren Nebenfolgen; die ökologischen, die ökonomischen, die national-religiös-emotionalen. Die neue Weltfriedensordnung kann nicht auf der Präzision von Waffen aufgebaut werden. Wenn der Sturm von einer Milliarde Muslime in der Welt losbricht, könnte die ganze Welt Schauplatz von Angst und Zerstörung werden. Wenn nicht das Recht der Israelis und der Palästinenser zugleich gesehen und von der Weltgemeinschaft gemeinsam vertreten und garantiert wird, wird es im Mittleren Osten keinen Frieden geben können. Die religiösen Verbrämungen werden auf beiden Seiten, der christlichen wie der muslimischen, öffentlichkeitswirksam demonstriert.

Der Riß in der Beurteilung dieses Krieges und seines begrenzt gerechten Zieles geht nicht nur durch unsere Völkergruppen, Weltanschauungen und Religionen, sondern durch jeden selbst. Da sitzen die dem Holocaust entkommenen Juden in der Falle von Raketen, die in der Sowjetunion gebaut und von (West-)Deutschen modernisiert wurden. Raketen modernster Technologie hat Saddam Hussein aus fast allen Ländern einkaufen und seine Leute ausbilden können. Der Krieg, bevor er begann, war schon ein riesiges Geschäft, an dem sich Verbrecher schadlos gehalten haben, ausblendend oder wissend, was mit diesen Waffen geschehen könnte. Die Geschichte holt uns Deutsche noch einmal ein, indem deutsches Giftgas zur Angst vor dem Massentod der Israelis wie der alliierten Truppen wird. 500 Millionen Dollar kostet dieser Krieg täglich. Damit sind aber nur die berechenbaren Dollarkosten bezeichnet, nicht die Langzeitfolgen für unsere Zivilisation. Die Obszönität dieses Krieges hat schon unerträgliche Dimensionen erreicht. Mit der Faszination eines kleinen Jungen am Computerspiel zeigt der Militärsprecher der Supermacht, wie präzise die Ziele getroffen wurden, und appelliert an die Faszinationsbereitschaft seiner Zuschauer. Schon wenige Tage später wird klar, daß dies alles Täuschung war. Und jeden Tag unerträglicher wird das Verschweigen dessen, was im Krieg wirklich geschieht. Die Lügen sind schon zerplatzt. Die Lüge vom kurzen Waffengang zur Befreiung des okkupierten Kuwait. Man darf wohl auch noch fragen, für wen der Kuwait befreit wird. Obszön, wie gelassen sich der brutale Diktator gibt und was er seinem Volk an Kriegsopfern zumutet. Obszön, wie wegen politischem Kalkül die Millionen Opfer des Iran vergessen sind und die Todfeinde sich politisch etwas von Kontakten ausrechnen. Obszön die Scud-Raketen, die

die Israelis wieder zur Geisel machen. Täglich die Erwartung, daß das Giftgas eingesetzt, obszön, wie leicht die Eskalation zu einem ABC-Krieg einkalkuliert wird. Obszön die Panzer- und Raketenattrappen, verkauft vom NATO-Land Frankreich und mit modernsten Mitteln aufgespürt und zerstört von den modernsten Raketenwaffen mit Sensoren. Obszön, wie die einfachen Menschen dem Bombenhagel ausgeliefert sind, während die Krieger sich tief in die Wüste eingegraben geschützt haben. Die Krieger bleiben übrig und die Wehr-losen werden getötet. Ist das die Logik dieses Krieges zur Befreiung eines ölreichen Zipfels der Welt durch die Vereinten Nationen? Obszön der schwarze Ölteppich auf dem Golf; ausgeschüttet, um die Menschen in Saudi-Arabien verdursten zu lassen – der Natur wird dabei eine schamlose, generationenübergreifende tiefe Wunde zugefügt.

Saddam Hussein macht es einem sehr schwer, gegen diesen Krieg zu sein. Aber es ist noch kein Antiamerikanismus, wenn die amerikanische Politik und die jetzige Kriegsführung keine Zustimmung finden können, weil sie nicht nur die Amerikaner, sondern die ganze Welt in eine Logik der Konflikteskalation führen. Wer gegen diesen Krieg ist, muß gleichzeitig alles dafür einzusetzen bereit sein, daß Israel sein Lebensrecht in gesicherten Grenzen behält und nicht zur Geisel wird.

Es ist gerecht, daß die Ungerechtigkeit beseitigt wird, wenn auch kein Krieg gerecht genannt werden kann, wo er doch eine staatlich sanktionierte, mit effektivsten Zerstörungsinstrumenten durchgeführte Tötung des Gegners ist – unter unvermeidlichem Einschluß wehrloser Kinder, Frauen und Alter. Das ist niemals gerecht, sondern nicht gutzumachendes Leid. Um eines bösartig-raffinierten Diktators willen muß ein ganzes Volk leiden. Die Lehre vom gerechten Krieg greift nicht mehr, wo die Existenz des Ganzen auf dem Spiel steht.

Der vielgescholtene Martin Luther hat in dieser Hinsicht auch Hellsichtiges formuliert: »Die tollen Fürsten in der Welt fangen nur aus lauter Mutwillen Krieg an, nicht Land und Leute zu schützen, sondern ihre Lust zu stillen; das hetzt sie gegeneinander. Da muß der gemeine Mann herhalten und um ihres Mutwillens willen Land und Leute verderben.«

»Kanonen und Feuerwaffen sind grausame und verdammenswerte Maschinen. Ich halte sie für eine direkte Eingebung des Teufels. Wenn Adam in einem Traum gesehen hätte, welch schreckliche Werkzeuge seine Kinder erfinden würden, so würde er vor Grauen gestorben sein.«

»Ohne Not Krieg führen, ist wie mit einem goldenen Angelhaken fischen. Wenn er verloren würde, so könnte ihn die Fischerei nicht bezahlen. Finge er aber etwas, so überträfen die Kosten doch den Gewinn allzuweit. Man darf nicht Krieg anfangen und danach ringen. Er kommt wohl allzubald ungebeten von selber. Man halte Frieden, solange man immer kann (er soll doch wohl nicht bleiben), wenn man ihn gleich um all das Geld kaufen sollte, daß auf den Krieg gehen und durch den Krieg gewonnen werden möchte. Es erstattet doch nimmer der Sieg, was durch den Krieg verloren wird.«

Was durch diesen Krieg verloren wird, ist wahrscheinlich niemals und von niemandem mehr zu erstatten und insofern ist jeder Tag ein verlorener Tag, an dem er nicht beendet wird.

CONSTRUCTIV
1991

»Gerechte Kriege« – aus der Bibel ableitbar?

Das Menschenbild der Bibel ist von einem geradezu bestürzenden Realismus gekennzeichnet; gleichzeitig beschreibt die Bibel den Menschen als das Wesen, das überschreiten kann, was ist. Die Paradiesgeschichte erzählt davon, wie die menschliche Freiheit mit Entfremdung, mit dem Leben in der Fremde, in selbstgewählter Mühsal und mit Entzweiung verbunden ist.

Die erste Tat des Menschen außerhalb des Paradieses ist ein heimtückischer Mord. Es geht um den Konflikt zwischen zwei Lebensweisen, zwei Lebensbereichen, zwei religiösen Ritualen. Dem Brudermord an Abel folgte die Angst vor Rache des Kain. Der Gewaltkreislauf in der blutigen Konfliktgeschichte der Menschheit ist eröffnet (Genesis 4). Der Krieg wurde bald zu einer Institution und hat inzwischen Dimensionen erreicht, die nicht nur die Möglichkeit der Auslöschung ganzer Völker einschließen, sondern die Möglichkeit der Auslöschung der Gattung selbst.

Die Bibel schönt nicht; sie beschreibt, was ist, und will zeigen, was sein soll. Der Mensch ist bestimmt zum Dasein als Mitmensch in einer ihm anvertrauten Welt, der schöpferischen Gestaltung fähig und bedürftig. Dem Menschen als einem konstitutionell konfliktträchtigen Wesen mit aggressiven Triebüberschüssen, mit Macht- und Besitzgier, mit tödlichen Wahrheitsansprüchen und gespaltenem Bewußtsein wird in der Bibel Schalom, Friede und Heilsein in einem Zusammenhang von Gerechtigkeit *versprochen, gegeben* und *aufgetragen*. Friede ist immer Verheißung, Gabe und Auftrag zugleich.

Indes ist der wahrscheinlich älteste überlieferte biblische Text ein Siegeslied, das sogenannte Miriam-Lied. Darin heißt es: »Laßt uns dem Herren singen, er hat eine herrliche Tat getan, Roß und Mann hat er ins Meer gestürzt« (Exodus 15, Vers 21). Das aus der Knechtschaft in die Freiheit der Wüste ziehende Volk Israel wird von den Herren des Pharaos verfolgt. Es soll offensichtlich gewaltsam in die Knechtschaft zurückgebracht werden. Als der ganze bedrohliche Kriegstroß der Ägypter in den Wasserfluten ersäuft, feiert das Volk Israel dies als den Sieg Gottes über seine Feinde.

Diese Tradition setzt sich fort; bei allen weiteren Kriegen zur Verteidigung wie zur Besiedelung wird der eigentliche Kriegsherr Gott-Jahwe.

Die religiöse Überhöhung des Krieges ist so alt wie die Religion selbst. Gott wird zum Legitimationsgrund des Krieges. Er soll siegen. Er selbst ist der eigentliche Heerführer. Gott ist es, der Sieg über die Feinde und Schutz für das Volk bietet (Der Grund für die ideologische und moralische Legitimation des Krieges ist frühzeitig gelegt. Eine höchste, vom Menschen nicht erreichbare Instanz wird herangezogen, um die menschlichen Opfer zu rechtfertigen und die Gewißheit zu schaffen, daß die Kämpfer das Richtige tun und für die richtige Sache sterben. Spätere ideologische Verbrämungen des Krieges folgten – ob nun für das Vaterland, das da immer wieder zu den Waffen ruft, oder das historische Recht ...)

Okkupationskriege bekommen nicht nur göttlichen Segen, sondern geschehen geradezu in göttlichem Auftrag

(Buch Josua). Das versprochene Land Kanaan, in dem »Milch und Honig fließt«, ist schon bewohnt. Wüstenwanderer werden seßhaft, wo schon Seßhafte leben. Kriegslisten werden zu Gotteswundern – wie die Erstürmung Jerichos mit Posaunengetöse. (Der Streit um das Westjordanland reicht bis heute.)

Geschichten über charismatische Führer, die bedrohte Stämme wundersam in gemeinsamen Militäraktionen retten, dienen auch der Wehrertüchtigung für spätere Generationen (Richter-Buch).

Grausame Rachegebete aufgrund erlittenen Leides finden sich in den Psalmen (Psalm 137; Psalm 18, Vers 38 ff.) ebenso wie einfühlsame Bittgebete um Gerechtigkeit und Frieden (Psalm 25; Psalm 34; Psalm 85).

Eine Mischung aus Familientragödie, gewaltsamer Usurpation, rücksichtslosem Großmachtsgebaren einerseits und schonungsloser Machtkritik mit Erlösungs- und Friedensmythen andererseits kennzeichnet die Königsgeschichte Israels (Samuel und Könige-Bücher). Hofintrigen, Bürgerkrieg und Reichsspaltung in Israel erscheinen wie ein Paradigma der Weltgeschichte, dargestellt an diesem kleinen, ungewöhnlichen Volk.

Die Kritik der Propheten richtet sich gegen die Herrscher, die den Namen Gottes zu Unrecht für ihre Militär- und Bündnispolitik heranziehen. Die Propheten ermutigen zum Vertrauen auf Gottes zurechtbringendes Handeln und verwerfen das Vertrauen auf eigene Rüstungspolitik: »Wenn ihr umkehrtet und stille bliebet, so würde euch geholfen; durch Stillesein und Hoffen würdet ihr stark sein. Aber ihr wollt nicht und sprecht: Nein, auf Rossen wollen wir dahinfliegen – darum werdet ihr dahinfliehen, und auf Rennern wollen wir reiten, – darum werden euch eure Verfolger überrennen.« (Jesaja 30, Vers 15–16). Der

Prophet Jesaja verschärft diese Unheilsdrohung: »Weh denen, die hinabziehen nach Ägypten um Hilfe und sich verlassen auf Rosse und hoffen auf Wagen, weil ihrer so viele sind, und auf Gespanne, weil sie sehr stark sind! Aber sie halten sich nicht zum Heiligen Israel und fragen nichts nach dem Herrn.« (Jesaja 31, Vers 1)

Die Propheten warnen vor dem Mißbrauch Gottes zu einem Kriegsgott, der für die Erreichung eigensüchtiger Machtziele herangezogen wird.

Gleichzeitig werden apokalyptische Bilder von der letzten Schlacht, einem Ende der Welt, mit Schrecken gemalt. »Denn siehe, des Herren Tag kommt, grausam, zornig, grimmig, die Erde zu verwüsten ... Ich will den Erdkreis heimsuchen um seiner Bosheit willen und die Gottlosen um ihrer Missetat willen und will dem Hochmut der Stolzen ein Ende machen und die Hoffart der Gewaltigen demütigen.« (Jesaja 13, Vers 9 und 11)

Im Inferno unserer modernen Kriege werden die apokalyptischen Bilder grausige Realität – und nutzbar gemacht für religiöse Überhöhung der Ereignisse.

Schlacht- und Vernichtungsszenarien mit großer poetischer Kraft werden als »Zeichen der Endzeit« gemalt; das Strafgericht kommt über die mächtigen Nachbarvölker des kleinen Volkes Israel (Hesekiel, Kap. 25–35). Ohnmachts- und Allmachtsphantasien, Angst- und Wunschträume, Todes- und Lebenssehnsüchte kulminieren in diesen apokalyptischen Szenarien der »letzten Schlacht«. Die politische Sprengkraft solcher Schreckens- und Hoffnungspoesie reicht bis heute.

Das Nebeneinander endgültiger Zerstörung und grundlegender Erneuerung am Ende der Zeiten setzt sich im Neuen Testament fort. (vgl. dazu Offenbarung 20 mit Offenbarung 21; auch Markus 13, Vers 14 ff.)

Der Wanderprediger Jesus aus Nazareth wird zum konsequenten Anwalt aktiver Gewaltfreiheit. Er setzt auf Durchbrechung der tödlichen Gewaltkreisläufe bei der Überwindung von Konflikten. Er setzt auf eine Gegenkultur, auf erfinderische Ent-Feindung, auf das Risiko des Verzichts auf den Gegenschlag. Seine Gewißheit gründet auf dem Glauben an seine Sendung. Sonst würde er im entscheidenden Moment der Gefahr auf Verteidigung mit den geläufigen Mitteln vertrauen. Aber als es um seine gewaltsame Befreiung aus den Fängen der Gewalt geht, bedankt er sich nicht für den Mut seines getreuen Gefährten Petrus, der angesichts der Übermacht sein Schwert zieht, sondern er weist ihn zurecht: »Stecke dein Schwert an seinen Ort! Denn wer das Schwert nimmt, der soll durch das Schwert umkommen. Oder meinst du, ich könnte meinen Vater nicht bitten, daß er mir sogleich mehr als zwölf Legionen Engel schickte?« Das alte Motiv wiederholt sich: Der Mensch soll nicht Rächer sein, Gott selbst wird die Sache des Gerechten führen. Die sogenannte Bergpredigt (Matthäus 5–7) wird zum gesammelten Gegenentwurf der Welt des Gegen-Schlags, der Raff-Gier, des Richt-Geistes, der Doppel-Moral.

In Konfliktsituationen muß sich dieses neue Denken bewähren. Aber auch die Realität des alten Denkens muß wahrgenommen und darf nicht illusionistisch überspielt werden. Zum Beispiel suchen seine vertrauten Jünger durchaus nach einer Belohnung am Tisch der Macht. »Da rief Jesus sie zu sich und sprach zu ihnen: ›Ihr wißt, die als Herrscher gelten, halten ihre Völker nieder, und die Mächtigen tun ihnen Gewalt an. Aber so ist es unter euch nicht; sondern wer groß sein will unter euch, der soll euer Diener sein.‹« (Markus 10, Vers 42–43)

Als Jesus im zerstrittenen und zerteilten Land unterwegs

ist und durch die miteinander verfeindeten Gebiete zieht, wird das Gastrecht gröblich gebrochen, nur weil er von Samaria nach Jerusalem zieht. Seine Jünger bitten ihn, daß er die göttliche Strafe auf die Samariter niederprasseln lassen solle. Seine Jünger Jakobus und Johannes sprachen: »Herr, willst du, so wollen wir sagen, daß Feuer vom Himmel falle und sie verzehre.« Jesus aber wandte sich um und wies sie zurecht: »Wißt ihr nicht, welches Geistes Kinder ihr seid? Der Menschensohn ist nicht gekommen, das Leben der Menschen zu vernichten, sondern zu erhalten.« (Lukas 9, Vers 54–56)

Auf der anderen Seite versucht die junge christliche Gemeinde, ihre Existenz im Rahmen des Imperiums Romanum und seiner ihm eigenen Machtlogik zu bewähren. Das Problem der Durchdringung der alten Welt mit dem neuen Geist durchzieht die gesamte Kirchengeschichte. Die Anerkennung der Realität darf nicht zur Rechtfertigung der (bösen) Realität führen, die neue Welt kann andererseits weder herbeigeredet, noch herbeigezwungen werden. Christen haben sich immer als Sauerteig verstanden in einer Welt, die um des Lebensrechtes aller Menschen willen einer grundlegenden Erneuerung bedarf. Der Apostel Paulus hat in seinem Brief an die Römer in Kapitel 13 eine höchst umstrittene und mißbräuchliche Anerkennung des staatlichen Gewaltmonopols zur Durchsetzung des Rechtes formuliert. Sie ist allerdings kein Freibrief für die Anwendung von Gewalt, sondern eine Eingrenzung staatlicher Gewalt zur Durchsetzung des Rechts. An diese Tradition schließt sich auch die spätere Konstruktion eines »gerechten« Krieges an. Dafür wurden schon sehr früh genaue Kriterien angelegt. Heute ist zu fragen, ob diese Kriterien den Mitteln des modernen Krieges noch in irgendeiner Weise gerecht werden können.

1963 schon formulierte Carl Friedrich von Weizsäcker: »Soweit unsere menschliche Voraussicht reicht, werden wir sagen müssen: ›Wir werden in einem Zustand leben, der den Namen Weltfriede verdient, oder wir werden nicht leben ...‹ Seit die Menschheit besteht, hat es, soweit wir wissen, den Weltfrieden nicht gegeben; etwas Beispielloses wird von uns verlangt. Die Geschichte der Menschheit lehrt, daß das bisher Beispiellose eines Tages verwirklicht ist. Dies geschieht nicht ohne außerordentliche Anstrengung; und wenn der Friede menschenwürdig sein soll, muß die Anstrengung moralisch sein.« Hat man den Krieg einmal »den Vater aller Dinge« bezeichnet, so wird der Krieg heute zum »Mörder aller Dinge«. Auch im gerechtesten Krieg geschieht grausigste Ungerechtigkeit, weil der Krieg selber barbarisiert, Menschen schuldlos zu Opfern macht, Rache für erlittenes Unrecht provoziert und an Unschuldigen exekutiert – nur weil sie zur Gegenseite gehören. So polarisiert der Krieg auch diejenigen, die sich zuvor keineswegs als Gegner sahen und empfanden. Der Krieg reaktiviert sämtliche Vorurteile von Menschen, schließt eine an sich differenzierte Gesellschaft durch gemeinsame Gegnerschaft, ja Feindschaft zusammen. Nationales Empfinden verdrängt jeden »menschlichen« Internationalismus. So wirft der Krieg immer wieder Menschen zurück auf den Nullpunkt des Brudermordes. Neandertaler mit Atomwaffen in Händen werden zur elementaren Bedrohung des Wunders des Lebens auf diesem einmaligen Planeten. Der Krieg macht fried-liebende Menschen schlacht-bereit und unterschiedslos abschlachtbar. Krieg wird zum legalisierten Mord. Er läßt im Rausch von Wehr und Gegenwehr zu, daß liebens-würdige Menschen-Gegenüber zu einer Feindnummer oder zu einem Punkt im elektronischen Fadenkreuz eines hypermodernen Jagdbombers werden. Was gegenwärtig am Golf tobt, kann wahrlich zur »Schlacht aller Schlachten« werden und das apokalyptische Szenario, das an der Wiege unserer Kultur im Mittelmeerraum und im Mittleren Osten entworfen wurde, auf grausigste Weise Realität werden lassen. Was als Strafaktion gegen einen machtgierigen Aggressor und skrupellosen Diktator begonnen hatte, könnte sich zum Anfang unseres Endes auswachsen. Friede wird erst sein, wenn Gerechtigkeit und Friede sich küssen und das Land seinen Ertrag bringt, von dem alle Menschen leben können (vgl. Psalm 85). Kriege haben durch die Zeiten hindurch ihr vergleichbares blutiges Ritual gefunden. Das kollektive »Nie wieder!« überdauert selten eine Generation. Die Gattung Mensch kann sich die Fortsetzung der Politik mit anderen Mitteln nicht mehr leisten. Dieser Krieg am Golf ist auch die Fortsetzung unserer Zivilisationsform mit seinen fortgeschrittensten Destruktionsmitteln. Der Krieg stinkt zum Himmel. Daß er begonnen werden mußte, war schon eine Niederlage. Wenn er nicht bald zu Ende kommt, könnte er einmal den Anfang unseres Endes bezeichnen, weil seine Folgen immer unabsehbarer werden. Wenn seine Ursachen nicht beseitigt werden, wird er nie aufhören. Zu diesen Ursachen gehört auch unser aller innerster Zustand. »In der Politik entfaltet sich nur so viel Humanität, wie wir in uns selbst verwirklichen.« (Horst Eberhard Richter)

WOCHENPOST
Nr. 13/1991

»Jagt ihn in die Wüste!«

Zum biblischen Hintergrund und aktuellen Bezug des »Sündenbocks«

Es gehört zu den ältesten menschlichen Ritualen, eigene Schuld dadurch loszuwerden, indem man sie einem anderen auflädt. »Sündenbock« ist das volkstümliche Wort für einen Vorgang, dessen Ursprung aus dem Jom Kippur, dem Versöhnungstag kommt, dem höchsten jüdischen Fest. Ein Bock wird geschlachtet und als Sündopfer geopfert, ein anderer (Ziegenbock) wird zu »Asael«, einem Wüstendämon, in die Wüste geschickt. So heißt es in Leviticus 16, Vers 21 ff.: »Dann soll Aaron, der Priester, seine beiden Hände auf dessen Kopf legen und über ihm bekennen alle Missetat der Kinder Israel und alle ihre Übertretungen, mit denen sie sich versündigt haben, und soll sie dem Bock auf den Kopf legen und durch einen Mann, der bereit ist, in die Wüste bringen lassen, daß also der Bock alle ihre Missetat auf sich nehme und in die Wildnis trage; und man lasse ihn in der Wüste.« Wohlgemerkt: In der Bibel wird kein Mensch zum Sündenbock gemacht. Man beachte auch: Zum Ritual gehört das offene und öffentliche Bekennen der Verschuldigungen und das Ablegen auf den Kopf des Tieres, das man seinem Schicksal dann überläßt. (Auch dies ist ein Herrschaftsritual: des Menschen über das Tier.) Für das ganze Volk Israel (und auch für die Fremdlinge!) soll dieses jährliche Versöhnungsfest ein Tag absoluter Ruhe, des Fastens und der Selbstbesinnung sein, ein Tag der Reinigung und des Neuanfangs.

Später haben die Christen als ihren Versöhnungstag den Karfreitag angesehen, bei dem einer als »Lamm Gottes« alle Schuld auf sich nahm. Jesus wurde als derjenige angesehen, von dem der Prophet Jesaja als »Gottes Knecht« sprach. (Vgl. Jesaja 53) Dort heißt es: »Fürwahr, er trug unsere Krankheit und lud auf sich unsere Schmerzen. Wir aber hielten ihn für den, der geplagt und von Gott geschlagen und gemartert wäre. Aber er ist um unserer Missetat willen verwundet und um unserer Sünde willen zerschlagen. Die Strafe liegt auf ihm, auf daß wir Frieden hätten, und durch seine Wunden sind wir geheilt. Wir gingen alle in die Irre wie Schafe, ein jeder sah auf seinen Weg. Aber der Herr warf unser aller Sünde auf ihn.« (Jesaja 53, Vers 4–6)

Dies also ist der christliche Hintergrund für das volkstümliche Wort »Sündenbock«. Die Strafe für die Versündigung liegt auf einem, der sie auf sich nimmt, damit wir Frieden hätten. Wir würden in unserer Sprache sagen: »Damit wir unseren Frieden, unsere Identität, unser Heilsein in aller Zerrissenheit wiederfänden.« Ein anderer nimmt etwas auf sich, damit alle frei werden. So leidet einer für alle, damit nicht alle für einen leiden.

Es gehört zu den Grund-Sätzen christlichen Glaubens, daß der *Eine* ein- für allemal zum Sündenbock schlechthin wurde, damit niemand mehr sich selber mit seiner Schuld herumquälen muß. Schuld kann benannt, bekannt, vergeben werden. Die Last kann abgeladen werden – bei Jesus, dem Versöhner und Friedensstifter. Das Ritual der Vergebung braucht kein Blutopfer mehr; es wird gefeiert im Teilen des Brotes und des Weines als Anteilnehmen am Sterben und Leben des »Lammes Gottes«. Deswegen heißt die Spendeformel: »Für dich – gebrochen – vergossen.« Dieses Ritual, das wir Eucharistie oder Abendmahl nennen, will auch davon entlasten, daß Menschen andere Menschen weiter zum Sündenbock und Schuttabladeplatz machen. Wie schwer dies wird, wenn es konkret wird, spüren wir in diesen Zeiten.*

Die Rede vom Sündenbock hat sich längst vom eigentlichen Ritual getrennt und ist zu einer Art »Projektionsmechanismus« geworden, mit dem Menschen sich von eigener Schuld zu entlasten versuchen. Eine eindrückliche Geschichte wird im Johannesevangelium, im 8. Kapitel, erzählt: Männer, gesetzestreu, liebeslüstern, werfen ihre Steine auf eine Frau, die das Gesetz brach, die Ehe brach, Liebe suchte – auf sie werfen sie ihre Lust-Scham-Gier-Steine. Sie, die selber Ertappten. Wer erinnert sich nicht an die Steinigung der stolzen, schönen, begehrten Griechin auf der Insel des Alexis Sorbas, die die lüsternen einheimischen Männer verschmäht und sich einem fremden Lieb-Haber hingibt?

Etwas abladen, einem andern aufladen, womit man selber nicht fertig wird, auf einen anderen schieben, was man selber sich nicht als eigenes Versagen einzugestehen wagt, das ist ein alter und immer wieder neuer Mechanismus, dem wir erliegen. Jahrhunderte hindurch mußten und müssen die Juden als Sündenböcke herhalten. Wenn es eine Seuche gab, das Wasser faul wurde im Brunnen, suchte man die Brunnenvergifter und sie waren stets zur Hand: Juden. Und Brunnenvergiftung, das war ein todeswürdiges

* Da war es konsequent, daß der Pfarrer in Lobetal den »Sündenbock« mit seiner Frau bei sich aufnahm, während viele andere wegen dieses Verhaltens aus der Kirche austraten. Wer da ausgetreten ist, gehörte meiner Meinung nach schon lange nicht mehr zur Kirche, sosehr mir die Empörung verständlich ist, daß der einst hohe Herr das Schicksal der armen Rentner »seines Paradieses« nicht teilen wollte.

Verbrechen. Wenn schon das Wasser tödlich war, sollten wenigstens Schuldige gefunden werden, die es vergiftet hatten. Ich vermute dahinter den Wunsch, das Unbegreifliche der tödlichen Seuche dadurch begreifbar, greifbar zu machen, daß man einen Schuldigen findet. Wer einen Schuldigen findet, ist erleichtert. Das Rätsel des Lebens, die Tragik des Lebens werden erträglicher. So werden auch Strukturen durch Personalisierung unangetastet gelassen, und man entbindet sich selbst von der Frage eigener Versäumnisse und eigener Mit-Schuld. So gesehen, gehört vielleicht die Suche nach einem allfälligen Sündenbock zum Seelenhaushalt der menschlichen Kreatur. Es scheint so wohl-tuend, andere schlechtzumachen; man wähnt sich gleich besser, jedenfalls fühlt man sich besser. Und jedes Gespräch über andere scheint das Gespräch über sich selbst zu ersparen. Das Hecheln über den anderen, den meist Abwesenden, vollzieht sich auf sehr unterschiedlichem intellektuellen Niveau. Auf höherem Niveau ist es keineswegs besser.

Die Religionen haben den Sündenbock in vielen Variationen aufgenommen und eine ausgeformte Ideenwelt mit Ritualen verbunden. Die Juden nahmen den Bock an den Hörnern, luden ihm alle Schuld auf, sprachen rituelle Gebete und jagten ihn in die Wüste, wo er dann umkam. Sie töteten ihn nicht, sie jagten ihn in die Wüste, daß er verdurste und verhungere an der Schuld, die ihm aufgeladen ist. Er weiß nicht, wie ihm geschieht. Ihm wird nicht die Gnade eines schnellen Todes zuteil, sondern er erleidet das Schicksal des Verjagten in der Wüste der Einsamkeit, in der Wüste des Verstoßenseins. Keiner kümmert sich um sein Schicksal. Schnell soll er vergessen werden und vergessen machen.

Wie viele Sündenböcke verenden heute in den Neubauwohnungen unserer ehemaligen Bonzen- und Stasiviertelstädte? Echte »Sünder« leben neben einfachen Sündenböcken. Allein die Opportunisten sind geradezu Meister bei der Jagd auf Sündenböcke, weil sie, nur sie, ihre eigene Entlastung bewirken können. Die Opportunisten selbst wollen immer nur Schlimmeres verhindert haben. Das ist ihr ständiger Refrain. Sie singen ihn, wenn sie befragt werden: »Wer oder was warst du?« Sie geben zwar zu, Schlimmes geduldet, vieles mitgemacht, manches mit schlechtem Gewissen durchgelassen oder getan zu haben, aber sie attestieren sich selbst, Schlimmeres verhindert zu haben. So haben sie nach eigenem Bekunden eigentlich Gutes getan. Ohne sie wäre es ja erst wirklich schlimm geworden. So verdanken wir offensichtlich den Opportunisten, daß wir überhaupt noch leben. (Wenn wir ihnen glauben.)

Opportunisten sind Scharfschützen bei der Jagd auf Sündenböcke, weil nur sie ihre eigene Entlastung bewirken können. Sie spielen das ewige Spiel der Kinder: »Ich war's nicht – der Peter war's!« Und schon haben wir den *schwarzen* Peter gefunden. Gerlach zum Beispiel heißt der Schwarze Peter, »dieser Wendehals«. Auch er machte den einen (menschlich nur allzu verständlichen) Fehler: er wollte seine politische Biographie im Sommer 1989 anfangen oder alles aus der Perspektive seiner Äußerungen vom Sommer 1989 beurteilt sehen, ohne sich und dem Publikum klarzumachen, daß er, als einer der herausragenden Mittäter im Block der SED, ein Gefangener gewesen war. Ja, er war Mittäter und Mitträger des Systems. Aber er war es auch, der im Sommer 1989 eine Rede zu Ossietzky hielt, mit der er andeutete, daß er nun auch bereit sei, Kopf und Kragen zu riskieren, da es *so* nicht weitergehen könne. Jetzt aber soll er aus seiner Partei als Schmutzfleck entfernt werden. Wer ist von den umgewendeten Liberalen denn kein Schmutz-

fleck, wenn er diesen Parteivorsitzenden solange mitgetragen und mitgewählt hat? Wer versucht sich da auf wessen Kosten zu entlasten, indem er einen Sündenbock in die Wüste des Vergessens jagen will?
Oder Honecker, dieser kleinliche Kleinwildjäger mit seiner einstmals so adrett zurechtgeputzten »Hexe der Pädagogik«, stolperte starrsinnig durch den Wald von Beelitz und verstand sein Volk und seine Genossen nicht mehr (Freunde hatte er wohl darunter keine). Honecker hatte schon lange nichts mehr verstanden; aber alle andern hatten ihn gehalten. Auch ich habe noch 1989 an ihn mit der Anrede: »Sehr geehrter Herr Staatsratsvorsitzender« geschrieben. Andere haben nicht geschrieben. Sie haben geschwiegen und mögen mir nun vorwerfen, daß ich mich höflich an den »Herrn Staatsratsvorsitzenden« gewandt habe. Am besten hat es jetzt wohl der, der geschwiegen hat. Von ihm finden sich keine Zitate, die man aktenkundig machen könnte. Im übrigen: »Honecker errichtete einen Stasistaat«. Hatte er nicht wenigstens einen Pförtner bei sich? Nun ist er in der Moskauer Wüste – oder verliert sich sein Weg in den Weiten Sibiriens?
Er ist schließlich verantwortlich für den Schießbefehl. Aber wer von uns hat denn für Chris Geffroy im Februar 1989 geschrien oder wenigstens geschrieben? Konnten wir nicht das Gesicht seiner Mutter sehen? Und wer hat denn noch zum 7. Oktober 1989, als die Drohung über uns stand, daß es nach den Jubelfeierlichkeiten die Lösung vom Platz des Himmlischen Friedens geben könnte, so reine Töne geblasen, so schöne Lieder getrillert? Reicht es da, einen empfangenen Orden samt wertlosem Geld nachträglich, gerade noch rechtzeitig, zurückzureichen? Wer einmal in diesen Kreisen gelebt hat, dem mag es als nichts Besonderes vorgekommen sein, roten Fürsten für

ein stattliches Salär ein wenig Kunst in den Hintern zu blasen ... Das Problem sehe ich jetzt lediglich in der unbarmherzigen Schärfe der Kritik und in den schrillen Tönen gegen die Oberen, in deren Höhle die so sauberen Trompetentöne erklangen.
Wer die Meinung vertritt, die DDR sei ein totaler »Stasistaat« gewesen, entlastet sich selbst, weil ja alles *so schlimm, so schlimm* war, daß er nichts tun oder sagen konnte, ohne ins Zuchthaus zu kommen. So wollen nun alle Opfer sein, die nur noch gerade dem Zuchthaus entkommen sind. Da ist es dann nur konsequent, daß man vielfach verleugnet und *alle* Probleme von heute projiziert auf die »alten roten Socken« und die »neuen alten Seilschaften«. Bis zum Überdruß kann man zu hören bekommen, worin schließlich auch Wahrheiten und Erfahrungen stecken. Nur wäre eine ehrliche Selbstprüfung nützlich. In der menschlichen Hackordnung finden wir uns selbst wieder als Hacker oder als Gehackter – oder als Hacker, weil wir selber gehackt wurden, als Tretende, weil wir getreten wurden, als Prügelnde, weil wir einmal Prügelknaben waren, als Schuttablader, weil wir einmal Schuttabladeplatz waren, als Menschen, die andere projizieren, weil sie selbst einmal Projektionswand in einer Feindbildideologie gewesen waren. In dieser Weise sind wir infiziert von einer Gesellschaft, die für ihre eigenen Mängel immer Sündenböcke suchte und fand und sie verschwinden ließ oder davonjagte. Helfen kann uns in dieser Situation nur ein Schuldbekenntnis mittätiger Reue und nicht eine Sündenbockprojektion. Helfen kann uns auch nicht eine Selbstentlastung durch eine Verstrickungstheorie, in der jeder behauptet, nicht anders gekonnt zu haben. Schuld kann nur vergeben werden, wenn sie auch wirklich benannt wurde und die Reue erkennbar wird. Die Behauptung einer Verstrickung führt

dazu, daß alles unterschiedslos wird, daß eine allgemeine Vernebelung stattfindet, daß die Suche nach weiteren Schuldigen weitergetrieben wird, ohne daß man selber offenlegen muß, wie sehr man selber mitverantwortlich war. Auch strafrechtliche Verantwortung von Befehlenden und Befehlsempfängern kann nicht durch das Argument allgemeiner Verstrickung abgetan werden. Das meiste bleibt indes strafrechtlich unerreichbar. Wer beispielsweise ist jetzt verantwortlich zu machen für die landschafts- und bodenvernichtende Agrarpolitik der DDR? Wenn es schon schlimm steht um dieses verrottet zurückgelassene Land, möchte man wenigstens einige büßen sehen, obwohl dadurch nichts rückholbar ist. Sündenböcke haben eine sozialpsychologische Entlastungsfunktion.

Daß auch der erste freigewählte Ministerpräsident der DDR ins Zwielicht geriet, macht die Durchsottung unseres Lebens mit dem Ungeist zerstörerischen Mißtrauens offenbar. Mehrere Minister im ersten Kabinett der freien DDR, voran der scham-loseste Opportunistenprofessor Steinberg und die Vorsitzenden der Neuparteien SPD und des Demokratischen Aufbruchs wurden in unterschiedlicher Weise der Stasizusammenarbeit überführt. Daß auch Freundeskreistragödien offenbar wurden, selbst einzelne Ärzte und Pfarrer, Schriftsteller und Künstler darin verwickelt waren, läßt erschrecken. Wohl dem, der niemals gefragt wurde. Wohl dem, dessen Freunde glaubwürdig blieben. Wohl dem, dessen persönliches Leben nicht aktenkundig wurde zwecks allfälliger Zerstörung. Wohl dem, der hier nicht gelebt hat und nun mit dem sauberen, spitzen Zeigefinger auf uns weisen kann!

Es kann nicht um die Einebnung unterschiedlicher Verantwortlichkeit gehen. Es muß das Versagen des einzelnen zur Sprache kommen, und es muß öffentlich werden, auch das

Versagen unserer Wissenschaftler, von denen sich jetzt mancher viel mehr um seinen Posten, als um sein Gewissen sorgt. Erst benannte Schuld kann gebannte Schuld sein. Und es mag auch die Erkenntnis des christlichen Menschenbildes wichtig bleiben, daß alle Menschen »des Ruhms ermangeln, es ist keiner, aber auch keiner, der sich selber rühmen oder freisprechen kann«. Erst wer dazu frei ist, seine konkrete Schuld einzugestehen und zu benennen, kann auch wirklich frei werden von dem Versuch, entschuldigen oder vertuschen zu wollen. Diese Freiheit aber kommt aus einer innersten Solidarität von Menschen, die schuldig werden konnten und schuldig werden können. Diese Freiheit kommt nicht aus der klaren Trennung von moralisch überlegenen und moralisch Unterlegenen.
Kein Mensch darf mehr zum Sündenbock gemacht werden. Jeder muß dazu frei werden, seine eigene Schuld benennen und bekennen, davon frei zu werden und neu anfangen zu können. Das und nur das ist der Sinn der christlichen Schuldentlastung durch Lossprechung. Wer sich nicht zu seiner Schuld stellen kann, wird immer wieder Sündenböcke suchen und Sündenböcke finden – er muß nur wissen, daß er selbst auch zum Sündenbock gemacht werden könnte. Das alte jüdische Ritual wollte nicht Leben zerstören, sondern neues Leben ermöglichen. Der Ursinn ist nicht die Projektion, sondern die Befreiung zur Wahrheit über sich und die Ent-Lastung durch Los-Sprechung.

Postskriptum: Passen wir miteinander auf, daß nun nicht Ausländer zu neuen wohlfeilen Sündenböcken werden. Alle Menschen sind Ausländer. Fast überall.

WOCHENPOST
Nr. 26/1991

Dein Feind ist ein Mensch!

Ihr habt gehört, daß gesagt ist: »Du sollst deinen Nächsten lieben und deinen Feind hassen.« Ich aber sage euch: Liebet eure Feinde; (segnet, die euch fluchen; tut wohl denen, die euch hassen;) bittet für die, so euch (beleidigen und) verfolgen, auf daß ihr Kinder seid eures Vaters im Himmel. Denn er läßt seine Sonne aufgehen über die Bösen und über die Guten und läßt regnen über Gerechte und Ungerechte. Denn wenn ihr liebet, die euch lieben, was werdet ihr für Lohn haben? Tun nicht dasselbe auch die Zöllner? Und wenn ihr nur zu euren Brüdern freundlich seid, was tut ihr Sonderliches? Tun nicht dasselbe auch die Heiden?
Darum sollt ihr vollkommen sein, gleichwie euer Vater im Himmel vollkommen ist.

(Matthäus 5, Vers 43–48)

Liebe Gemeinde,
Feindesliebe – eine fromme Floskel, eine unpraktikable Idee, vielleicht für Heilige, aber nicht für mich ... Unpopulär, unpraktisch, selbstmörderisch. Es gibt die Bösen und die Guten. Gut ist, wer zu mir und meiner Familie, Gruppe, Klasse, Nation, Religion gehört. Wenn wir keine Feinde hätten, müßten wir sie regelrecht erfinden! Was soll uns denn sonst Zusammenhalt geben als unsere Feinde? So jedenfalls organisiert sich in der Mehrzahl menschliches Zusammenleben.
Wie ging es Ihnen am letzten Donnerstag, 20.15 Uhr? Wir konnten den Herrn besichtigen, der wohl noch einmal die Herrschaft über uns antreten würde, wenn er

noch könnte! Noch vor acht Wochen sagte ich, daß ich nicht für einen Prozeß gegen den alten Mann bin. Er sollte einen ganz normalen DDR-typischen Altersheimplatz bekommen in einer Neubauwohnung, zum Beispiel in Marzahn, mit drei Zimmern. Darauf bekam ich Berge von empörten Briefen, besonders von Rentnern. Als sich nun vor zehn Tagen der alte verstockte Herr gar nicht als der bedauernswerte krebskranke Flüchtling entpuppte, wurde ich zornig, auch auf mich selbst. Ich sah seine flink herauskommende Zungenspitze, scharf gezogene und hinterhältig grinsende Lippen, mit dem belehrenden Ton eines Mannes, der alles richtig weiß. Ein Mann, immer noch seinen eigenen Lügen glaubend, den Lügen, die er allen verordnet hatte, und seine Frau Margot half ihm dabei ...

Ich saß allein vor meinem Fernseher. Da hatte er uns noch einmal alles gesagt. Ich war aufgewühlt, mußte mit jemandem reden können, und ging zu meinem Freund. Dieser war gerade von einer Elternversammlung zurückgekommen. Ich hatte mich über Vergangenes ereifert, ereifern lassen. Er aber hatte erlebt, was jetzt schief läuft, was jetzt unsere Kraft braucht, und er wollte sich nicht noch einmal hineinzerren lassen in die alten Gräben. Nachhutgefechte, sagte er, sinnlose. Was ist von dort zu erwarten? Ich hatte sinnlos psychische Energie verbraucht. Ich mußte ihm recht geben und ärgerte mich, daß ich das gesehen hatte.

Dennoch spüre ich, wie die böse Saat aufgeht, wuchert, uns vergiftet. Gegen die Herren von gestern richtet sich wieder ohnmächtige Wut. Sie haben uns das ganze Desaster beschert. Wir selbst waren – mehr oder weniger – Steigbügelhalter, gehorsame.

Vor zehn Jahren las ich in der Pionierzeitschrift TROMMEL:

Was nützt das Beten,
wenn man im Recht ist?
Den mußt du treten,
durch den du Knecht bist!

Das rächt sich jetzt an denen, die so etwas drucken ließen. Gestern erzählte mir Christin, die dreizehnjährige Tochter eben dieses Freundes, einen in der Schule aufgeschnappten Spottreim:

Wer reitet so spät durch Kraut und Rüben?
Das ist der Honi, der will nach drüben.
Er erreicht die Mauer mit Müh' und Not,
er trat auf 'ne Mine, bums, war er tot.

Für solch einen Spruch hätte man noch vor zwei Jahren zwölf Jahre Gefängnis bekommen können! Ja, am Grenzstreifen liegen noch 30 000 Minen ... Zwischen entlastendem Spaß und verachtendem Haß werden solche Sprüche gemacht, § 106 des Strafgesetzbuches gibt es glücklicherweise nicht mehr. Aber da liegen noch diese 30 000 Minen verborgen, bestimmt für die »Feinde«, deren Verbrechen darin bestand, anders und woanders leben zu wollen. Und da liegen außerdem noch Minen in uns: aus Verachtung, Vergeblichkeit, Angst, Haß. Wie ein böser Geist kam nun Honecker wieder aus dem politischen Grab. Wenn es nach ihm gegangen wäre, gäbe es die DDR noch. Nur war er – nach eigenen Angaben – von lauter Verrätern umgeben: zuerst von Schewardnadse und den Ungarn, dann von seinen Kampfgefährten, dann von dem Volk, das »Sprechchöre gemacht hat«. Wieder hat dieser Herr ein Feindbild und macht sich die Welt danach zurecht. Das alles hat uns infiziert. Und es ist ja auch bitter, zu hören, daß die Genossin H. in Halle wieder ein großes Tier bei der AOK ist. Ohnmächtige Wut wird wach. Rachegefühle kommen auf. Der Genosse S. von der Abteilung PUT, also Politische Untergrundtätigkeit, scharwenzelt nun auf dem Markt herum, etwas ängstlich, aber immer noch forschend dreinschauend, unverkennbare Stasikreatur. Der Genosse H. läuft wieder mit Uniform und Colt herum, fährt mit schwarzer Limousine. Er ist wieder wer! Rote Militaristen haben Kreide gefressen und halten pazifistische Reden für Wehrdienstverweigerer. Es ist schon nicht leicht, das alles zu ertragen. Viel Müll ist auch in uns, viel versteckte Wut. Und doch muß es nicht so sein. Ich staune über Menschen wie Václav Havel, Jirí Dienstbier und Alexander Dubček, die sich gegen ein Radikalengesetz gegen alle ehemaligen Kommunisten aussprechen, sie, die Opfer der kommunistischen Diktatur. Ich denke an Adam Michnik in Polen, der sich gegen eine neue Intellektuellen- und Rotenhatz ausspricht. Ich denke an den Ungarn György Konrád, der meint, daß wir alle miteinander einen Neuanfang wagen sollten. Ich denke an den mehrfach verhafteten und gepeinigten Lew Kopelew, der kein Antikommunist geworden ist. Wir hatten Reiner Kunze zu Besuch, den sein langes Leid geläutert hat. Er will keine Rache, er will nur, daß die angstmacherischen Machthaber von gestern nicht wieder Macht über Menschen bekommen, damit es nicht wieder Nacht wird.

Liebe Gemeinde, Jesus ermuntert zur Feindesliebe. Aber bei der Feindesliebe geht es nicht darum, plötzlich den berüchtigten Genossen K., den »Leiter Paß- und Meldewesen« jetzt zu lieben im Sinne einer emotionalen oder freundschaftlichen Beziehung. Es geht vielmehr um eine

Art Beschämung, die den anderen zur Einsicht bringt und nicht darin bestätigt, daß wir seine Feinde waren und bleiben. Es geht um den Versuch, Integration zu schaffen, den schwierigen Neuanfang zu suchen und nicht das alte Spiel von Freund und Feind zu wiederholen.

Was für ein Spiel war das, in dem wir und sie mitgespielt haben – oder wie fast alle sagen: mitspielen mußten? Das muß zur Sprache kommen. Wer hat die Spielregeln gemacht? Wer hat gemogelt? Wer hat rausgeschmissen? Wer hat das Spiel verdorben? Zudecken hilft nicht. Der Konflikt schwelt weiter. Wir sind es indes unseren Kindern schuldig, daß nicht neuer Haß geschürt wird, sondern ein Neuanfang in der Wahrheit gesucht wird, ein Neuanfang für beide, für den Gegner, der mir auch zum Feind werden konnte, und für mich. Entfeindung ist ein aktiver Prozeß, nicht ein ängstlich-faules Zudecken des Trennenden und Schmerzlichen, sondern der riskierte und riskante Versuch, im andern den Mitmenschen wiederzuentdecken. Nach der äußeren gewaltlosen Revolution haben wir die innerlich schwierige Aufgabe, mit vielen angestauten Aggressionen fertig zu werden. Es geht um Ent-Feindung der Gesellschaft. Sonst bringen wir uns innerlich und äußerlich wieder in eine Lage, in der schließlich wiederum nur Macht entscheidend würde.

Die Last, die wir miteinander in diesem verkommenen Land zu tragen haben, wird nicht leichter, wenn wir nur immer Schuldige suchen und ausfindig machen, um allen Frust, alle Spannungen, Widersprüche, Enttäuschungen bei ihnen abzuladen. Wir brauchen Frieden und Integration, wie wir Offenheit und Angstfreiheit brauchen. In den nächsten Monaten stehen wir vor zwei großen Bewährungsproben, die wir jetzt schon sehen können: Erstens wird das Stasiunterlagengesetz verabschiedet und bald

wirksam werden. Die Opfer werden Zugang zu den Akten bekommen. Sie werden die Klarnamen der Denunzianten erfahren. Wie werden wir damit fertig?
Zweitens wird die Arbeitslosigkeit wachsen, und damit wird ein aggressiver Stau einhergehen, während gleichzeitig Asylströme aus dem Osten und aus dem Süden dazukommen. Wird es zu Gewalt gegenüber Wehrlosen kommen? Wir werden das alles nur bestehen können, wenn wir aus tiefer, grenzüberschreitender Glaubenserkenntnis heraus mitzufühlen vermögen.
Jesus jedenfalls rechnet realistisch mit der Existenz von Feinden und mit Feindschaft zwischen Menschen. Ihn interessieren nicht die Gründe. Er zwingt uns auch nicht, Feinde oder Gegner zu Freunden zu erklären. Er will, daß wir sie als Mitmenschen sehen, denen Gottes Fürsorge auch gilt: Die Sonne geht über allen auf, ob das gerecht ist oder nicht. Es ist die allen geltende Barmherzigkeit und Fürsorge Gottes. Auch die Feinde brauchen wie wir selbst Zu-Wendung, nicht Ab-Wendung, um sich dann auch uns zuwenden zu können.
Feindesliebe bedeutet, anzuerkennen, daß auch die Feinde Kinder Gottes sind. Auch der Feind meint ja, im Recht zu sein. Wir fürchten uns voreinander. Wenn wir unsere Feinde dämonisieren, verunglimpfen oder mit dem absolut Bösen identifizieren, dann leugnen wir, daß auch sie in sich einen Funken Gottes haben. Wir können uns von unseren Feinden ebensowenig selbst erlösen wie von unserer Sünde, aber Gottes Gnade bietet uns an, uns von beidem zu retten. Wir behalten die Chance, uns zu verändern. So komme ich mir selbst auf die Schliche und nehme mich als gespaltenes und gefährdetes Wesen an. Die Wurzeln von Feindschaft und Gewalt liegen sehr tief in mir selbst. In jedem von uns gibt es so eine Art bewaffneten Aufseher, der

auch töten würde, wenn die Privilegien bedroht werden. In uns lebt so ein kleiner Sicherheitsbeamter, der am liebsten diejenigen strafen, einengen, ausgrenzen würde, die uns Böses angetan haben. In uns lebt gar ein Spitzel, der auch eigene Freunde und Angehörige verraten könnte, wenn es um die eigene Haut geht. Die Auseinandersetzung mit den Nachrichten dieser Tage bringt solche versteckten Emotionen mitunter ans Licht, wenn wir nur den Mut aufbringen, ehrlich zu uns selbst zu sein. Denken wir nur an unsere empörten Ausrufe bei bestimmten Meldungen, die nur entrüsten: »Den Kerl würde ich am liebsten erwürgen!« So kann es gar geschehen, daß wir in jemand anderen unbewußt unsere eigene Bosheit hineinprojizieren. Das andere System oder die andere, gegnerische Person, die wir »Feind« nennen, löst das Böse in uns aus, so wie eine Klaviersaite von einem durchdringenden Schrei in Vibrationen versetzt werden kann.

Wer in unserer Welt die Feindesliebe unpraktisch findet, der bedenke die praktischen Folgen des Feindeshasses. Feindesliebe beginnt mit der aktiven Entfeindung. Sie beginnt in uns selbst. Wir brauchen die Phantasie des Neuanfangs mit uns selbst. Neubeginn wird uns aus der Erfahrung geschenkt, daß Gottes Güte weiter reicht als unser Gut- oder Bösesein.

Es gelingt uns besser, den anderen in seiner Zerrissenheit anerkennen zu können.

Es geht schließlich um die Entgiftung unserer Beziehungen, nicht darum, Süßholz zu raspeln, sondern das Zerstörerische und Vernichtende aus einer gestörten Beziehung herauszulassen. Wenn uns das gelingt, dann können wir unsere Feinde ver*wundern*, statt sie zu ver*wunden*. Sie könnten sich wandeln, wenn wir die Beharrlichkeit, Geduld und Phantasie aufbringen, auch ihnen eine Wandlung zuzutrauen. Feindesliebe ist nicht Ausdruck von Schwächlichkeit, sondern Ausdruck einer Stärke, die nicht auf Sieg oder Niederlage aus ist.

Feindesliebe ist die schöpferische Unterbrechung eines destruktiven Zusammenhangs. Sie geht von der Grundmaxime aus: wie Gott mir, so ich dir! Feindesliebe heißt nichts anderes, als sich selber annehmen können als den potentiellen Feind des anderen. Zufällig nämlich wohne ich nicht gegenüber dem Asylantenheim in Hoyerswerda. Zufällig gehörte ich nicht zur serbischen Minderheit in Kroatien, zufällig bin ich kein serbischer oder kroatischer Soldat. Zufällig bin ich kein Palästinenser oder Israeli.

Wir lernen, den Schatten, der über uns liegt und der in uns ist, anzunehmen und zu überwinden durch erfahrene Liebe, die dann weitergegeben werden kann und soll. Sie ist nicht unsere Leistung, sie kommt aus Gnade.

Amen

Anmerkung: Durch einen Planungsfehler hatte ich erst am Sonnabend erfahren, daß ich am darauffolgenden Sonntag predigen sollte. Der Text war durch die Kirchenjahresordnung vorgegeben und nicht von mir ausgewählt worden.

Vier Tage nach dieser Predigt wurde ich im Zusammenhang mit den erhitzten Diskussionen um die Zukunft des Ehepaares Honecker von einer Boulevardzeitung angerufen. Diese druckte das Gespräch in einer verkürzten Form ab, machte das auf Seite 1 groß auf: »Honecker – Asyl in Wittenberg«. Über die Agenturen lief die Meldung, ich hätte mich bereit erklärt, das Ehepaar Honecker bei mir in der Wohnung aufzunehmen.

Predigt in der Stadtkirche zu
Wittenberg
am 20. Oktober 1991

Aufregung um ein Interview

EXPRESS. Halle. 25. Oktober 1991

Schorlemmer: Asyl in Wittenberg?

exp **Halle - EXPRESS fragte den Bürgerrechtler und Wittenberger Pfarrer Friedrich Schorlemmer, ob Erich Honecker bestraft werden soll.**

Schorlemmer: Natürlich müssen wir versuchen, ihn zur Verantwortung zu ziehen - schließlich war er der Erste Mann in einem Unrechts-Staat. Allerdings glaube ich kaum, daß er eine angemessene Strafe bekommen wird. Das Verfahren gegen Honecker wird die Grenzen des Rechtsstaats offensichtlich machen.

EXPRESS: Wie werden die Bürger reagieren, wenn Honecker nach Deutschland kommt?

Schorlemmer: Wenn er [illegible]t nach Deutschland [illegible]mmt, wird er den Zorn der Bürger zu spüren bekommen. Mit seinem Fernsehinterview hat Honecker die Volkswut nochmal richtig angestachelt: Jeder konnte sehen, daß es ihm gut geht, daß er noch genauso denkt wie früher und nichts bereut. Ich könnte mir durchaus vorstellen, daß zornige Bürger Anschläge auf Honecker verüben. *

EXPRESS: Würden Sie Honecker bei sich zu Hause aufnehmen, um ihn vor Gewalttaten zu schützen?

Schorlemmer: Ja. Ich müßte es tun, selbst wenn es mich sehr viel Kraft kosten würde. Auch wer sich schuldig gemacht hat, braucht Schutz und Hilfe.

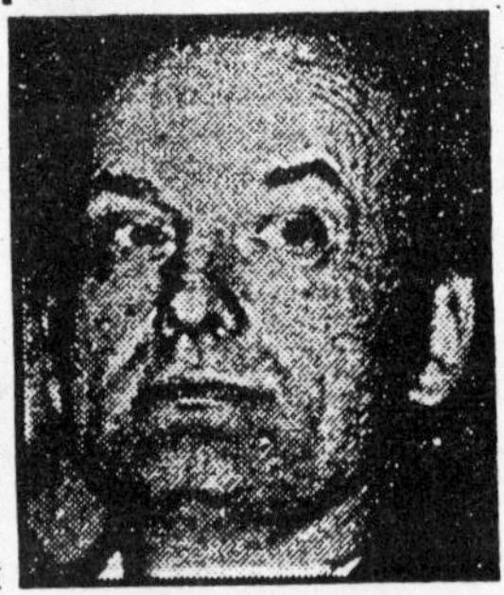

Pfarrer Friedrich Schorlemmer

* Folgenden Satz unterschlug der EXPRESS: »Erich Honecker muß nach seiner Rückkehr in staatlichen Gewahrsam genommen werden.«

Nicht eingeladen

Zu: Honecker-Asyl

Am Freitag, dem 25. Oktober, wurde ein gegen meinen ausdrücklichen Willen gekürztes Interview im »Express« abgedruckt. Daraus wurde eine Agenturmeldung gemacht, in der der Eindruck erweckt wird, ich sei bereit, das Ehepaar Honecker bei der Rückkehr »in mein Haus aufzunehmen«. Abgesehen davon, daß ich kein Haus habe, sondern selber auf der Suche nach einer Wohnung bin, habe ich keine spektakuläre Einladung mit Schutzversprechen ausgesprochen. Ich habe gesagt, daß Honecker wegen möglicher Gewaltübergriffe in staatlichen Gewahrsam genommen werden müsse, weil ich meinte, daß eine Privatperson das gar nicht leisten kann, aber auch Honecker im Rechtsstaat Anspruch auf Schutz der Person hat.

Auf eine abschließende Frage, ob ich ihn aufnehmen würde, um ihn vor Gewalttaten zu schützen, habe ich gesagt: »Ja, ich müßte es tun, selbst wenn es mich viel Kraft kosten würde.« Aus dem Konjunktiv wird in der Agenturmeldung ein Indikativ gemacht, der einer großsprecherischen Einladung gleichkommt.

Ich habe auf die Agenturmeldung hin viele empörte, verletzte und drohende Reaktionen bekommen. Auch Haß auf Honecker lud sich auf mich ab. Nach mehreren telefonischen Warnungen muß ich schon um mich selbst fürchten, bevor Honecker überhaupt nach Deutschland zurückgekommen ist.

So, wie ich jeden Bedrängten aufnehmen würde, wenn er vor meiner Tür stünde, würde ich aber auch, so gut ich kann, einem Honecker helfen, wenn die Volkswut ihn schlagen wollte. So, wie ich von der Stasi Verfolgte aufgenommen, sie beraten und ihnen geholfen habe, würde ich jedem Verfolgten zu helfen versuchen. Das ist Pflicht jedes Demokraten, zumal aber eines Christen.

Im übrigen ist die Frage praktisch gegenstandslos, weil Honecker bei seiner Rückkehr ein Haftbefehl erwartet.

Friedrich Schorlemmer

Gegendarstellung in der
Mitteldeutschen Zeitung,
4. November 1991

Deutschlandfunk-Interview
25. Oktober 1991

DF.: Der Wittenberger Pfarrer und Bürgerrechtler Friedrich Schorlemmer will das Ehepaar Honecker nach einer möglichen Rückkehr aus der UdSSR in seinem Haus aufnehmen.
So jedenfalls melden es die Nachrichtenagenturen.
Was dahintersteckt, das werden wir nun von ihm selbst erfahren.
Am Telefon Friedrich Schorlemmer:
Herr Schorlemmer, eine Einladung an Erich Honecker und Gattin Margot – und die von einem der schärfsten Kritiker des SED-Regimes – das paßt doch auf den ersten Blick gar nicht unter einen Hut.
S.: Es stimmt auch so nicht. Ich habe ihn nicht eingeladen. Wenn ich Ihnen folgendes dazu sagen kann:
Vor acht Wochen noch habe ich Mitleid gehabt mit dem alten kranken Mann, aber ich war dann auch entsetzt und wütend über den verstockten alten Herrn und seine gespenstische Argumentation, die wir im Fernsehen ertragen mußten.
Und dennoch sage ich, wenn er zurückkommt – und er muß zurückkommen, schon um der anderen Angeklagten willen –, aber wenn er zurückkommt, hat er Anspruch auf Fairneß. Ich bin der Meinung, daß er, um geschützt zu werden, in staatlichen Gewahrsam genommen werden muß. Aber, wenn er vor meiner Tür steht, ein Verfolgter und Geschlagener, und um Asyl bittet, dann kann ich ihm die Tür nicht verschließen, auch wenn er Erich Honecker heißt, auch wenn das meine eigene Kraft übersteigt. Aber ich habe ihn nicht eingeladen – ich überschätze meine Kräfte nicht.

DF.: Schutz – ja vor was? Vor staatlicher Verfolgung ja nicht.
S.: Nein, ich meine, daß der Rechtsstaat ihn vor unkontrollierter Gewalt schützen muß, das heißt, in Gewahrsam nehmen muß. Ich meine grundsätzlich: Jeder Demokrat, und ein Christenmensch zumal, muß gegen jede Form von Lynchjustiz auftreten, wie sie etwa auch an Asylsuchenden vollzogen wird. Der Staat muß dafür sorgen, daß Honecker nicht unberechenbarer Gewalt ausgesetzt ist. Ein einzelner wäre gegenwärtig wahrscheinlich völlig überfordert, ihn bei sich aufzunehmen.

DF.: Für wie wahrscheinlich halten Sie denn das, was Sie Lynchjustiz nennen?
S.: Ich bin mir gar nicht sicher, ob das die Leute sind, die sich jetzt auch so empören über mich, ob das nicht Maulhelden sind. Aber ich fürchte doch konkret um diesen Mann, wenn ich sehe, wieviel Gewalt auch gegen andere Schwache angewandt wird in der Gesellschaft. Ich glaube, er kann nicht allein durch die Stadt spazieren.
Aber, ich muß Ihnen sagen, ich habe mit der Volkswut auf Erich Honecker und die anderen alten Herren, die es uns ja gewiß nicht leicht machen mit ihren Memoiren, aber ich habe mit dieser Volkswut meine Schwierigkeiten. Ich denke, wer 40 Jahre lang zu 98 Prozent nicht den Mut hatte, in eine Wahlkabine zu gehen und was durchzustreichen, den nenne ich feige, wenn er nun den Mut aufbringt, den Mächtigen von damals, der nun ein Wehrloser ist, zu treten.

DF.: Herr Schorlemmer. Sie sprachen gerade über Empörung, die sich gegen Sie richtet. Gibt es denn schon konkrete Reaktionen auf diese Nachrichtenmeldung?
S.: Ja, natürlich. Auch im SPD-Büro ist angerufen worden,

was ich denn da wieder machen würde. Ich würde ganz und gar der SPD schaden, und so einen Verbrecher aufnehmen zu wollen – vielleicht auch noch nach Wittenberg –, wir bekämen also einen ganz schlechten Ruf in der Stadt. Ich habe schon vor mehreren Wochen, als ich mich für Barmherzigkeit gegenüber ihm ausgesprochen habe, Briefe bekommen, in denen man sagte, ich solle mich was schämen, wo ich denn gelebt hätte und was ich denn Gutes für diese Räuberbande einsetzen würde. Es ist da sehr viel Aggressionsfrust drin, der mich sehr unruhig macht über die innere Situation der Menschen in diesem Lande.

DF.: Die Aggression, die Sie ansprechen, ist die eigentlich nur gegen ehemalige Größen des SED-Regimes gerichtet, oder sehen Sie wachsende Aggressionen insgesamt in den fünf neuen Bundesländern, wie etwa der Stellvertretende SPD-Vorsitzende Wolfgang Thierse, der dies heute zur Kenntnis gegeben hat?
S.: Ich beobachte das ganz genau so und ich habe ganz große Angst. Wenn die soziale Unsicherheit zunimmt, also, wenn wir mit dem Problem der Arbeitslosigkeit nicht zurechtkommen, wenn es nicht bald eine erkennbare Zuversicht gibt, wird sehr viel Aggressionsstau da sein, der Opfer sucht. Ich habe Angst um unsere Demokratie.

DF.: Noch mal zurück zum Fall Honecker.
Sie scheinen kein großes Vertrauen in ein Gerichtsverfahren gegen Erich Honecker zu haben. Jedenfalls heißt es weiter in dieser Meldung, Sie seien der Meinung, das Verfahren gegen Honecker werde die Grenzen des Rechtsstaates offensichtlich machen. Welche Grenzen?
S.: Erich Honecker war der Repräsentant eines souveränen

und anerkannten Staates, und es wird sehr schwer sein, ihn für das anzuklagen, wofür er verantwortlich ist, nämlich für die völlige äußere und innere Zerrüttung dieses Gebietes hier. Man wird ihn anklagen, aber ich glaube, es wird wie das Hornberger Schießen ausgehen, und das, was viele im Volk erwarten, nämlich Entlastung zu erfahren durch einen Prozeß an ihm, das wird nicht eintreten. Und deswegen bin ich dafür, daß wir noch andere Formen der Aufarbeitung des Gesamtsystems versuchen und auch Verantwortlichkeiten feststellen. Mir geht es darum, daß die Wahrheit erst gesagt werden muß, ehe wir zur Versöhnung kommen. Aber das Ziel muß sein: nicht Rache, sondern Versöhnung.

DF.: Damit spielen Sie an auf ein Tribunal gegen ehemalige SED-Größen?
S.: Ja, ich kann nicht sagen »Tribunal gegen«. Ich meine, ein solches Tribunal – das Wort ist vielleicht auch unglücklich, wir haben noch kein besseres gefunden, vielleicht könnte man auch sagen »öffentliches Forum«. Hier geht es um die Aufarbeitung dieser 40 Jahre und darum, wie wir alle darin funktioniert haben und wer sich wie schuldig gemacht hat. Es geht darum, daß wir wieder ein Gefühl bekommen für Gut und Böse und dafür, welche Pflicht wir haben, dem geschriebenen Recht zu widersprechen, wenn es dem Menschenrecht widersteht.

DF.: Der Wittenberger Pfarrer und Bürgerrechtler Friedrich Schorlemmer, heute im Deutschlandfunk ...

Die Schrift an der Wand

Das »Menetekel« ist als Vorzeichen drohenden Unheils in unsere Umgangssprache eingegangen. Sein Ursinn ist dunkel-doppeldeutig. Es ist »die Schrift an der Wand«, die Schrecken auslöst, die aber zunächst keiner zu deuten versteht, zu deuten wagt.

»Gezählt, gewogen, zu leicht befunden«, ein Gerichtswort gegen einen übermütig gewordenen, vor nichts zurückschreckenden Herrscher – hineingeschrieben in eine Orgie mit tausend Mächtigen, diesen ewigen Speichelleckern der Macht, die auf den großen Empfängen rumlungern, sich wichtig tun, jedem dienstbar, der die Macht hat, wollen sie ihren Macht-Happen erhaschen. Dekoriert wird die Orgie von den feinen Damen und den vielen hübschen Biestern, den Geliebten, Nebenfrauen, Mätressen einer Herren-Welt. »Wie die Macht schmeckt« – mit dem alltäglichen Futter der Bestechung.

Der König, an der Stirnseite sitzend, mit dem Rücken zur Wand, übersieht alles, befehligt alles, prostet zu, läßt sich zuprosten, genießt die sympathieerheischenden Blicke seiner Untergebenen. Ein Szenario, bei dem durch die Jahrtausende hindurch nur die Kleidermoden wechseln.

Das Buch Daniel (im 2. Jh. v. Chr. geschrieben) nennt den König Belsazar, bezeichnet ihn als Sohn des berühmten babylonischen Eroberers König Nebukadnezar, der im 6. Jh. v. Chr. regierte, dabei auch Jerusalem erobert, den

Tempel schleift, ausraubt, die Oberschicht verschleppt, tausend Kilometer durch die Wüste, an die Wasser von Babylon, wo die Juden weinen und sich nach Jerusalem sehnen. Dort ist das erste große jüdische Ghetto (vgl. Psalm 137).

Das Danielbuch schildert keine Historie; es ist eine paradigmatische Geschichte, ein geschichtliches Lehrstück, mit Anspielungen auf Historisches. Ein Widerstands- und Hoffnungstext in aussichtsloser Zeit. Die Gewalt-Herrschaft steht auf tönernen Füßen, auch wenn sie (noch) Angst machen kann und macht. Anmaßung rächt sich, auch wenn sie (noch immer) Opfer kostet. (Gottes) Gerechtigkeit setzt sich durch, auch wenn Unterdrückung (schon wieder) triumphiert. Die Herrschenden sind austauschbar; die Opfer werden zu Zahlen, namenlos gemacht, und »namenlos« werden sie genannt. Hintersinn von Sprache. Zwischen-Spiele aufgeklärter Herren, diesmal aus dem Osten, aus Persien, Kyros heißt er, an den sich berechtigte Hoffnungen knüpfen auf Selbstbestimmungsrecht, Rückkehr der Deportierten, Truppenreduzierung, internationale Friedensordnung. Zwischenspiel der Hoffnung immer wieder, dann kommen ein Nero und Dschingis-Khan, ein August der Starke, Heinrich VIII., Iwan der Schreckliche, ein Idi Amin, Mobutu, Kadhafi, ein Pol Pot und Marcos, hier ein Kim Il-Sung, dort ein Park-Chung Hee. Teufelspakte hin und her, zwischen Hitler, Stalin, Franco. Das Spiel beginnt immer wieder neu, es finden sich immer wieder neu genügend Gäste an den Tafeln der hohen Herren. Während drinnen Wein fließt, fließt draußen Blut.

Alles überragend sind ihre Standbilder aufgestellt, aufgezählt ihre Taten, »aufgestellte« Jubelmassen wie Statuen auch; Ergebnis ist ein versteinertes Leben, abgewürgte

Kreativität, abgepreßtes Gewissen, angepaßte Gesichtslosigkeit. Schau-Spiele der ewigen Tragödien mit großen Namen, meistens mit kleinen Männern. Machtbesessen wie selbstwertunsicher erpressen sie ihre eigenen Freunde, bis sich ein Brutus findet, der alles *offen*legt oder ihn selbst umlegt. (Das reicht von Magdeburg über London bis Seoul.) Von einem Tag zum andern dann, ausgelöscht ihre gepriesenen Namen, unaussprechbar die Vergötterten dann, umgestürzt ihre Standbilder, abgehängt ihre Bilder, gestrichen ihre Zitate. Ihr Ewigkeitsdünkel zerstoben mit einem Hauch – weltenerschütternd bisweilen, schlagen sie ihre Türen hinter sich zu, »daß ganz Europa erzittert.«
Austauschbarer Belsazar. Geschichte aus über 400 Jahren Abstand, aus der Perspektive eines kleinen, immer neu gedemütigten, dann nach fast 2000 Jahren Leidensgeschichte auch demütigenden Volkes, wo es historisches Recht in Anspruch nimmt und Macht dazu hat. Die Erfahrung der Überlebensbedrohung prägt nachhaltig das Bewußtsein der durch die Geschichte ortlos Gejagten, verfemten, Zerstobenen, Verbrannten. Die Auslöschungsversuche haben Überlebenskraft mobilisiert.
Und der alte Streit ist bis heute nicht zu Ende: Vertrauen auf Waffen! Vertrauen plus Waffen! Vertrauen ohne Waffen! Waffen! – kein Vertrauen. Dieser Streit fängt immer wieder neu an und wird zur Frage nach der Friedensfähigkeit der Gattung.
Gehängt zwischen Verzweiflung und Hoffnung ist dieses Volk, das einen Holocaust überlebt hat. Die Unterdrückermacht überdauert bisweilen Generationen. Darüber sterben Generationen in Verzweiflung dahin. Aber die Hoffnung bleibt. Die Geschichte aber bleibt letztlich rätselhaft. Die Absicht ihres Gottes, des Unaussprechli-

chen, bleibt unerklärlich, wo doch jeder so gern glauben will an den Sinn der Geschichte, garantiert durch einen Heilsplan.
Da war es, da ist es, da bleibt es tröstlich, an das Menetekel zu erinnern, an die Vergänglichkeit der Mächtigen und der Macht, die sich so gern auf anderer Gnaden berufen – von Gottes Gnaden, von der Vorsehung bestimmt, von der Nation gerufen, zum Garanten des Fortschritts, Vollstrecker eines Geschichtsplanes gemacht, in dem Menschen in der Gegenwart zum Dünger für die Zukunft mißbraucht werden.
Im Bericht des Danielbuches geht es nicht nur um das Orakelwort »Menetekel«. Das Orakelwort hat sich verselbständigt, verdichtet zum Urteilsspruch über die Mächtigen überhaupt und zum Urteilsspruch über eine Welt, deren selbst-bestimmter Weg, deren Selbstüberhebung in ihrem Machtrausch über die anvertraute Welt in den Abgrund führt. Die christliche Sprache sagt dazu: Gericht.
Zurück also zum Kontext von Daniel, Kap. 5. Da nimmt das Fest seinen alkoholisierten Verlauf. Da werden dann in Babylon, dem sprich-wörtlichen Sünden-Babel, die kostbaren goldenen und silbernen Gefäße, geraubt aus dem Tempel von Jerusalem, geholt, damit die Angetrunkenen aus den Gefäßen trinken (nein: saufen), die einem unterjochten Volk heilig sind. Und dann tun sie in ihrem trunkenen Übermut noch eins drauf. Sie geben der Orgie einen kultischen Charakter, besingen ihre goldenen, silbernen, ehernen, eisernen, hölzernen und steinernen Götter, indem sie aus den heiligen Gefäßen eines fremden Volksstammes trinken, dessen besonderes religiöses Kennzeichen gerade seine Bilderlosigkeit, sein Bilderverbot ist. Das ist mehr als Raub; das ist Demütigung, die Verletzung dessen, was anderen wert und teuer, ja »heilig und unver-

letzlich« ist. Sie wissen, was sie tun. Es ging eben nicht nur um Unterjochung und Auslöschung anderer Völker, sondern auch um die gnadenlose Installierung der eigenen Religion, die als Machtideologie fungiert.

Da geschieht das Markerschütternd-Unerwartete: Über der getünchten Kalkwand des Königs, gleich hinter ihm, erscheint eine Hand, die Buchstaben an die Wand kritzelt. Der König verfärbt sich vor Angst. Er wird wie gelähmt, seine Beine zittern. (Undeutlich bleibt, ob es eine Folge des beginnenden Deliriums ist oder das Aufschrecken des Angstgewissens.) Ahnungen überkommen ihn – über sich selbst. Die Machtverlustahnungen der Mächtigen machen ihnen angst, und aus dieser Angst machen sie immer wieder Angst.

Was Belsazar nicht versteht, macht ihn um so mehr unruhig. Und da schreit er sofort, schreit, daß man die Weisen, Gelehrten und Wahrsager (also die Professoren, Schriftsachverständigen, Politikberater, Dolmetscher, Zukunftsforscher, Psychologen und Kriminologen) sofort hole und ihm sage und verständlich mache, was da an der Wand steht. Dem Befehl folgt die Verlockung. Wer die Schrift lesen kann, soll, wer er auch sei, in Purpur gekleidet werden, eine goldene Kette am Hals tragen und als Dritter im Königreich herrschen. Da kommen sie natürlich – alle Weisen und die sich dafür halten und versagen angesichts der Kürzel an der Wand. Wollen sie nicht verstehen, können sie nicht verstehen, erschreckt sie die Botschaft und haben sie Angst, daß der Bote für die Botschaft gestraft wird, der Seismograph für das Erdbeben, der finstere Prophet für seine Klarsicht? Sie sind doch nicht dumm. Oder aber sie sind doch alle verblendet, die der König um sich herum schart. Das Gesicht des Königs jedenfalls wird grün, blau, gelb, rot. Und auch die Großen am Hofe sind verwirrt. Da hört die Königinmutter von den Nöten des Königs und begibt sich in die Halle des Gelages. Sie erweist ihm Reverenz; sie will ihm seine Angst nehmen, denn sie kennt jemanden, der alles zu deuten versteht, weil ihn ein höherer Geist, Erkenntnis und Einsicht auszeichnen. Er vermag Träume zu deuten, verborgene Dinge ans Licht zu bringen und Rätsel zu lösen: Daniel. Er ist Angehöriger des ghettoisierten, aber so tüchtigen und klugen kleinen Volkes. Er wird vor den König geführt. Der König schmeichelt dem Herbeigeholten. Der Mächtige kratzt sich beim Ohnmächtigen ein, weil er Angst hat um seine Macht. Erleuchtung, Einsicht, Weisheit, Klugheit habe er im überragenden Maße, sagt der König. Er sei besser als alle Weisen und Zauberer und Kenner und Berater – sie alle hätten keine Erklärung für die Schrift an der Wand gefunden. Der Schmeichelrede folgt die Lockung: wenn er in der Lage sei, die Schrift zu lesen und Deutung kundzutun, so soll er als Dritter im Königreich, also nach dem König und der Königinmutter, herrschen. Darauf die Antwort des Gebundenen, der sich seine Freiheit nicht nehmen läßt: »Deine Geschenke behalte. Deine Gaben gib einem andern. Aber zur Deutung bin ich bereit.« Dann führt er dem herrschenden König die Machttaten und die Selbstüberhebung seines Vaters Nebukadnezar vor Augen, vor dem die Völker zitterten und bebten, und der schließlich verrückt wurde, in der Wüste lebte, mit Wildeseln zusammen hauste und Gras fraß wie Rinder, bis der einst mächtige König – und hier beginnt das Selbstbewußtsein des kleines jüdischen Volkes – Jahwe-Gott anerkannte, in dessen Hand alle menschliche Herrschaft ruht und der auf den Thron heben kann, *wen* er will und der fallen lassen kann, *wann* er will. Daniel reklamiert gegen alle menschliche Herrschaft die verborgen wirkende Herrschaft seines

Gottes. Dies nun wendet er auf Belsazar an, der – in ähnlicher Weise, wie sein Vater – meint, frei, rücksichtslos herrschen zu können. So scheut er sich eben nicht, die Gefäße aus dem Jerusalemer Tempel zu mißbrauchen, also in den Dreck zu treten, was anderen heilig ist. (Ein Sakrileg nennt man das.) Und dieser Gott nun, sagt Daniel, habe die Hand gesandt, die Schrift geschrieben, und sie heiße: »Mene, mene, tekel u-parsin.« Die Deutung fügt er hinzu. »Mene«: gezählt hat Gott dein Königtum und macht ihm ein Ende. »Tekel«: gewogen wurdest du auf der Waage und zu leicht befunden. »Parsin«: geteilt wird dein Reich den Medern und Persern übergeben. (An der Wand waren wahrscheinlich nur die Konsonanten M T P erschienen, auf die Punktierung, die fehlende, aber verschiedenartig mögliche Vokalisation kommt es an. Die Konsonanten können gedeutet werden als die in den Steuerlisten auftauchenden Zahlwerte Mine, Schekel und Halbschekel. Daniel löst die Abbreviatur auf und deutet dann aber die Substantive als Verben und interpretiert das Orakelwort als Geschichtswort. Dunkler Sinn. Gefährlicher Sinn. Mehrfachsinn. Es geht wohl auch um Geldwertstabilität, um die grassierende Geldabwertung bei Erhalt der großen weltweiten Militärmacht, die hochverschuldet in sich zusammenbrechen wird ...)
Der Ausgang ist offen. Einer sagt dem König ins Gesicht, was ihn noch mehr erschrecken muß, was er womöglich längst geahnt hat: seine Tage sind gezählt. Was aber wird aus dem Deuter? Belsazar gibt den Befehl, daß ihm die goldene Kette (merke: die goldene Kette) um den Hals gelegt, er in Purpur gekleidet wird (Kleider machen Leute!) und als Dritter im Reiche herrschen soll. Bestechung des Wahr-Sagers? Nie ausgeschlossen. Aber in der gleichen Nacht stirbt er – nein: er wird getötet.

Menetekel – die Schrift an der Wand. Eine Geschichte mit einem Ende ohne Ende. Geldstücke von abnehmendem Wert = Macht von abnehmendem Wert. Zufällige Geschichtswahrheit als ewige Vernunftswahrheit? (Lessing) Welches sind die Schriften an der Wand, die wir sehen und hören können, aber nicht verstehen und deuten wollen und doch in Angst vor ihnen schlottern? Es sind die Kassandrarufe über einer Welt, die zwei Drittel der Welt in Hunger läßt. Meteorologen, Klimatologen, Ökologen, Ökonomen, Politiker starren auf das Ozonloch. Die große Freiheit in Europa, der große Gewinn des Nordens wird im Süden bezahlt. Traumatisch die Vorstellung, wir würden zur Festung Europa, die heranstürmende Menschenmassen töten müßte.

Sie kämen aus Hunger, aus keinem anderen Grund als aus Hunger. Das Menetekel über der Welt des Nordens, der seine Probleme nicht nur in den Süden exportiert, sondern den Süden buchstäblich auslaugt, unter der Schuldenlast zusammenbrechen läßt, an Waffengeschäften verdient, korrupte Oberschichten stützt ...

Menetekel Golfkrieg. Krieg wird wieder führbar. Knapp an der Katastrophe vorbei, brennen jetzt die Ölquellen in Kuwait. Sie sind kaum noch eine Schlagzeile wert, und wenn schon im Himalajagebirge der Schnee sich schwarz färbt ... die Siegesparaden in New York, London und nun auch noch in Paris zum Staatsfeiertag lassen Regierung und Volk sich nicht nehmen – die wieder gequälten Menschen in Kuwait, die Millionen kurdischen Flüchtlinge sind weit weg.

Tschernobyl: Menetekel eines Fehlweges der Energieerzeugung. Apokalyptische Kinderzeichnungen aus Dowsk, 200 km nördlich von Tschernobyl, gehen unter die Haut. Das bulgarische Kernkraftwerk, liest man, ist tausendmal

mehr GAU-gefährdet als Greifswald. Was wird mit den andern 400 Atomkraftwerken?
Menetekel abgeholzte Regenwälder – der Sauerstoff kann uns ausgehen – und die Wüsten wachsen. »Die Wüste wächst. Weh dem, der Wüsten birgt« – schrieb einst Nietzsche, vorahnend, daß die äußeren mit den inneren Wüsten wachsen und umgekehrt.
Menetekel noch und noch: wieder aufbrechende Nationalismen im Haus Europa, durchrostende Chemiefässer in Holzweißig, verseuchte Armeeareale bei Roßlau. Überschwemmungskatastrophen wechseln mit Dürreperioden. Der dramatische Verlust genetischer Vielfalt wird zur Saat des Hungers. Es scheint, wir könnten nun auch wählen zwischen drei Kürzeln, die jeder sehen und deuten, aber keiner lesen möchte. Zwischen WV, WV und WV: Weltvernichtung, Weltvergiftung und Weltverhungern.
Vielleicht ist es noch nicht zu spät. Es reicht aber nicht, die Menetekel zu sehen und auf den Um-Lern-Erfolg von Katastrophen zu warten. Es reicht nicht das Deutenkönnen der Zeichen. Es geht darum, neue Zeichen zu setzen für eine Umkehr. Oder sollte die Theorie des Exterminismus letztlich zur menschheitlichen Praxis werden? Die Menetekel sind nachlesbar für jeden, der lesen kann. Sie haben sich in Buchtiteln verdichtet, wie »Grenzen des Wachstums«, »Menschheit am Wendepunkt«, »Haben oder Sein«, »Risiko-Gesellschaft«, »So laßt uns denn ein Apfelbäumchen pflanzen«.
Falls der Suppentopf überhaupt reicht, werden unsere Enkel die vergiftete Suppe auslöffeln, die wir ihnen eingebrockt haben. Sie können uns verfluchen – oder sie werden genauso weitermachen wie wir, bis zum bitteren Ende, zu Wasser, zu Lande und in der Luft …
Alle diese Menetekel sind Urteile über menschliche An-

maßung, die »Verfügungsmacht über ...« als höchsten Wert ansieht. Wo aus Welt nicht Mitwelt, aus Mensch nicht Mitmensch, aus ausländischem Bürger nicht Mitbürger, aus Leid nicht Mitleid, aus Schuldzuweisung nicht Erkenntnis der Mitschuld wird, werden die Tage der Menschheit gezählt sein. Die Menetekel zu lesen, macht schlottern. Deshalb sind so viele geradezu süchtig nach guten, positiven Nachrichten. Gegen die »Miesmacher« bitten, betteln sie um »Mutmacher«.

Wer dunkle Wolken als Sonnenschein ausgibt, wird bald im Regen stehen. Wer beim Sonnenschein aber immerfort über dunkle Wolken lamentiert, verpaßt auch noch die Glücksmomente ermutigender Augen-Blicke. Das Menetekel über der Welt hält nur aus, wer Freude am Leben sich nicht völlig vergällen läßt und wer die Hoffnung nicht aufgibt, daß das vernunftbegabte Wesen schließlich doch seiner Vernunft traut und Überlebenskräfte mobilisieren kann – durch Selbstbegrenzung.

WOCHENPOST
Nr. 34/1991

Glück ist Hilfe

Gedanken zu Jesaja 40, Vers 1–31

Wer tröstet? Wer hilft? Wer ver-tröstet nicht? Wer kann wirklich helfen?
In die Ausweglosigkeit und Trostlosigkeit des wüsten Lebens im Ghetto des babylonischen Exils hinein hört einer die Stimme Gottes, die erbarmende, heraushelfende und aufrichtende Stimme Gottes. Wer ist da, zu hören? Wer ist da, zu glauben? Wer ist da, zu hoffen – wider den Augenschein, sich aufzurichten unter dem übermächtigen Druck? Wer befreit das Volk aus der äußersten Knechtschaft und der innersten Depressivität?

Diesen großen Text empfehle ich zu lesen, laut zu lesen, wieder und wieder zu lesen – und er wird den Lesenden zum Hörenden machen, er wird ihn hineinholen in die Dramatik eines geschichtlichen Augenblicks, der vorüber ist und der noch ganz gegenwärtig ist, der ihn hineinholt in seine eigene Rat- und Ausweglosigkeit. Die Worte werden ihn ein-holen, werden ihn tragen und sammeln. Zweifel, Erfahrungen der Vergeblichkeit und Vergänglichkeit werden nicht ausgelassen, sondern aufgenommen.
Nach 40 Jahren Knechtschaft und Teilung leben wir Deutschen wieder in einem Land; aber wir haben noch viele, viele Trümmer aufzuarbeiten, die Trümmer unserer verfallenen Städte und die Trümmer in unseren Seelen. Vor

uns liegt noch ein langer und steiniger Weg, und wir wünschen uns, daß freundlich mit uns geredet wird, so freundlich, daß wir uns aufrichten und in eine gute gemeinsame Zukunft gehen können.
In vielem fühlen wir uns völlig überfordert. So hören gerade wir diese Worte, als seien wir ein Schwamm, der das Wasser aufsaugt. »Er gibt dem Müden Kraft und Stärke genug dem Unvermögenden.« Wir sind in der Tat müde und fühlen uns »unvermögend« – im doppelten Sinne, und diese Müdigkeit und dieses Unvermögen werden uns von den Kraftvollen und Vermögenden häufig auch noch vorgehalten.
»Die auf den Herren harren, kriegen neue Kraft, daß sie auffahren mit Flügeln wie Adler, daß sie laufen und nicht matt werden, daß sie wandeln und nicht müde werden.«
Wer auf der Autobahntrasse von Halle-Neustadt, diesem abschreckenden Betonwüstenlabyrinth, kommend nach Halle einfährt, läßt links unter sich die wunderschöne Sankt-Moritz-Kirche liegen und rechts die zur Ruine gewordene Kirche des großen August Hermann Francke, des Vaters der Waisenkinder, des Sozialreformers, der die Herzensinnigkeit des Glaubens mit der praktischen Hilfe, das Bitten um Gnade mit dem Bitten ums Geld für die Bedürftigen, das grenzenlose Gottvertrauen mit der sorgsamen Planung einer großen Sozialeinrichtung verband. Dieser August Hermann Francke hat das Elend seines Volkes angesehen und Zweifel und Widerstände aus dem Weg geräumt und das große Sozialbiotop der Franckeschen Stiftungen errichtet. Nun ist seine Kirche zur Ruine geworden. Seit drei Jahren versucht dort unermüdlich eine Initiative der Georgenkirchgemeinde diese Ruine wieder zu einer Kirche und gleichzeitig zu einem Kommunikationszentrum aufzubauen, in dem die Verlorenen und

Waisen und Geschlagenen und Gedemütigten und Entwurzelten ein Zuhause finden sollen. Bisher konnten sie die Ruine sichern und viele Helfer gewinnen und sich den Optimismus erhalten.
Wer auf der ebenen Betontrasse wenige hundert Meter weiter fährt und sich einen Rest von Mitgefühl bewahrt hat, der erschrickt angesichts des jammervollen Zustandes der »Franckeschen Stiftungen«. Sie sind geradezu ein Symbol für Verfall und Resignation, für die Verbrechen der Nachlässigkeit gegenüber einer Tradition, die dazu da war, Leben zu erhalten und Leben zu stiften. Am Hauptgebäude sieht er das letzte Gold der Sonne abblättern, unter der eben dieser Spruch als Wahlspruch August Hermann Franckes steht »... daß sie auffahren mit Flügeln wie Adler.« Hier wurde das Wort »Ruinen schaffen ohne Waffen« exekutiert. So jammervoll wie diese einst gerühmten Stiftungen sieht es wirklich in unserem Land und in unseren Seelen aus. Was dem Leben dienen sollte, wurde dem Verfall preisgegeben. Was hier geschehen ist, ist weder einmalig in der Welt noch in der Geschichte. Welt wurde zur Wüste gemacht. Aber hier gibt es (anders als in unserem Text) schon eine »ebene Bahn« mitten durch eine Stadt, die aufgrund einer verfehlten Politik zur Wüste geworden ist.

Was nützt das Jammern?
Redet freundlich mit Halle und Luanda, redet freundlich mit Soweto und Seoul, mit Moskau und Santiago, mit Bukarest und Beirut und immer wieder mit Jerusalem, der Zerteilten, der Umstrittenen, der Wunderbaren. Sagt: »Die Knechtschaft hat ein Ende: der Hunger, die Diktatur, die Menschenverachtung, die Korruption, die Macht der Geheimdienste und der Mafia.« Die Knechtschaft ist

zu Ende und die Schuld ist vergeben. Menschen können und sollen miteinander neu anfangen. Gott ruft zum Trost und sucht Menschen, die das Volk trösten. Er ist eine Stimme für die Verstummenden. Er ist eine Stimme, die nicht überhört werden soll. Und dies in der Wüste. Im Gestrüpp der Schwierigkeiten angesichts der unüberwindlichen Berge innerer und äußerer Vor- und Nacharbeit. Der Weg aus der Knechtschaft führt nicht an der Wüste vorbei, sondern durch die Wüste hindurch. Im Unwegsamen wird ein Weg gebaut. Nicht das Beschwören der Tiefe der Talsohle führt weiter. Ein Weg durch die Talsohle – die Abgründe werden zugeschüttet und die unüberwindlich scheinenden Berge abgetragen. Gott ist nicht abstrakt ein Gott der Hoffnung, sondern ein Wegbereiter, der auf der Suche ist nach Wegbereitern. Er ist ein Rufer auf der Suche nach Menschen, die rufen. Er ist ein Tröster auf der Suche nach Menschen, die trösten. Und da kommt gleich die Stimme, die resigniert fragt: »Was soll ich sagen angesichts der unüberwindlich scheinenden Kluft zwischen betrüblicher Wirklichkeit und sehnlicher Hoffnung?« Die erste Antwort ist: Alles vergeht. Es ist die Botschaft der Anerkenntnis der Realität. Das Gras verdorrt, die Blume verwelkt – so vergeht auch der Mensch. Dem aber fügt der Prediger im Auftrage des Gottes des Lebens hinzu: »Aber das Wort unseres Gottes bleibt ewiglich.« Es ist das »Aber« Gottes, das kleine, das große »Aber« gegen die Verzweiflung mitten in aller Vergänglichkeit.
Zion wird zur Freudenbotin und erhebt die Stimme, weil die Furcht vorüber ist. Die Furcht aber ist vorüber, weil Zion nicht allein ist, sondern vor sich sieht, wirklich sieht, den Gott, der sich der Menschen annimmt, wie ein Hirte sich seiner Schafe annimmt.

Sofort erhebt sich die Stimme des Zweifels. Wo ist dieser Gott angesichts der Realität des Todes, der Macht der Diktatoren und der Gewalt der selbsternannten Götter? Wer ist Gott? Wie ist sein Tun erkennbar? Was kann das kleine Volk gegen die Großmächte? Was kann der bildlose Gott gegen die Götzen der Macht? Was vermag schon das Wort gegen das Geld? Mit rhetorischer Ironie antwortet der Prophet und weist auf den Rat-Schluß Gottes: Wißt ihr denn nicht, hört ihr denn nicht, habt ihr nicht gelernt, nichts gelernt? Schaut euch diese wunderschöne große Welt an, die euch bergen kann, die allmächtig und ewig erscheinende Fürsten der Vergänglichkeit überantwortet. Die sich heute so erheben, sind morgen vergessen, und ihre Spur ist gelöscht. Die Spur Stalins, die Spur Ceauşescus, die Spur Idi Amins, die Spur von Marcos. Und immer wieder erheben sie sich – genau in dem Moment, wo das Volk anfängt zu zweifeln an der Macht Gottes, unterwirft es sich dem Mächtigen.
Dieses Vertrauenslied aber ruft auf, zu hören, zu sehen und zu erleben das wunderbare Geheimnis des Lebens, das Gott selbst ist. Es ist das Harren, das Warten mit aller inneren Kraft darauf, daß man Kraft kriegt. Gott, das ist die Kraft, die dem Müden zuteil wird. Der »Gottesbeweis« ist die Erfahrung der Menschen, die unablässig hoffen, die aufstehen, wenn sie fallen, die singen, wenn sie am Weinen sind, die sich aufrichten, wenn sie niedergedrückt werden, die die Nähe Gottes erfahren, wenn sie ganz allein sind, die ihren Namen hören, wenn sie namenlos gemacht werden, die seinen Namen preisen, wenn die Herrscher verlangen, daß ihre Namen gepriesen werden. Der Gottesglaube führt in den Urgrund des Vertrauens, so wie ein Lamm sich birgt im Gewand eines guten Schäfers. Zum Erlebnis der Vergänglichkeit und der Vergeb-

lichkeit gehört gleichzeitig die Vergänglichkeit der Herren, die beanspruchen, ewig zu herrschen.

Es gibt einen Weg durch die Wüste.
Es gibt einen Trost in der Trostlosigkeit.
Es gibt einen Gott in der Gottesfinsternis.

Erschienen in: Ernst Lippold
und Arnulf Vagades (Hrsg.):
Große Texte der Bibel.
Stuttgart, 1991

IV.
Um der Zukunft willen sich der Vergangenheit stellen

Kirche im real existierenden Stasiismus

Die immer mißverständliche Formel »Kirche im Sozialismus« wurde seit 1970 entwickelt. Neben dem äußeren Druck des Staates zur Trennung von den westlichen Kirchen und der drohenden Verhinderung jeglicher Zusammenarbeit stand nach der Bildung des Bundes der evangelischen Kirchen eine grundsätzliche Überlegung hinter der Entwicklung dieser Formel. Die Kirche in der DDR mußte sagen, was das Spezifische ihres Auftrages unter den Bedingungen der »sich entwickelnden sozialistischen Gesellschaft« (wie sie sich selber bezeichnete) sei. Wir wollten Kirche sein unter den besonderen Bedingungen der DDR-Gesellschaft, nicht *neben* dieser Gesellschaft, auch nicht *gegen* diese Gesellschaft. Andererseits wollten wir auch nicht Kirche *des* Sozialismus sein. Es wäre ein Mißverständnis, wenn man diese Formel als Kirche des Sozialismus verstünde. Dies war damals keineswegs gemeint und einige maßgebliche Theologen, die die Formel mitgeprägt und stets als eine Spannungsformel interpretiert haben, sind über allen Zweifel erhaben, wie Bischof Werner Krusche oder Propst Heino Falke. Wenn wir berücksichtigen, daß Sozialismus und Kirche nie »real existieren«, sondern Zielbegriffe sind, die miteinander in Spannung und Kooperation stehen, dann kommen wir dem Sinn dieser schillernden Formel schon näher.
Es findet eine merkwürdige Verschiebung statt, wenn in

diesen Wochen die Kirche in besonderer Weise aufgefordert wird, ihre Vergangenheit zu bewältigen, denn sie ist – zumal die evangelische Kirche – in diesen Jahren der vielleicht einzige institutionelle und auch mehr und mehr anerkannte Gesprächspartner geworden, der sich für die Interessen der Bürger, die kein anderes Sprachrohr fanden, eingesetzt hat. Dabei sind an herausragender Stelle unsere Bischöfe und Konsistorialpräsident Stolpe zu nennen, die häufig zu Briefträgern der Beschwerden der Bürger wurden, ob sie Christen waren oder nicht. Ich meine nicht, daß wir uns nicht kritisch unserer Vergangenheit stellen müßten. Aber gegenwärtig habe ich den Eindruck, daß die Kirche von allen Seiten aufgefordert wird, sie solle nun *in besonderer Weise* ihre Vergangenheit aufarbeiten. Ich will das nicht abweisen – aber ich möchte nur die Prioritäten festgehalten haben. Gleichzeitig ist es natürlich richtig, daß aufgearbeitet werden muß, was beispielsweise ein Bischof Gienke noch 1989 Unsägliches angerichtet hat im Zusammenhang mit der Einweihung des Domes in Greifswald, und was durch einzelne kirchliche Persönlichkeiten an Undeutlichkeit – um es vorsichtig zu sagen – passiert ist, zumal von der Diakonie und der Institution, wie die CFK, die sich durch Wohlverhalten bestimmte Vorteile für ihre Institutionen erhofften und verschafften.
Als Betroffener möchte ich aber unter dem Strich sagen, daß ich in der Kirche wirklich Schutz und Solidarität, auch von den Kirchenoberen, erfahren habe. Das dürfte jetzt nicht weggeklittert werden.
Wer sich in diesem Lande irgendwie engagiert hat, ist natürlich in gewisser Weise Partei. Wir Pfarrer und Seelsorger haben uns immer bemüht, in Konflikten beiden Seiten gerecht zu werden. Man wirft uns heute vor, daß wir versucht hätten, auch die staatlichen Vertreter zu verstehen

und Gemeinsamkeiten unserer Ziele zu suchen und zu benennen. Dies war häufig eine Voraussetzung für konkrete Verbesserungen, daß wir sie angehört haben und sie uns angehört haben, daß wir deren Motive und Handlungsweisen versuchten zu verstehen, wie diese es umgekehrt versuchten. Dabei kam es dann hin und wieder zu bloßem Schlagabtausch und ein Schlagabtausch führte dann niemals zu konkreten Veränderungen im Sinne der betroffenen und bedrängten Menschen. Oft hat die Kirche dann auch versucht, Gemeindemitgliedern etwas aus diesen Gesprächen weiterzuvermitteln und auch den Gruppen die staatliche Sicht mit einem gewissen Verständnis weiterzuvermitteln, zum Beispiel die panische Angst vor Destabilisierung. Das war in der Tat ein Balanceakt, den man »aus heutiger Sicht« auch kritisch beurteilen vermag. Aber nur der, der gehandelt hat, konnte auch schuldig werden. Es gibt heute viele, die geschwiegen haben. Sie nehmen ihr tapferes Schweigen jetzt als Beweis ihrer weißen Weste. Das finde ich schäbig. Was die Aufarbeitung anlangt, stehen wir gegenwärtig wieder vor der Aufgabe, Vermittler zu sein, nämlich zwischen denen, die undifferenzierte Rachegelüste haben und wollen, daß alles, was früher war, einfach weggefegt wird, und auf der anderen Seite denen, die heute schon wieder – auf andere Weise – Opfer der Macht und der Mächtigen werden. Wenn wir im Geiste Jesu handeln wollen, müssen wir Wahrheit und Versöhnung zusammenbringen. Das war damals unsere Aufgabe. Das ist jetzt wieder unsere Aufgabe. Darum kommen wir in gute und böse Gerüchte, damals wie heute.

Wenn man anfängt, Konsistorialpräsident Stolpe ins Schußfeld zu rücken, kann ich das nur als Teil einer Kampagne werten. Wenn denn schon Gerüchte ausreichen, um gedruckt zu werden: »Etwa die halbe evangelische Kir-

che könnte auffliegen ...« Ich weiß nicht, welches Interesse dahintersteht. Sollen wir Ostdeutschen noch zusätzlich – wir, die wir schon so verunsichert sind! – noch zusätzlich verunsichert werden? Bis man eigentlich niemandem mehr trauen oder glauben kann?
Die Vermutung einer regelrechten Kampagne, die ich eigentlich im Sommer noch nicht glauben wollte, als es sich gegen unsere Schriftsteller richtete, wie Christa Wolf und Stefan Heym – da dachte ich: »Na, so kann man darüber eigentlich nicht reden.« Aber ich denke jetzt: Es gibt Interessen, daß von uns hier nichts bleiben soll, daß wir nichts, aber auch gar nichts einzubringen haben, weder ökonomisch, noch wissenschaftlich-kulturell, noch menschlich. Ich habe den Eindruck, daß hier die Sieger mit Besiegten umgehen und nicht ertragen können, daß unter den Besiegten Menschen sind, die das Haupt heben können. Ich will nicht unangemessen verallgemeinern; das betrifft natürlich nicht die Gesamtheit der Bürger der Bundesrepublik – wir erleben hier auch viel Freundschaft und Partnerschaft. Das ist nicht in Abrede zu stellen.

Sollten wir die Akten der Stasi öffnen oder das Ganze durch den Reißwolf jagen?

Ich denke, alles, was wir machen – so oder so – wird falsch sein. Wir sitzen in der Stasifalle. Was wir nicht dulden dürften ist, daß der Stasikrake jetzt noch einmal über uns herrscht, daß etwa die Stasileute mit ihrem Wissen noch längere Zeit nach ihrem Belieben die Puppen tanzen lassen können. Dabei liefe es darauf hinaus, daß die Erpreßten, auch die mit schlimmen psychischem Druck erpreßten Leute, sich rechtfertigen müssen und nicht die Erpresser, die Schnüffler, Verleumder. Diese Herren haben ja nur »ihre Ehrenpflicht« getan, nach den Anweisungen von

Herrn Mielke gehandelt, in der Zentrale, in den Bezirksbehörden, in den Kreisbehörden. Ich habe das noch im Herbst '89 gegen mich erlebt. Ich weiß aus Schicksalen vieler Menschen, auf welche Weise die Stasi die Schwächen von Menschen ausgenutzt hat. Und wenn jetzt so etwas öffentlich wird, ohne Zusammenhänge herzustellen, dann hat das in der Tat eine so vergiftende Wirkung, daß ich dahin neige, zu sagen: »Weg mit diesen Dossiers!« Einen Schlußstrich machen und sagen: »Jeder muß jetzt neu anfangen dürfen, sonst erringt die Stasi noch einen späten Sieg über uns«. Die andere Stimme in mir sagt: »Nein, es muß Gerechtigkeit her!« Doch Gerechtigkeit stellen *wir* nicht mehr her, weil das Gemisch von Wahrheit und Unwahrheit, das die Stasi produziert hat, von uns letztendlich nicht mehr endgültig zu klären ist. Viele haben eine sehr komplizierte Gratwanderung versucht, viele waren durch verschiedene erspähte Dinge von der Stasi erpreßbar. Nach meiner persönlichen Kenntnis der Person Lothar de Maizières gehe ich bis zum Beweis des Gegenteils nicht davon aus, daß er zu Lasten von Menschen Informationen an die Stasi weitergegeben hat.
Man wird demnächst gewiß auch noch den Rechtsanwalt Wolfgang Vogel anklagen. Er hatte bestimmt Kontakte zur Stasi. Was aber wäre für viele hundert Menschen geschehen, wenn wir Herrn Vogel und sein Büro nicht gehabt hätten?
Was wir nun mit den Akten auch machen, es ist falsch. Wir werden Gerechtigkeit nicht herstellen können. Ich plädiere bei der Güterabwägung mehr für die Vernichtung und Neuanfang, sosehr ich beim Lesen der Dokumente in »Deckname Lyrik« von Reiner Kunze empört bin und den Eindruck habe, der Leibhaftige sei hier direkt am Werke gewesen. Nur dürfen wir dem Teufel nicht erlau-

ben, jetzt noch zehn Jahre sein unkontrolliertes, noch kontrollierendes Werk an uns zu tun.
Manche haben es gewagt und mußten es wagen, sogar mit Stasileuten zu reden, um sich für Bedrängte einzusetzen. Unser Bischof Demke hat vor unserer Synode erklärt: »Manchmal konnte man den betreffenden Menschen gegen die Stasi nur noch mit der Stasi helfen.« Ich kann aus eigener Erfahrung sagen, wie Bischof Demke sich eingesetzt hat, ist aller Ehren wert.
Es könnte sein, daß irgendeiner seiner Gesprächspartner für irgendeine Summe es irgendwann einmal für opportun hält, Bischof Demke der Mitarbeit bei der Stasi zu bezichtigen. Und dann werden diese Stasileute die ehrenwerten Leute werden. Das werden die Zeugen sein gegen die Opfer. Das ist eine Verkehrung! Die Täter werden zu Zeugen gegen die Opfer! Auf der anderen Seite sind Disketten über alle Stasimitarbeiter vorhanden. Ich halte es für die junge Demokratie bei uns, aber auch in unserem vereinten Deutschland für unablässig, daß alle, die da hauptamtlich mitgewirkt haben, nirgendwo einen Beruf bekommen, in dem sie irgendeine Macht über Menschen haben, also nirgendwo eine Leitungsposition bekommen. Aber sind sie nicht längst in der Wirtschaft untergekrochen? Auch jeder, der hier Schuldirektor war, sollte die nächsten fünf Jahre nicht mehr Schuldirektor sein – jeder. Sie sind aber 1990 in »offener Wahl« zum großen Teil wiedergewählt worden. Das muß generell geklärt werden, weil man im Einzelfall schlecht unterscheiden und »aussortieren« kann. Direktoren waren von der SED handverlesen; sie waren in besonderer Weise dazu auserkoren, möglichst viele Jungs für die »Friedensarmee« zu verdingen. Viele Schüler wurden zudem sehr früh für die Stasi geworben. Es gab ein ausgemachtes Komplott zwischen

Volksbildung, Partei, Stasi und Armee. Darüber redet keiner mehr, sondern nur noch über die Vermittlungstätigkeit von Anwälten und Pfarrern. Ich finde, da werden die Gewichte sträflich verschoben. Ich erwarte von den (westlichen) Medien, daß sie sich dieser Zusammenhänge annehmen. Aber das ist nicht so sensationell, nicht so kitzlig, nicht so einschaltquotenträchtig ...

Wenn jemand von uns Kontakt zu Staatsorganen hatte, also wenn zum Beispiel mich jemand vom Staatssekretariat besucht hat, dann habe ich entweder einen zweiten Kollegen dazugenommen oder ich habe jeweils einen meiner Kollegen, in diesem Falle den Propst, informiert über Kontakte. Das war zwar kein Kontakt zur Stasi. Ich wußte aber, daß Staatsvertreter jeweils weitermeldeten, was wir beredet hatten. Das wollte ich auch. Sie kamen offiziell und korrekt angemeldet als Vertreter des Staatssekretariats zu mir. Ich habe ihnen einige politische Einschätzungen gegeben, die ich dann später auf der Synode selber öffentlich gemacht habe. Ich habe versucht, Klartext zu reden, und wollte auch verstanden werden. Sie sollten sich keine Illusionen machen und sollten ganz klar von mir direkt wissen, wie ich denke. Ich habe aber nie etwas darüber gesagt, was andere denken. Ich meine, die Grenze ist da, wo Menschen Einschätzungen über andere abgegeben haben und wo sie Kontakte, die sie sogar zur Stasi hatten, keinem anderen mehr mitgeteilt haben, das heißt also, etwas auf eigene Faust getan haben. Das ist für mich eine Grenze.

Für mich begann die systematische Bespitzelung 1962 mit Beginn des Studiums. In meinem Studienjahr haben 25 angefangen. Davon waren fünf bei der Stasi, von zweien wußten wir es sehr früh. Drei andere haben wir erst sehr spät enttarnt. Sogar einer meiner näheren Studienfreunde war

dabei. Mit ihm hatte ich mich oft über die Stasiaktivitäten gegen mich unterhalten. Einige waren gekaufte Leute, die man zum Theologiestudium abgeordnet hat.
Darüber hinaus hat man Schwachstellen oder Erpressungsmöglichkeiten bei Menschen gesucht. Man hat es sich was kosten lassen, das rauszukriegen. Es konnten sogar Delikte der eigenen Kinder sein, wobei man anbot: Wenn Sie mit uns zusammenarbeiten, dann muß dies nicht weiter strafrechtlich verfolgt werden. Und wieviel davon betroffen sind, mag ich nicht beurteilen. Ich möchte mir auch nicht überlegen, wer alles dabeigewesen sein könnte. Ich rechne mit einem Prozentsatz von Stasimitarbeitern pro Studienjahr von etwa 25 Prozent. Ich rechne auch damit, daß die Stasi in jedem Pfarrkonvent ein bis zwei Leute sitzen hatte. Als Studentenpfarrer habe ich erlebt, daß man in jedem neuen Studienjahr versuchte, jemand einzuschleusen. Immer, wenn sich kein Student bei mir meldete, daß er von der Stasi zur Mitarbeit aufgefordert worden war, dann ahnte ich, daß wieder einer dabei war. Aber ich habe trotzdem möglichst frei mit allen kommuniziert. Die ganze Gesellschaft war stasidurchsottet. Trotzdem sind wir immer nach dem Prinzip verfahren, daß Vertrauen vor Kontrolle geht. Das möchte ich jetzt im Blick auf meine Kollegen, Schwestern und Brüder in der Kirche weiter gelten lassen, sonst kommt es zu einer unerträglichen Vergiftung und Vorverurteilung. Lieber falle ich zehnmal rein, als daß ich einen zu Unrecht verdächtige.
Hier am Predigerseminar haben wir ausführliche Seminare über alle Facetten des Problems gemacht. So dicht, ernst und konkret haben wir selten Theologie betrieben. Auf den Synoden haben wir uns sehr ernsthaft damit beschäftigt, mit sehr bewegenden und ehrlichen Gesprä-

chen. Einzelne haben sich zu erkennen gegeben, in welcher Weise sie zusammengearbeitet haben. Ich weiß aber gleichzeitig, daß es noch immer Menschen gibt, die den Mut nicht finden, sich anzuvertrauen und frei zu werden, nicht einmal vor Vertrauensausschüssen. Das ist deprimierend.

Die Kirche sollte niemals zu einer Institution werden, in der man »zudeckt«. Sie sollte nicht zu einer Institution werden, die etwas vertuscht, schon gar nicht im eigenen Interesse. Aber sie sollte gleichzeitig nicht zu einer umgekehrten Stasi werden. Das heißt, daß alles so geschehen muß, daß beim Aufdecken Menschen wieder neu leben können. Die Wahrheit muß raus, dann aber muß jedem die Möglichkeit gegeben werden, wieder zu leben. Er darf nicht ins Eckfeld der Aussichtslosigkeit gezwängt werden, in dem er sich erhängen kann oder in unsäglichen Rechtfertigungszwängen verharrt. Wir müssen Anwalt der Menschlichkeit sein, und das können wir nur, wenn wir jedem, auch dem Schuldigen, die Möglichkeit zum Leben in der Gemeinschaft wiedereröffnen. Deshalb müssen wir uns so verhalten, daß jeder einzelne die innere Freiheit gewinnt, die Wahrheit zu sagen. Alles andere würde nur die Beteiligung an einem Rachebedürfnis sein. Dabei würde nicht mehr differenziert. Das fände ich schlimm. Das Schuldbekenntnis an jedem Sonntag darf nicht nur eine Formel sein. Jeder muß von sich selber sagen: »Ich habe auch nicht genug getan.« Erst 1989 bin ich zum Beispiel »aufs Ganze gegangen«. Unser Wittenberger Gemeindekreis hat 1988 in 20 Thesen grundlegende gesellschaftliche Erneuerung eingefordert. Die Zeit war reif. Es gab für mich in der DDR keinen Ort außerhalb des Gefängnisses mehr, den ich moralisch verantworten konnte. Insofern mußte nun auch alles gesagt werden.

In den letzten 15 Jahren hat die Kirche meine Freunde und mich nicht fallengelassen, auch wenn manche mich als »Reaktionär« isolieren wollten. Zweimal hat die Stasi Predigtverbot erwirkt. Die Kirche hat sich darauf eingelassen. Ich habe es akzeptiert, knirschend, aber ich habe es akzeptiert, weil ich wußte, daß Kompromisse weitere Arbeitsmöglichkeit bedeuteten.

Wer die Gratwanderung damals gegangen und nicht gefallen ist, sollte nun auch nicht in den Abgrund gestoßen werden. Wer damals nicht gestolpert ist, sollte nun nicht gestürzt, sondern von denen gestützt werden, die damals Hilfe in Anspruch nahmen.

Aus einem Interview
mit RADIO BRANDENBURG
vom 22. Dezember 1990

Mit Stasimethoden gegen die Stasi?

Die Austreibung des Teufels mit Beelzebub?

Die »sozialistische Schule« mit ihrer Mischung aus Inkompetenz und Gesinnungsterror unter Führung der engstirnigen Stalinistin Margot Honecker oder unter Anleitung des Betonkopftypen par excellence Gerhard Neuner hat maßgeblichen Anteil an der Zerrüttung der DDR und am Scheitern eines Sozialismus, der es als konterrevolutionär ansah, wenn man einen »Sozialismus mit menschlichem Angesicht« wollte. Indes sind auch freundlichere Sätze über Schulen und Lehrer möglich, weil eben längst nicht alles so heiß gegessen wurde, wie es in den Ideologieküchen gekocht wurde. Es gab Lehrer, die waren Partner der Schüler. Es gab Sozialisten, die an die Stelle starrer Parteilichkeit Dialogoffenheit zu setzen wagten. Es gab die Förderung von wenig Begabten und Lehrmittelfreiheit. Aber das Prinzip der Schule als einer Ideologieanstalt der SED mit stasiistisch-militaristisch-dogmatischen Geschwülsten war von Grund auf falsch und in der Wirkung kreativitäts- und kommunikationstötend. Das Produkt war im wesentlichen der angepaßte und nicht der kritische Staatsbürger. Das wirkt sich jetzt massenhaft mit umgekehrtem Vorzeichen aus, und wir erleben eine Restauration, die sich das Heil mit umgekehrten Vorzeichen verspricht. Es ist nun richtig und wichtig, daß wir unsere Schulen gründlich erneuern. Unerläßlich ist es, daß jegliche Zusammenarbeit mit der Stasi zu einer Entlassung aus dem Lehrerberuf führt. Auch der rote Militarismus und seine Erpressungsmethoden sollen ebenso der Vergangenheit angehören, wie die Direktoren, die sich hier besonders »verdient« gemacht haben, besser andere Berufe ergreifen sollten. Insofern ist eine gründliche Auswahl der Lehrer (wie auch der Kindergärtnerinnen oder der Richter und Hochschullehrer) erforderlich. Die inoffiziellen Mitarbeiter müssen in besonderer Weise daraufhin geprüft werden, worauf sich ihre Mitarbeit gründete und was sie anderen angetan haben. Aus spezieller Kenntnis des Schicksals einzelner Inoffizieller Mitarbeiter würde ich auch hier kein generelles Urteil fällen, würde aber im Zweifelsfall gegen das sonstige juristische Prinzip sprechen: gegen den Inoffiziellen Mitarbeiter.

Aber der Fragebogen, den die Lehrer in Sachsen-Anhalt jetzt auszufüllen haben, erinnert mich in fataler Weise an den Stasistaat, den wir überwunden haben. Solche Fragebögen mußte man nicht einmal früher ausfüllen. Wer gibt oder wer nimmt sich eigentlich das Recht, andere so zu befragen? Wer von den 16 Millionen Bürgern der ehemaligen DDR darf so des Nachbarn und Kollegen Richter sein wollen? Oder sollen die »Richter«, die die Gnade hatten, weiter westlich geboren zu sein, über uns rechten nach dem Prinzip des Rasenmähers, dem jeder Halm gleich wert ist, abgeschnitten zu werden, nur weil in diesem Gras einige kräftige Disteln sind? Ich bin auch dafür, daß die Disteln ausgestochen werden und daß einige, die sich über die anderen so hoch erhoben und unsere Seelen und Körper zerstört haben, nicht wieder Macht über Menschen gewinnen. Aber die Art der Fragebögen führt mich in eine innere Solidarität mit denen, die ich wahrlich nicht geschätzt habe. Ich bin so radikal gewesen, zu sagen, daß 60 Prozent der Lehrer an unseren Schulen nicht ohne weiteres in der Lage sind, in einer demokratischen Schule Lehrer zu sein. Aber das heißt nicht, daß umgekehrt alle Lehrer in der sogenannten Alt-Bundesrepublik besser wären. Und das spricht auch nicht gegen die Lernfähigkeit der Lehrer, die Liebe zu den Kindern und zum Sachgegenstand verbinden mit der Verantwortung für das Gemeinwesen.

Wenn es im Fragebogen etwa heißt: »Als Bewerber für eine Funktionsstelle/ein Lehramt im Lande Sachsen-Anhalt erkläre ich meine Zustimmung zur Abfrage, Nutzung und Einsichtnahme für alle Vorgänge und Daten über meine Person in den Unterlagen

- der Zentralen Erfassungsstelle der Landesjustizverwaltung in Salzgitter
- Archiven des früheren Ministeriums für Staatssicherheit/Amt für Nationale Sicherheit.«

Was heißt hier Abfrage, Nutzung und Einsichtnahme für alle Vorgänge und Daten? Wer nutzt und wer nimmt Einsicht zu welchem Ziel in den Archiven dieses menschenverachtenden Abhör- und Erpressungsapparates? Die Stasi gibt es nicht mehr, aber nun könnte sie noch einmal zu herrschen anfangen.

Wie ungerecht ist dies angesichts der vielen tausend frei herumlaufenden ehemaligen Stasimitarbeiter, angesichts der besonders scharfen Chefs der Bezirksleitungen der SED wie Werner Walde, Gerhard Müller und Hans-Joachim Böhme. Da wird im Lande noch darüber diskutiert, ob dem Herrn Böhme überhaupt ein Prozeß gemacht wird. Er sollte eine Rente bekommen wie eine Verkäuferin! Was er – wie andere – verschuldet hat an ökonomischen und ökologischen, psychischen und politischen Altlasten, ist gar nicht mehr abzutragen. Wir brauchen aber jetzt jeden, der engagiert mithelfen will, diese Last zu tragen und schrittweise abzutragen.

Ich finde es indes unerträglich, wenn Lehrer in diesem Lande Fragebögen ausfüllen müssen, in denen sie minutiös Auskünfte geben müssen unter der Überschrift »Selbstauskunft« – wo sie vor dem 9. November 1989 welche Position hatten, wann sie wo was gesagt haben. Was ist das für eine Gesinnungsschnüffelei! Es fehlt nur noch die Frage, ob sie »Ostkontakte« gehabt hätten, oder müßte man vielleicht besser fragen, ob sie freundschaftlichen Kontakt zu Menschen aus der Sowjetunion hatten ...

Ich schäme mich als einer, der diesen Umbruch und diese Revolution von Herzen gewollt hat und nun sehen muß, was andere daraus zu machen versuchen. Ich hoffe, daß sich Lehrer dieser Art von Fragebögen widersetzen. Ja, ich bitte gar diejenigen, die sich selber durch Unauffälligkeit nichts vorzuwerfen haben, daß sie sich mit denjenigen verbünden, die zum großen Heer der kleinen Mitläufer gehörten oder die ehrliche Sozialisten waren, denen zu spät die Augen aufgingen. Im übrigen finde ich es richtig, daß kein einziger der ehemaligen Schuldirektoren in einer dazu noch offenen Wahl sich an seiner eigenen Schule wieder bewerben sollte. Sonst laufen subkutan dieselben Herrschaftsverhältnisse ab, und die neuen alten Direktoren sind in der Gefahr, durch ihre Erpreßbarkeit sich besonders anpassungsfähig-staatskonform zu verhalten.

Es ist bei allem, was wir jetzt noch aufzuarbeiten haben, soviel juristisch nicht erreichbare Schuld dabei! Wir ehemaligen DDR-Deutschen sollten in dieser schwierigen psychosozialen und sozialpolitischen Übergangssituation nun nicht noch Steine aufeinander werfen, sondern miteinander die Steinbrocken auf unserem Wege wegräumen. Und wer daran ehrlich und engagiert mittut, sollte nicht weggestoßen werden. Das Wesen der demokratischen Revolution in der ehemaligen DDR war ihre beiderseitige Ge-

waltlosigkeit, wozu gehörte, daß keine der beiden Seiten die vorbereiteten Internierungslager füllte. Von »Reinigungen und Säuberungen« haben wir abgesehen und sollten dies auch weiter tun. Es ist nicht leicht, mit einer verfilzten und oft undurchsichtigen Situation zu leben. Aber es ist gut, wenn wir den schwierigen Weg des gemeinsamen Miteinander in die Zukunft so gehen, daß wir nicht dem anderen seine Vergangenheit vorwerfen. Ich erinnere an Brechts Gedicht »Schlechte Zeiten«, in dem es heißt:
»Das Haus ist gebaut aus den Steinen, die vorhanden waren.
Der Umsturz wurde gemacht mit Umstürzlern, die vorhanden waren.
Das Bild wurde gemalt mit den Farben, die vorhanden waren ...
Gearbeitet wurde mit den Kräften, der Weisheit und dem Mut, die zur Verfügung standen.«

Wir sind doch nicht dumm!

Elbe-Elster-Rundschau
25. März 1991

Ich schwöre »unbedingten Gehorsam«

Gegen das Vergessen – zur Erinnerung an den Tag der Nationalen Volksarmee

Ich habe noch einen Taschenkalender für 1991, in dem der 1. März als Tag der Nationalen Volksarmee noch erwähnt wird: ein gedruckter Anachronismus. Die Zeit ist darüber hinweggegangen. An diesem Tag feierten sie sich, die Soldaten in der »revolutionären Tradition der Arbeiterklasse«, und sie taten es mit preußisch-zackigem Schritt, mausgrauen Uniformen und mit roter Ideologie. Sie gefielen sich in ihrem Tamtam. Dieser Tag war Anlaß, wieder und wieder Offiziere zu befördern. Am Tag der Staatssicherheit sah man im übrigen korpulente uniformierte Herren, Tschekisten an der unsichtbaren Front präsentierten sich in prächtigen Uniformen – erste Seite des NEUEN DEUTSCHLAND. Dieser Spuk ist vorüber, aber der Spuk des Militärischen in der Welt ist längst nicht vorüber.

Der Nationalen Volksarmee blieb es erspart, ihre Waffen gegen die eigenen Bürger, gegen die eigenen Söhne und Geschwister einzusetzen. Zur Ehre mancher Kommandeure sei erwähnt, daß sie dazu ebensowenig bereit waren, wie Angehörige der Kampfgruppen im Oktober 1989 ihren Einsatz verweigerten. Im letzten Moment traten sie aus dem zusammenbrechenden Kartenhaus der Lüge aus.

An der »Kampfbahn des Friedens« entlanggehend, kommen mir Erinnerungen an die Tausendschaften der Kampfgruppen, den Totengräbern eines ansehnlichen Sozialismus, die am 1. Mai 1988, dem Kampftag der Werktätigen, die ganze Stadt umstellt hatten. Das war ein Fest! Erst zum Schluß der Demonstration zogen sie an der Tribüne der örtlichen Staats- und Parteiführung zusammen und gaben sich gegenseitig ein Gefühl der Macht. (Wo sind sie nur alle geblieben?) Die Sicherheitsorgane waren scharfgemacht worden gegen vermutete Störer, die wie im Januar 1988 in Berlin staatsfeindliche Rosa-Luxemburg-Zitate vorzeigen und die »Macht der Arbeiterklasse« verunglimpfen könnten. Daß sie nicht kamen, wurde als Sieg der Wachsamkeit gefeiert – gefährliche Lächerlichkeit mit Schnaps begossen.

Wollte jemand »seinen Wehrdienst in den Baueinheiten ableisten«, so wurde er im Wehrkreiskommando sogleich nach den Hintermännern gefragt. (So mancher Jugendliche lernte mich dort kennen und besuchte mich danach, um Rat zu holen. Und mein Rat wurde in meiner Wohnung gleich auf Tonband mitgeschnitten.) Dieser Staat ist daran zugrunde gegangen, daß er auf die Macht der Argumente stets nur mit dem Argument der Macht reagierte. Und wir Bürger haben uns gebeugt. Wir wollten schließlich leben, wußten wir doch, wozu diese Herrschaften mit dem höchsten Wahrheits- und Humanitätsanspruch in der Lage gewesen waren. Nicht wenige haben an der Macht geleckt und uns die Zähne gezeigt. Unser Rathaus stand der Stasi und ihren Richtmikrofonen und Teleobjektiven stets zur Verfügung – besonders bei so gefährlichen Versammlungen wie dem Kirchentag oder dem Olof-Palme-Friedensmarsch.

Dieses stalinistisch-stasiistische System hatte keine sibirischen Lager, aber es machte die Seelen vieler Menschen in der Angst zu einer einzigen Hölle. Das Leid der enttarnten IM spricht ebenso Bände wie die zynische Weiter-

arbeit der gutausgebildeten Stasioffiziere in privaten Detekteien oder in mysteriösen GmbH-Unternehmen.
Die Staatsfeiertage wurden stets mit Militärparaden gefeiert; endlich schien eine deutsche Armee nur noch dazu da zu sein, »den Frieden zu sichern« – in einem ummauerten Territorium.
Ungarn, die Tschechoslowakei, Kambodscha, Afghanistan, Polen – all dies wurde mit militärischer Gewalt gegen die eigene Bevölkerung gesichert. Obwohl sich dieses Thema wahrlich nicht für Satire und Humor eignet, höchstens für Sarkasmus, habe ich mich im EULENSPIEGEL dazu geäußert. Hier in Wittenberg wirkten in unterschiedlicher Arbeitsteilung, aber im gleichen Geiste, die Herren Mohr, Halt und Bulewski. Sie schärften ihre Untergebenen im Namen »der Partei«, im Auftrag des scharfmacherisch-geistlosen Hans-Joachim Böhme auf die »Feinde im Inneren« ein. Bei der Erwähnung eines kleineren Offiziers bekam ich den bitteren Ernst zu spüren, weil nun die Gefahr besteht, die Kleinen zu fangen und die Großen laufen zu lassen. Weil die Wahrheit aber konkret ist, findet einer der vielen kleineren Mitläufer Erwähnung, mit dem zufälligen Namen Höflinger, der doch nach seinen Angaben »niemals mit der Gewinnung von militärischen Nachwuchskadern zu tun gehabt hat und nur von 1966 bis 1970 Leiter des Reservistenkollektivs gewesen ist«. Er gehörte also nicht zu denen, die die Jugendlichen in die Armee gepreßt haben! Irgendwie ist es Unrecht, wenn die Kleineren bescholten werden und die Größeren die Kurve nehmen oder mit einer guten Rente im Ruhestand sind, wie der einst allseits gefürchtete Hauptmann Krüger. Jeder soll leben und ehrlich neu anfangen dürfen, aber was gewesen ist, darf nicht mit Schweigen übergangen werden, bis die Hauptverantwortlichen wieder oben schwimmen.

Dieses Land wurde gründlich ruiniert durch den ideologisch-militaristisch-stasiistischen Komplex unter aktiver Mitwirkung der Bildungseinrichtungen, der Stadtverwaltungen, der Betriebsleitungen. In allen Institutionen wurden Stasinester geduldet; die Rekrutierungen mit Lockzwang unterstützt.

Eine Armee braucht »rechtwinklige« (oder linkswinklige) Gehirnwindungen, die im zackigen Zeremoniell und in der zackigen Sprache, im klaren Feindbild, in der entschlossenen Siegesabsicht, in machtvoller Selbstdarstellung, in der männlichen Tugend (»ein Junge weint nicht«) ihren Ausdruck finden, weltweit. Aber *hier* sollte ja eine »Armee neuen Typus« entstehen. Aber sie war nur eiserner Arm einer korrupt geistlosen Parteioligarchie, die die menschliche Kreativität abwürgte. Gegen jeden Feind unter Einsatz des Lebens das Vaterland zu schützen, ließ die Staatsmacht ebenso schwören, wie sie eine schwülstige Selbstverfluchung anschloß: »Sollte ich jemals diesen meinen feierlichen Fahneneid verletzen, so möge mich die harte Strafe der Gesetze unserer Republik und die Verachtung des werktätigen Volkes treffen.«

Die Guten brauchen dabei immer die Bösen, und die Bösen sind immer auf der anderen Seite. Gutes Ziel – gute Waffe: »Frieden schaffen gegen Nato-Waffen«, vergessen wir es nicht, damit es sich nicht mit umgekehrtem Vorzeichen wiederholt! Nur wer für das Morden auf Befehl ein gutes Gewissen machen kann, wird selbst den Bruderkrieg rechtfertigen können. Dieses Spiel muß aufhören.

Für den Schießbefehl an der Grenze will niemand verantwortlich sein, ja, man hat gar den Eindruck, es habe ihn gar nicht gegeben. Aber Schüsse und Tote hat es gegeben. Der Steinmetz Siegfried Machatzke saß zwei Jahre im

Zuchthaus für Bemerkungen über Schüsse an der Grenze. Wer gibt ihm die Zeit zurück?
Das Tauschgeschäft »Studienplatz gegen verlängerte Dienstzeit« war ein Ausdruck einer modernen Sklavenhalterordnung mit hohen ethischen Prinzipien. Da muß man sich nicht wundern, wenn jetzt sämtliche ethischen Maximen mit dem Ellbogen beiseite geschoben werden. Aus einer erzwungenen Solidargemeinschaft kommen wir in den gröblichsten Egoismus.
Der zusammengebrochene Staat machte aus Angst den Menschen angst, und eines seiner Instrumente war die Nationale Volksarmee, deren bewaffneter »Friedensgeist« von der Kinderkrippe bis zur Hochschule reichte. Wir haben diesen roten Militarismus friedlich überwunden. Unsere Soldaten und Offiziere wurden diesmal nicht gegen das Volk, sondern für die Nomenklatura mißbraucht, nicht zuletzt, weil Gorbatschow ihnen die brüderliche Hilfe der Sowjetarmee entzog.
Dieser endlich verschwundene Ehrentag ist allerdings kein Anlaß zum Triumph, denn die Logik des Militärs mit seinen martialischen Zeremonien, mit seinem rechthaberischen Geist, seiner Geheimhaltung und seiner Reduktion des Gegenübers auf den Feind, findet am Golf grausige Praxis. Seien es Soldaten oder Zivilisten: es sind Menschen, die unter Krieg leiden und sterben. Bewaffneter Friede führt stets zum Krieg. Die einen dienen, die anderen verdienen. Die einen gewinnen Macht, die anderen verlieren ihr Leben. Krieg können wir uns um der Zukunft der Gattung willen nicht mehr leisten. Es wird nötig sein, daß die Menschen sich friedfertig und phantasievoll aufopfern für eine gerechte Friedensordnung im Norden und Süden, im Osten und Westen. Und es wird nötig sein, daß wir aufhören, uns aufzuopfern im

Töten und Getötetwerden, im Siegen und Besiegtwerden.
Der Krieg hat Ursachen. Er beseitigt nicht die Ursachen; er schafft neue durch neues Unrecht. Soldaten sterben meistens nicht *für* das Vaterland, sondern *im* Vaterland.
Wenn wir Deutschen jetzt Friedensmemmen genannt werden, dann sollten wir uns darüber nicht schämen, denn unser Kriegsheldentum hat die Welt zur Genüge erlitten.
Wir brauchen eine Weltfriedensordnung, aber nicht auf der Basis von militärischer Erpressungsmöglichkeit, sondern auf der Basis internationaler Gerechtigkeit und Zusammenarbeit.

ELBE-ELSTER-RUNDSCHAU
1. März 1991

Versöhnung in der Wahrheit?

Über unseren Umgang mit den Hinterlassenschaften der Diktatur

Wer eine Tragödie überlebt hat, ist nicht ihr Held gewesen. Ich habe überlebt. Und die Tragödien gehen weiter. Unsere Vergangenheit greift nach uns. Fast täglich findet sie neue Opfer. Opfer, die Täter wurden, Täter, die Opfer sind. Täter, die sich zu Opfern erklären, Opfer, die zu Tätern erklärt werden. Wenn es so weitergeht, werden die Tragödien, die beim Offenlegen der Stasiakten ausgelöst werden, die Tragödien noch übertreffen, die die Stasi selber geschaffen hat. Wir hängen jetzt an ihren Fäden, wenn Woche für Woche, Monat für Monat, Jahr für Jahr Entblößung geschieht. Bisherige Offenlegungen wurden oft zu unmenschlichen Entblößungen. Ein Mensch ist mehr als eine Akte, erst recht mehr als eine Stasiaktenlage. Diese Binsenwahrheit geht verloren angesichts einer hemmungslosen Stasihysterie. Gleichzeitig haben wir es schwer, unsere schwierige Gegenwart zu bestehen.

Die Westdeutschen begegnen uns zuweilen sowohl als Schatzmeister als auch als Richtmeister. Wir Ostdeutschen haben immer weniger zu sagen. Kaum jemand redet noch. Wie Dümmlinge und Fremdlinge werden wir wiederum im eigenen Land gemacht, diesem innerlich und äußerlich zerstörten Beitrittsgebiet. Bildworte und Wortbilder aus Hölderlins *Der Gang aufs Land* gehen mir durch den Sinn, bekommen verkehrten Sinn:

Komm ins Offene, Freund! zwar glänzt ein Weniges heute
nur herunter und eng schließet der Himmel uns ein.
...
... und fast will
Mir es scheinen, es sei, als in der bleiernen Zeit.
...
... es werde, wenn das Gewünschte
Wir beginnen und erst unsere Zunge gelöst,
Und gefunden das Wort, und aufgegangen das Herz ist ...

In der bleiernen Zeit, gekommen aus bleierner Zeit, hängt vieles an uns, was nicht abzuschütteln ist. Bleischwer liegt es auf unseren Seelen. Nach diesem wunderbaren und schmerzhaften Aufbruch, der uns auch den Abgrund zeigte, vor dem wir standen, und uns dann in den wunderbaren und schmerzhaften aufrechten Gang führte, legt sich nun wieder ein breiiges, ungreifbares, drückendes Etwas auf uns. Eine Schwere liegt über dem Land, die sich gern ablösen ließe durch die verführerisch-trügerische Leichtigkeit des Seins jenseits der äußerlich überwundenen Mauern, weiter westwärts.
Wir leben mit den Hinterlassenschaften eines fehlgeschlagenen Menschheitsexperiments; die Altlasten reichen bis in das Grundwasser unserer Seelen. Wenn uns auch alles genommen, verschrottet, abgekauft und neugemacht werden sollte: unsere Altlasten bleiben unser.
Die mentalen Folgen struktureller Gewalt, struktureller Lüge und organisierter Verantwortungslosigkeit sind noch unabsehbar. Sie behindern den Weg in die Demokratie, sie erschweren neue Wertbildung und lassen Risikobereitschaft und Kreativität nur sehr langsam wachsen. Zu den

alten Enttäuschungen kommen neue hinzu. Demokratie begegnet uns auch als Bürokratie und erstarrter Parteienstaat. Die innere, verinnerlichte Disposition der Mehrheit ist vormundschaftlich.
Die Tausende Jugendlichen indes, die von Sachsen bis Mecklenburg-Vorpommern für den Erhalt eines Senders, ihres Senders, demonstrieren, der ihnen Stimme gibt und ihre Stimme wiedergibt, stehen verzweifelt vor den Schranken der Demokratie. Wie mit ihnen jetzt umgegangen wird, das hat Langzeitwirkungen für ihr Verhältnis zu unserem demokratischen Staat und seiner Fähigkeit, flexibel auf Lebensinteressen zu reagieren. Sie erleben den Staat wieder vormundschaftlich.
Die ursprünglich nur sehr vorübergehend konzipierte »Diktatur des Proletariats« gab sich das Firmenschild »Sozialismus« und nahm das Firmenschild für die Wirklichkeit. Die Partei entwickelte eine Art Wirklichkeitsallergie und ließ die Sicht auf die Wirklichkeit täglich in ihrem Zentralorgan vorschreiben. Wer wußte da noch wirklich selbst, was er glaubte, geschweige denn, was die anderen wirklich glaubten? So war es nur konsequent, daß der Staat alle und alles überwachen mußte. Er konnte sich ja auf niemanden verlassen, nicht mal auf die Bewacher selbst. Menschen wurden in Unmündigkeit gehalten, dadurch lebensuntüchtig gemacht, daß sie stets nur Anweisungen folgten. So wurden sie verantwortungs-los, un-fähig, unwürdig und un-willig, Verantwortung zu übernehmen.
Die Mutlatte, sich seines eigenen Verstandes zu bedienen, lag unangemessen hoch. Die wenigen, die dennoch sprangen, wurden einerseits bewundert und andererseits gemieden. Sie waren stets das schlechte Gewissen der Mehrheit, die sich nicht zugestehen mochte, daß sie schlicht auch feige war.

Die herrschende Partei, die »Avantgarde des historischen Fortschritts«, ausgestattet mit einer »historischen Mission«, legte ihre Macht- und Folterinstrumente stets sichtbar bereit. Relativ selten mußte sie sie anwenden, brauchte sie sie anzuwenden. Die Angst war die Regentin. Hin und wieder gab es Anschauungsunterricht dafür, daß es der Partei ernst war, Feinde wie Feinde zu behandeln. Ich erinnere mich, wie im Oktober 1968 bei der Rückkehr der Sowjetsoldaten aus der Tschechoslowakei Horst Sindermann bei einem sogenannten Meeting auf der Leninallee erklärte: »Wir warnen jeden, mit in die Mülltonne unserer Feinde geworfen zu werden.« Ich erinnere mich gut an die 15 km lange Panzer- und Panzerspähwagenkolonne, rechts und links von Zigtausenden Hallensern begrüßt, die auch nicht darauf verzichteten, bei der Weiterfahrt nach dem Meeting, ihre Winkhand zu erheben.
Opposition war in der kommunistischen Weltbewegung seit 1927 zu einem Wort des politischen Strafrechts geworden. Opposition hörte auf, ein Wort der mühsam errungenen politischen Kultur zu sein. Die Einheit und das Vertrauensverhältnis zwischen Volk und Partei wurden einfach dekretiert. Stillschweigend oder schwülstig beschwörend ging die Partei davon aus, daß Opposition Feindschaft gegen das Gute schlechthin ist: das Gute des Friedens, der sozialen Geborgenheit, der Solidarität, des Internationalismus, des menschlichen Fortschritts. Die Zweideutigkeit des Systems, die wir nicht im nachhinein eindeutig machen können, lag gerade darin, daß sie ihren Anhängern stets das beste Gewissen machen konnte. Mittel, die dem Ziel nicht entsprachen, wurden als notwendige Mittel des Übergangs bewertet, um das Rückschrittliche und Reaktionäre in der Welt zu überwinden. Die Revolution sei nur soviel wert, wie sie sich auch zu verteidigen

wisse. Die Argumentation kam im wissenschaftlichen Kleid daher. Aber darüber lag der Schleier billiger Metaphysik. Historische Erscheinungen wurden für »ewig« erklärt, die Machtfrage war »für immer« gelöst u.s.f. Da »die Revolution« das schlechthin Gute war, war jedes Mittel zur Verteidigung des Guten gerechtfertigt. Diese Ideologie war nicht nationalistisch, rassistisch, imperialistisch, sondern wollte die Menschheit von den Gebrechen der bisherigen Geschichte befreien. Die Welterlösungsideologie machte ihre Faszination aus und verleitete sie gleichzeitig zu ihren Verbrechen. Insofern konnte die Kommunistische Partei in ihren Reihen sowohl solche skrupellos verbrecherischen Menschen wie Berija oder Mielke einerseits sammeln und andererseits Kopelew und Sacharow. In dieser Partei waren sowohl Bilak wie Dubček, Bahro wie Hager, Hermann Kant wie Christa Wolf. Husák und Gomulka waren in Stalins Lagern gewesen. Honecker hatte in der Todeszelle der Nazis gesessen und Markus Wolfs Familie ist unter Stalin verfolgt worden. Gehorsam, Glaube und menschliche Verführbarkeit in einer zentralistischen Machtstruktur produzierten »Verbrechen aus Notwendigkeit«. Skrupellosigkeit indessen ist keine Systemeigenschaft, sondern ein menschlicher Charakterzug, der in Systemen unterschiedlich genutzt werden kann. Die Skrupellosen sind wieder obenauf. Die Marktwirtschaft und die Demokratie haben ihre eigenen, subtilen Formen von Skrupellosigkeit. Einige aus dem Osten praktizieren nun einen Kapitalismus, den sie einst als Schreckbild vom Kapitalismus gelehrt haben.

Aber: Nach dem Zusammenbruch des Lagers, das sich sozialistisch nannte, wäre es unangemessen, aus einem zweideutigen Phänomen etwas Eindeutiges machen zu wollen. Noch gefährlicher wäre es, wenn der »siegreiche

Westen« nun angesichts der Niederlage des Kommunismus im Wettkampf der Systeme seine Selbstkritik einbüßte und sich in einer Schwarz-Weiß-Selbstgerechtigkeit für die heraufkommenden Schrecknisse der Zukunft blind machte. Auch wenn es geradezu gefährlich zu sein scheint, dies jetzt noch auszusprechen, möchte ich es dennoch tun: Auch die SED war eine ambivalente Organisation, in der es Gutgläubige und Karrieristen, Verbrecher und Überzeugte, Irregeleitete und Gauner, Machtbesessene und Beschränkte, aber auch weltgewandte Dialektiker und glaubhafte Idealisten gab. Auch die Lösung der Eigentumsfrage war ambivalent. Selbst die Mauer war zunächst unter der Voraussetzung unvereinbarer politischer und ökonomischer Blöcke ambivalent, bis sie ganz eindeutig zu einem Monstrum wurde. Aus diesen Gründen sollte ein Gegenstand des »Tribunals« sein, diese Ideologie und ihre Praxis gründlich zu untersuchen.

Ein Ziel des Tribunals wäre auch, zu einem differenzierten Umgang mit dem Wort »Opfer« beizutragen. Manche, die sich jetzt selbst als Opfer zu erkennen geben, verlangen eine Genugtuung, die bisweilen weit über das hinausgeht, was sie selber erfahren haben. Und diese Genugtuung soll der Rechtsstaat leisten.

Es gab wirkliche Opfer, deren Zahl wir nicht nennen können, weil es auch viel verborgenes Leiden gab. Menschen in den Fängen der Stasi oder in den Gefängnissen, in Bautzen und in Hoheneck trugen lebenslang innere und äußere Schäden davon. Inzwischen nämlich empfinden sich fast alle nur als Opfer, Verführte, Mißbrauchte, Betrogene, Gezwungene. Das Wort Opfer wird inflationär. Es gab Abgehörte und Erpreßte, Verletzte und Vertriebene, Gekränkte und Bedrängte, Ausgegrenzte und Eingeengte, Entlassene und mundtot Gemachte. Aber wir lebten in der

DDR, nicht in der Sowjetunion Stalins, auch nicht im Kampuchea Pol Pots oder Rumänien Ceauşescus. Wir lebten – wie es Honecker damals sagte – »unter weltoffenen Bedingungen«. Dies führte zu einem mindestens machtgebremsten Verhalten eines sehr gewöhnlichen, kleinkarierten Kommunismus. Man zeigte stets die »Arbeiterfaust«, ließ sie aber seltener richtig zuschlagen. Äußerlich zurückhaltend, zähnefletschend lächerlich, unendliche Massenaufzüge von Zivilisten und Uniformierten zelebrierend, regierte die Partei mit der Angst, dem natürlichen Überlebensinstinkt der Menschen. Unser Opfer war in der Regel so gewöhnlich, wie das System gewöhnlich war. Auch wenn es problematisch ist, verschiedenes Leiden gegeneinander aufzurechnen, so bleibt doch ein Unterschied zwischen den Opfern auf den Bergen Kurdistans, zerrieben zwischen den Hubschraubern des Nato-Landes Türkei und des skrupellosen Saddam Hussein. Es bleibt ein Unterschied zu den Millionen Flüchtlingen aus Afghanistan oder Äthiopien, den Opfern unsäglicher Armut in den Vorstädten Karatschis oder São Paulos und nicht zuletzt zu den Opfern in den Gaskammern des Deutschen Reiches, deren Gas in den Chemiefabriken in Ost und West produziert wurde. (Inzwischen ist bekannt, daß das geteilte Deutschland fortfuhr, Grundstoffe für Massenvernichtungsmittel zu exportieren. Was der BND in Hamburg als Landmaschinen verschiffen wollte, wirkt jedenfalls nicht anders als das, was Herr Schalck über Rostock verschiffte.) So finde ich die schillernd klingende Bezeichnung »Betroffene« im Stasiunterlagengesetz zutreffend, weil damit nicht sofort etwas hochstilisiert wird, aber doch auch unterschieden wird zwischen denen, die mehr aktiv waren, und denen, die mehr passiv vom Unrechtsmachtapparat der SED betroffen waren.

Nachträglich kommt eine Art Opfermentalität auf. Damals fehlender Mut führt heute zu undifferenzierter Aggressivität. So war es wohl auch nicht nur Friedfertigkeit, sondern auch Untertanenmentalität, daß es während des revolutionären Umbruchs keine Gewaltübergriffe und keine Racheakte gegeben hat. Um so stärker äußert sich jetzt ein generelles Rachebedürfnis, das vom Staat verlangt, das Recht als Rache auszuüben.
Die Oppositionellen, die sich sehr früh herausgewagt hatten, wollten aus Einsicht keine Gewalt gegen Personen und Sachen und stellten sich zwischen die emotionalisierten Massen und die Machtträger, die ihrerseits mit dem Gesicht zum Volk dastanden, auch ohne ihre Machtapparate im Hintergrund. Sie verkrochen sich nicht. Sie stellten sich. Der Dialog war offen und zivilisiert, wenn auch vielfach schmerzlich, aber letztlich befreiend.

Ich versuche, das Geschehen auf drei Akte zu verkürzen:

ERSTER AKT: *Mitmachen*
Vierzig Jahre strukturelle Gewalt, 99prozentig organisierter Gehorsam und 95prozentiger Organisationsgrad.

ZWEITER AKT: *Demonstrieren*
Friedliche Demonstrationen – keine »ungesetzlichen Handlungen«, für die man vielleicht zur Verantwortung gezogen werden könnte. (Jeder hat einen Schock in Erinnerung, den von '53, '56, '68 und die Chinabilder vom Mai 1989, die das Fernsehen und der Rundfunk nicht müde wurde zu wiederholen. Keine Gewalt hieß also auch: kein Risiko.

DRITTER AKT: *Abschieben*
»Ich war's nicht. Ich weiß, wer's war. Und du, Staat, sollst

strafen, endlich rausschmeißen. Ich kümmere mich um mein Leben. Ich gehe in keine Partei mehr. Ich weiß, wie der Wind jetzt weht. Ich stelle mich in den Wind, nicht gegen den Wind.«

Wieviel Gewalt aber noch in den Menschen steckt, die zur Gewaltanwendung auch zu feige waren, spüren wir zwei Jahre danach. Mich entsetzt die hier und da massiv zutage tretende Rachementalität, wobei aber eben wiederum vom Staat erwartet wird, daß er das tut, was der einzelne nicht tun will. Es gibt sehr viele anonyme Denunziationen und Erwartungen an andere, endlich »reinen Tisch mit den roten Socken zu machen«. Die nun auf dem Boden liegenden Herren von gestern sollen heute kräftig getreten werden. Das Entlastungsbedürfnis richtet sich, medienverstärkt, insbesondere auf den damaligen Staatsratsvorsitzenden. Wer ein Wort für ihn einlegt, wird zu Seinesgleichen erklärt. Ich deute dies auch als Äußerungsformen des Selbsthasses von Untertanen.
Was früher an Mut fehlte, kommt jetzt als Wut. In der Friedfertigkeit des Umbruchs wirkte auch die Angst vor der eigenen Courage nach. Die Rachepose ist eine Variation vierzigjähriger Feigheit, der man sich nicht zu stellen wagt. Wer daran erinnert, wird zum selbstgerechten Denunzianten erklärt. Hier tut schmerzliche Selbstaufklärung über unser aller Verstrickungen in einem totalitären System not. Es muß nun vermieden werden, daß der Volksterror dem Staatsterror folgt, daß der ungesteuerte Haß dem gesteuerten folgt. Der revolutionäre Umbruch in der DDR gelang schließlich auch deshalb, weil er gewaltlos blieb. Die Staatsorgane waren (auch ohne sowjetische Hilfe) auf eine Konfrontation vorbereitet. Die Lager waren hergerichtet, die Resolutionstexte vorbereitet, und es ist

durchaus wahrscheinlich, daß das Volk noch einmal bereit gewesen wäre, sich unter Außendruck wiederum disziplinieren zu lassen. Daß niemand von fremder Hand umgebracht wurde, ist aber eben nicht Ausdruck besonderer Friedfertigkeit, sondern Folge des Szenarios, bei dem die Dunkelgestalten in der Feierabendrevolution eines milden Herbstes die Oppositionellen reden ließen. Diese Oppositionellen aus den verschiedenen Gruppierungen redeten aus Einsicht nicht der Gewalt das Wort, selbst wenn ihre eigenen Emotionen dagegen standen. Sie wollten den gewaltlosen Umbruch, weil sie wußten, daß die Staatsmacht auf Gewalt mit vervielfachter Gewalt geantwortet hätte. Darauf weisen auch die Staatssicherheitsberichte aus den Bezirken an die Zentrale hin, wenn es in den abschließenden beurteilenden Sätzen stets heißt: »Die Veranstaltungen verliefen ohne Provokationen und Störungen«, »Die Ansammlung löste sich friedlich und ohne Zwischenfälle auf«, »Es gab keine Zwischenfälle beziehungsweise demonstrative Aktivitäten«.
Im nachhinein vertreten einzelne Beobachter und Zaungäste, aber auch einzelne Akteure des Herbstes '89 die Meinung, daß es vielleicht doch nicht so gut gewesen sei, daß kein Blut geflossen, keine Köpfe gerollt, keine Häuser angesteckt worden seien. Dies hätte jetzt nicht zu diesem psychischen Stau von Rache und Haß geführt. Ich meine nach wie vor, es sei gut gewesen, daß es weder zur Gewalt noch zu Schauprozessen gekommen ist, in deren Folge die Verantwortlichen in die für Zigtausende bereitgestellten Lager gebracht worden wären. Das wäre wieder nur eine Wiederholung des alten Spiels gewesen: Buchenwald 1, 2, 3 ... Aber nun haben wir den schwierigen und langwierigen zweiten Akt des Umbruchs zu bewältigen.
Die Gewaltlosigkeit 1989/90 war Resultat der Angst der

einen und der Einsicht der anderen. Die Akteure des Anfangs, meist heraustretend aus Kirchen, wo Gläubige und Ungläubige ihre Gedanken geläutert, ihre Gefühle entspannt, ihre Fäuste entkrampft hatten, schärften nur die eine Parole ein, für sich selbst und das Gegenüber: »Keine Gewalt«. So tropfte Kerzenwachs auf die Straßen, kein Blut, so schützte die eine Hand das Licht der Kerze in der anderen Hand, statt sich mit Schlagstock gegen Schlagstock zu schützen. Die Parole der »Roten Ochsen« in Halle »Rote Fahnen gegen weiße Kerzen« verfing nicht mehr. Die Sicherheitsorgane fanden keinen Anlaß zum Zuschlagen und sie provozierten ihn auch nicht, wie noch Anfang September in Leipzig und Anfang Oktober in Dresden und schließlich noch ein letztes Mal am 9. Oktober in Halle.

Inzwischen nun wird alles mehrdeutig, und aus dem Ambivalenten wird auch Zwielichtiges, wenn man sich klarmacht, wieviele Akteure des Umbruchs in die Staatssicherheit verstrickt waren, so daß manche sogar zu dem Urteil kommen, dieser Umbruch sei eigentlich in seinem Zeitpunkt und Verlauf letztlich von der Stasi inszeniert und koordiniert worden, einschließlich der Entscheidungen darüber, wer zukünftig politische Verantwortung tragen solle.

Nachdem nun das Stasiunterlagengesetz verabschiedet wurde und in einigen Wochen die ersten Betroffenen ihre Akten sehen werden, wird noch einmal ein menschlicher Einbruch von nicht absehbaren Ausmaßen folgen. Die Stasiverstrickung und Stasidurchsottung fast aller Lebensbereiche und menschlichen Beziehungen zeigt, daß dieser Sozialismus zu einer der vielen Varianten des nackten Tschekismus degeneriert war. Dies geschah unter der Maßgabe Lenins, daß Vertrauen gut, Kontrolle aber besser sei.

So hat man den Staat aufgebaut mit der Worthülse »Vertrauen«, aber es ging doch immer um die totale gegenseitige Kontrolle.
Was nun aber für die einen fortgesetzter Medienkrimi, für die anderen zynische Verkaufsstrategie wird, wird für die Betroffenen zur nachmaligen menschlichen Tragödie. Jeden Tag ein neues Opfer. Ich denke an den Dresdener Staatssekretär Volker Nollau, den Leipziger Thomaskantor Hans-Joachim Rotzsch, den Berliner Pfarrer Gottfried Gartenschläger. Wer noch nicht in einem Stasiuntersuchungsgefängnis (ohne Zeugen) gewesen ist, wer noch nicht in die Niere getreten oder nach allen Regeln der Psychofolter in panische Angst versetzt wurde, wer noch nicht mit abgerichteten Hunden so konfrontiert wurde, daß ihm das Haar ergraute oder wer nicht als Invalidenrentner nach einem Jahr Haft mit noch weiteren elf Haftjahren bedroht werden konnte, wie Käthe Woltemaht, der sei behutsam mit dem Richten, auch wenn das Erschrecken und die Enttäuschung groß sein mögen, wie viele eingewickelt waren und sich bis heute nicht trauten, zu sagen, was war, wie viele den Pakt mit Tinte, Blut oder Handschlag eingegangen sind. Manche darunter sogar mit einem guten Gewissen, weil sie meinten, nur mit der Stasi ließe sich Schlimmeres verhindern.
Die Menschen im Osten Deutschlands sind seit zwei Jahren in einem permanenten inneren Aufruhr.Die Stimmungen wechseln hin und her. Ich entdecke auch Zeichen geistiger Verwüstung und seelischer Zerstörung, verbunden mit Erscheinungen eines Sinn-, Ziel- und Wertevakuums. Schließlich ist es makaber, wenn sich nicht die sogenannten Führungsoffiziere stellen müssen und in öffentlicher Schimpf und Schande leben müssen, sondern ihre Informanten, die sie dazu gelockt oder erpreßt hatten.

Dies wirkt sich insbesondere in der stillen oder offenen Aggressivität aus. Die Enttäuschung über den Rechtsstaat schlägt sich nieder als Rachebedürfnis an Honecker einerseits und an einem Selbstentschuldigungsbedürfnis andererseits. So kann das Mitempfinden mit den Mauerschützen größer werden als das Mitempfinden mit der Mutter des Erschossenen. Frau Geoffrey wird in einer Presse, die von einer großen Mehrheit geradezu verschlungen wird, wie ein harter Racheengel dargestellt, der kein Erbarmen mit den armen Jungs hat, die ja nur ihre Pflicht getan haben. An diesem Punkt scheint sich das Volk mit seinem ehemaligen Staatsratsvorsitzenden doch wieder einig zu sein, der in dem berüchtigten Fernsehinterview sagte: »Ich finde es einen Skandal, daß diese Grenzsoldaten inhaftiert werden, denn sie haben nichts anderes getan, als ihrer Pflicht getreu ihren Eid zu verwirklichen.«
Genau hier sind wir wieder beim Grundproblem des Tribunals. Die Verkehrung geht gegenwärtig so weit, daß die Redaktion der SUPER-ILLU offensichtlich der Mutter eines der Angeklagten im Mauerschützenprozeß einen Brief formulieren und dann abdrucken hilft unter der Überschrift: »Von Mutter zu Mutter flehe ich Sie an: Haben Sie Erbarmen, Frau Geoffrey.« Links wird eine weinende einfache Bauersfrau mit gefalteten Händen abgedruckt, rechts eine scharfgesichtige selbstbewußte Frau aus der Stadt. Dazwischen steht dann der Text, in dem es heißt: »Meine Herzensbitte an Sie, werte Frau Geoffrey, haben Sie kein Herz aus Stein! Verfolgen Sie meinen Jungen nicht bis ans Ende seines Lebens. Nur Gott allein ist unser aller Richter. Ich flehe Sie als Mutter an: Haben Sie Erbarmen! Wir haben die Mauer nicht gebaut. Wir Kleinen können nichts für den Schießbefehl. Mein Mann sagt mir, daß die wirklich Verantwortlichen abgehauen sind: Honecker nach Mos-

kau, der Schalck zum Tegernsee. Und die Offiziere vom Peter laufen auch frei herum. Peter war lieber Melker als Soldat. Jetzt steht er vor Gericht und versteht die Welt nicht mehr. Wir Kleinen sind doch alle Opfer, müssen jetzt alles ausbaden. Er hat doch nur getan, was man ihm befohlen hat.«
Soweit der geschickt formulierte Brief der SUPER-ILLU, die ihr Geld damit macht: 3,5 Millionen Leser wöchentlich. Hier wird mit großen Worten eine falsche Gefühlslage hergestellt, bei der kein Deut daran gedacht wird, daß die Mütter ihren Söhnen nicht geraten haben, nicht an die Mauer zu gehen, so wie die Mütter das in den Jahren unserer deutschen Geschichte auch nicht getan haben; sie haben die warmen Socken für ihre Söhne vor Stalingrad gestrickt.
Auf diesem Niveau darf die Auseinandersetzung nicht weitergehen, darf nicht ein buntillustrierter, gewinnträchtiger Thriller aus der Wirklichkeit geschrieben werden. Dahinter geschehen wirkliche menschliche Tragödien. Wer hilft beim Durchsehen, hilft beim Bewerten, beim Trauern, beim Gewinnen von Orientierung? Die Prozesse jedenfalls verwirren. Und sie führen zu ungerechtfertigter Enttäuschung, weil falsche Erwartungen an juristische Prozesse geknüpft werden. Die innere Disposition der diktaturgeschädigten Menschen für die Diktatur ist nicht überwunden. Das Ziel des »Tribunals« ist, der Auseinandersetzung eine zivilisierte Form zu geben.
Die wirtschaftliche, die psychosoziale und psychische Situation der Menschen im Osten Deutschlands ist gegenwärtig unübersichtlich, unberechenbar, widersprüchlich. Bei der Rückerinnerung scheint eine Mehrheit stillschweigend – aber wutschnaubend gegen einzelne – davon auszugehen, daß alles, was geschehen ist, eigentlich ohne das Volk geschehen ist.

Andere meinen selbstentschuldigend, man müsse doch die weltpolitische Konstellation insgesamt berücksichtigen, bevor man urteile. Und die Dritten nehmen für sich einen entscheidenden Erkenntnisgewinn in Anspruch. Sie reklamieren das Recht auf Nichtwissenkönnen und Nichtgewußthaben und erledigen alles Gewesene flugs mit der stereotypen Redewendung »Aus heutiger Sicht ...«. Als ob man früher nicht sehen konnte, was war! Oder war die Erkenntnistrübung die Form des Selbstschutzes unter den Bedingungen der Diktatur, die keine Alternativen ließ? Es wurden doch die Diagnostiker der Wirklichkeitsallergie mundtot gemacht oder aus dem Lande getrieben. Das Prinzip galt: Der Seismograph ist schuld am Erdbeben, der Arzt ist schuld an der Krankheit, Kassandra ist schuld an ihrer Voraussage. (Ein besonders perverses Beispiel dafür ist die Geheimhaltung der Umweltdaten. Wer hat diese Anweisung entworfen, wer hat sie unterschrieben und wer hat sich daran gehalten? Dies alles ist strafrechtlich nicht zu erreichen, aber dies sind Formen von Regierungskriminalität mit weitreichenden, generationenübergreifenden Folgen.)

Um unser aller Zukunft willen müssen solche Mechanismen aufgedeckt werden. In unserer Demokratie darf nichts Vergleichbares geschehen. Das setzt couragierte Demokraten und Menschen mit starker Gewissensbindung an Grundwerte voraus.

Es geht um sorgsame und umfassende Aufklärung und Aufdeckung der Wirkungsmechanismen einer Diktatur, aber auch um Erklärung für das Verhalten einzelner Menschen und um die Bewertung dieses Verhaltens. Dafür ist ein zeitgeschichtliches Zentrum nötig, das sich dem Leben im geteilten Deutschland widmet.

Wer den Rahmen nicht berücksichtigt, wird denen nicht

gerecht werden können, die im gegebenen Rahmen gehandelt, geduldet, Widerstand geleistet haben.
Ich zitiere aus einem der letzten Briefe, den ich zum Tribunal bekommen habe. Ein Naturwissenschaftler aus einem Akademieinstitut beschreibt die gegenwärtige Situation. Seine kritischen Fragen sind für mich geradezu eine der Interpretationen dessen, was wir mit dem Tribunal wollen: »Mich ärgert die Masse der Selbstgerechten, die nie mit dem MfS zu tun hatte, und nun die Bevölkerung der ehemaligen DDR in zwei Teile teilt, in die Guten, für die eine Zusammenarbeit mit dem MfS selbstverständlich nie in Frage gekommen wäre (zu denen sie natürlich selbst zählen), und die Bösewichte, die nur allzugern bereit waren, Spitzeldienste zu leisten oder sich sogar dazu angeboten haben. Anhand vieler Beispiele scheint mir, daß diese Gruppe der Selbstgerechten im allgemeinen zu denen gehörte, die während der Zeit der Wende erst dann mutig wurden, als man keine ernsthafte Gefahr mehr befürchten mußte.
Nach meinen eigenen leidvollen Erfahrungen weiß ich, daß alles viel komplizierter war; über mich existiert sowohl eine Täter- als auch eine Opferakte.
Aber vielleicht würde ein Tribunal zumindest dazu beitragen, diese Kompliziertheit darzulegen und einen Teil der Selbstgerechten in ihrem Urteil zu erschüttern.
Was meiner Meinung nach wichtiger ist – und das ist das eigentliche Anliegen meines Briefes –, ist zu überlegen, was man durch Erziehung und öffentliche Meinung tun kann, um in der Zukunft die Menschen besser zu befähigen, mit einem autoritären Staat, seinen Organen und Methoden fertig zu werden, sie dagegen resistenter zu machen. Ich habe den Eindruck, daß wir in der ehemaligen DDR trotz aller großen Worte nichts wirklich aus der Ge-

schichte des Hitlerreiches gelernt haben; zu unserem Glück waren unsere letzten Herrscher nicht so grausam, sonst hätte sich nach meiner Überzeugung alles so, das heißt mit KZ und Massenvernichtung menschlichen Lebens, wiederholen können ...
Lassen Sie mich in ähnlichem Zusammenhang ein paar Worte zum Prozeß gegen die Mauerschützen sagen, denen ja auch vorgehalten wird, daß im Falle der Verweigerung des Grenzdienstes oder des Schußwaffengebrauchs niemandem etwas passierte. Das ist wahrscheinlich richtig, nur ist es ungerecht, damit jetzt zu argumentieren. Auf alle Fälle war diese nicht unbegründete Angst in der konkreten Situation vorhanden und wurde natürlich von den Vorgesetzten bewußt geschürt.
Trotzdem halte ich den Prozeß für prinzipiell richtig im Sinne eines Lehrstücks, daß man sich zu keiner Zeit hinter Gesetzen, Befehlen und Autoritäten verstecken kann, sondern in erster Linie seinem eigenen Gewissen verantwortlich ist. Davon bin ich auch vor dem Hintergrund überzeugt, daß im ungünstigsten Falle jetzt auch meine eigenen Söhne oder gar ich selbst auf der Anklagebank sitzen könnten.
Ungeachtet dessen halte ich es natürlich für ungerecht, wenn jetzt nur das letzte Glied in dieser Verbrechenskette zur Verantwortung gezogen wird.«
Auch dieser Mann hatte Kontakte zu Mitarbeitern der Staatssicherheit und fragt, ob »die Masse derer, die das Glück hatten, nie mit dem MfS zu tun zu haben, johlen und Schmutz auf die ehrlichen Bekenner werfen« wird?
Ich kann, zumal als Theologe, über das gesellschaftliche »Tribunal« nur in Anführungsstrichen sprechen. Nur so kann ich das als Theologe wagen. Mich erschreckt das Wort. Noch mehr erschreckt mich aber der Wust von Ver-

geltungswünschen, das Maß an Selbstgerechtigkeit, die öffentliche und veröffentlichte Meinung in Ost und West über die »Verantwortlichen« und die Hilflosigkeit des Rechtsstaates, darauf angemessen zu reagieren. Wie die anderen Initiatoren auch bin ich mir der Gefahren wohl bewußt. Der öffentliche Diskurs soll zur Klärung beitragen. So ist schon das Vorfeld dieser Diskussion Teil des Tribunals. Daß manches noch vage erscheint, ist nicht beabsichtigt, sondern legt die Ratlosigkeit offen und sucht Rat. Wer gegen das »Tribunal« ist, möge bitte sagen, welche praktischen Alternativen er sieht. Nur das hilft weiter. Es geht mir um den schmerzlichen, nichtsdestoweniger nötigen, vielgestaltigen Prozeß der Selbstaufklärung über das, was war, und darüber, wer wir waren. Es geht darum, angesichts eines akuten Problems, grundsätzliche Probleme in das öffentliche Bewußtsein zu bringen. Und dies betrifft ganz Deutschland. Es geht um die Unterscheidung von Gesetzes- und Gewissensgehorsam, geschriebenem Recht und Menschenrecht, um Rechtsstaatlichkeit und die Funktionsmechanismen einer Demokratie und wodurch sie gefährdet wird. Und es geht darum, zu zeigen, wo die Gefahren eines autoritären Staates liegen und wie wir den Anfängen wehren können. So geht es bei der Bewältigung unserer Vergangenheit eigentlich um die Gestaltung unserer Zukunft.

Die Aufgaben eines zeitgeschichtlichen Zentrums »Leben im geteilten Deutschland« könnten nur interdisziplinär wahrgenommen werden, denn wir haben es mit einem Problemknäuel zu tun, das juristische, politische, historische, staats- und völkerrechtliche, rechtsphilosophische und sozialpsychologische und ethische Fragen umfaßt. Wir hätten es mit einem kollektiven und individuellen, einem Problem unserer Vergangenheiten und unserer Zukünfte zu tun.

Nicht zuletzt ist das, was mit »Tribunal« angesprochen ist, ein religiöses Problem, das Unterscheidungen festzuhalten hätte zwischen menschlicher und göttlicher Gerechtigkeit, Begnadigung und Gnade, Sühne und Versöhnung, unserer Wahrheitssuche und der Wahrheit.

Zur Eröffnung dieses Dokumentationszentrums sollte eine Zentralkonferenz stattfinden, die sowohl die Schwerpunkte der Arbeit als auch die Arbeitsweise festlegt. Die daraus folgenden regionalen Foren sollten sich nach einem miteinander vergleichbaren Muster vollziehen und sowohl verschiedenen Lebensbereichen (wie Schulsystem, Wahlsystem, Rechtssystem, Wehrsystem) zuwenden als auch bestimmte Vorgänge im nachhinein rekonstruieren, um die Wirkungsmechanismen offenzulegen. So hätte dieses gesellschaftliche Forum beziehungsweise »Tribunal« einen Aufklärungscharakter, der sich nicht auf bestimmte intellektuelle Kreise beschränkt.

Politisch bedeutet das Tribunal, daß die Funktionsmechanismen einer Diktatur erkennbar werden und die Notwendigkeiten einer permanenten Erringung von Demokratie, damit sie nicht allmählich oder plötzlich in die Diktatur zurückfällt.

Juristisch hat das Tribunal die Aufgabe, ein breiteres Bewußtsein für den Unterschied zwischen Moralität und Legalität zu schaffen, damit vom Rechtsstaat nicht erwartet wird, daß er Rache übt, ohne das damals geschriebene Recht zu beachten. Andererseits ist Widerstand gegen das geschriebene Gesetz geboten, wo es den Grunderkenntnissen und Grundsetzungen des Menschenrechts widerspricht.. Die Menschenrechte müssen als übergeordnete Rechte in das Bewußtsein des Volkes kommen. Auch die Grenzen dessen, was durch den Rechtsstaat erreichbar ist, sind aufzuzeigen.

Moralisch hat das Tribunal den Auftrag, ein Gefühl für Gut und Böse zu erneuern. Der Lernprozeß für eine ganze Gesellschaft kann befördert werden, wenn gezeigt wird, wohin bloße Befehlsausführung und eine Gehorsamsdressur führen, und die Gewissensbarriere des einzelnen zugunsten des Ganzen niedergerissen wird (etwa durch die Parole »Die Partei hat immer recht«).

Psychisch kann das Tribunal das Ziel haben, dem Entlastungsbedürfnis zivilisierte Formen zu geben und die Haßverschiebung und Schuldverschiebung auf einzelne zu vermindern. Die Gefahr besteht allerdings, daß die »Tribunale« eine Eigendynamik entwickeln, wenn die Emotionen hochschlagen und die Betroffenen nicht mehr die Freiheit haben zu reden, sowohl die »Täter« als auch die »Opfer«. Insofern braucht das Tribunal ein strenges Reglement zum »Täter- und Opferschutz« beim Prozeß der Auseinandersetzung.

Es wird sehr bald deutlich werden, daß es nicht nur um uns Ostdeutsche geht, die hier an den Pranger gestellt werden und die Westdeutschen sich heraushalten oder den Prozeß in ihre Hände nehmen könnten. Politisches und persönliches Handeln war in dem damals gegebenen Rahmen für alle ein Wagnis. Mit sauberen Händen ist niemand herausgekommen, außer dem, der nichts getan hat. Es müssen aber auch die Verantwortlichkeitsstrukturen und die Verantwortlichen benennbar werden, damit nicht durch Selbstentschuldigungsstrategien die Verbitterung anwächst. Die größten Gauner haben immer »nur Schlimmeres verhindert« oder aber versichern ihren Untergebenen von gestern, daß sie »immer die Hand drübergehalten haben«. Versöhnung ist erst möglich, wo zur Sprache gekommen ist, was war und wer wir waren und warum das so war.

Für ein neues Problem muß es auch neue Instrumentarien

geben, ohne daß die Gewaltenteilung im demokratischen Rechtsstaat aufgehoben wird. Ich denke, daß es keine andere Legitimation gibt als eine parlamentarische sowohl auf der Bundes- wie auf der Landes- und Kommunalebene. Die gesellschaftlichen Foren oder »Tribunale« sollten unter Schirmherrschaft und Beteiligung der gewählten Volksvertretungen geschehen und keinerlei richterliche Kompetenz haben. Das Ziel ist, verständlich zu machen, was geschehen ist, was mit uns geschehen ist, die Täter-Opfer-Verwicklung aufzudecken, Befehlsgehorsamsstrukturen offenzulegen, um zu Urteilen zu kommen, die nicht Aburteilungen sind. Dies kann in offeneren oder geschlosseneren Formen stattfinden. Da es dabei um Stabilität und Dynamik unserer Demokratie geht, kann dies auch einfließen in den Beratungs- und Verabschiedungsprozeß der Verfassung für das geeinte Deutschland in der Mitte Europas.

Da ich vor Ihnen als Staatsbürger spreche, der Theologe ist, lese ich unter einem bestimmten Stichwort kommentarlos Bibelworte, die mir bei allem durch den Kopf und durchs Herz gehen:

> *Zwänge und Verstrickungen* Ich elender Mensch! Wer wird mich erlösen von dem Leibe dieses Todes. Willen habe ich wohl, aber das Gute vollbringen kann ich nicht, denn das Gute, das ich will, das tue ich nicht, sondern das Böse, das ich nicht will, das tue ich. (Römer 7 Verse 24, 18, 19)
>
> *Selbstgerechtigkeit* Da ist keiner, der gerecht ist, auch nicht einer. Da ist keiner, der verständig ist ... Ihr Rachen ist ein offenes Grab; mit ihren Zungen betrügen sie.
>
> Denn hier ist kein Unterschied: Sie sind allesamt

Sünder und ermangeln des Ruhmes. (Römer 3, Verse 10, 13 und 22–23)
Rache Rächt euch nicht selbst, meine Lieben, sondern gebt Raum dem Zorn Gottes. Laß dich nicht vom Bösen überwinden, sondern überwinde das Böse mit Gutem. (Römer 12, Verse 19 und 21)
Wahrheit Wir sehen jetzt durch einen Spiegel ein dunkles Bild, dann aber von Angesicht zu Angesicht. Jetzt erkenne ich stückweise; dann aber werde ich erkennen, wie ich erkannt bin. (1. Korinther 13, Vers 12)
Vergebung Richtet nicht, damit ihr nicht gerichtet werdet. (Matthäus 7, Vers 11) Selig sind die Barmherzigen, denn sie werden Barmherzigkeit erlangen. (Matthäus 5, Vers 7)

Nur aus dieser Position heraus wage ich zu denken und zu urteilen, zu relativieren und zu vergeben, selber lebend von Vergebung, gekrümmte und aufgerichtete Kreatur. Alle unsere Bewertungen stehen für mich unter einem eschatologischen Vorbehalt. So kann auch das »Tribunal« der Hybris begegnen, den Gerechtigkeitsstaat herbeiprozessieren zu wollen, statt dem Rechtsstaat mit seiner egalisierenden und formalisierenden Gerechtigkeit Raum zu geben.
Jedenfalls möchte ich als Theologe dafür einstehen, daß das menschliche Ziel die Versöhnung in der Wahrheit ist, in einer Wahrheit, die wir suchen und in *der* Wahrheit, in deren Licht wir uns stellen können, ohne geblendet zu werden. Das ist anders als das Scheinwerferlicht, ob von Medien oder von Vernehmungen.
Versöhnung setzt die gegenseitige Bemühung um Wahrheit voraus. Alles andere wäre nur Zudecken einer schwärenden Wunde. Wenn christliches Denken für gesellschaftliche Praxis relevant sein will, muß der Zusammenhang

zwischen Schuld und Versöhnung *vor* dem Zusammenhang von Schuld und Sühne rangieren. So können Menschen miteinander frei werden für gemeinsame Zukunft, damit nicht fortwährend das Gestern das Heute umklammert. In dunkler Zeit schrieb Václav Havel seinen Essay *»Versuch, in der Wahrheit zu leben«*. Es ist nicht zufällig, daß seine Wenzelsplatzrede ein Jahr nach dem Umbruch in Prag unter dem Titel *»Prüfungen der Demokratie«* steht. Wie wir die Prüfungen bestehen, ist offen.

In diesem Zusammenhang fällt den Juristen neben ihrer eigentlichen Arbeit eine gesellschaftliche Aufgabe zu, in der Öffentlichkeit etwas davon zu vermitteln versuchen, was das Recht im Rechtsstaat leisten kann, und wozu es nicht da ist, welche Aufgabe der Politik und den Politikern zuzuweisen ist, und was schließlich Sache der Bürger selbst ist, für ein demokratisches und rechtsstaatliches Klima zu sorgen. Die res publica braucht beständige Aufklärung über sich selbst, damit sie sich auch demokratisch bewähren kann. Der Umgang mit den Gewaltausschreitungen gegenüber Ausländern ist hier ein Anschauungsunterricht, der in Ost und West so unterschieden nicht ist, wie Medien es darstellen, wenn sie Hoyerswerda allein zum (Ost-)Symbol machen.

Vortrag auf dem 2. Alternativen Juristentag
in Hannover am 28. November 1991

Anmerkung: Was ich zum Thema zu sagen hatte, einen Stein ins Wasser werfend, hatte ich bereits Anfang September formuliert. Es ist im wesentlichen im TAGESSPIEGEL erschienen, dann im vollständigen Text am 29. 10. 91 in der FRANKFURTER RUNDSCHAU. Ich redete nicht aus Übermut, sondern aus Not. Diese Not hat zu tun mit den drei sehr unterschiedlichen Namen, die zu Symbolen wurden: Honecker, Schalck, Geoffrey.

Der Fuchs mit der Elefantenhaut

Allzugerne würde ich mich aus den (ver-)öffentlichten Prügeleien im »Fall Stolpe« heraushalten, fürchtend, selber eine rüberzukriegen in diesem Selbstzerfleischungskampf nach rückwärts. Das wäre weise. Aber wie kann ich ruhig sein, wo die Kultur unserer Auseinandersetzungen verdirbt an partiellem Erinnerungsschwund? Nachdem nun alles entschieden ist, wird alles neu bewertet. Wäre die Sache anders ausgegangen, würde alles anders bewertet werden. Man stelle sich vor, die Kirche hätte die Menschen ermutigt, auf die Straßen zu gehen, und die Staatsorgane hätten im Zusammenhang mit einem Militärputsch in der Sowjetunion die indirekt angedrohte »chinesische Lösung« gesucht. Wie hätte man die Haltung der Kirche bewertet? Welche Vorwürfe hätte sie sich gemacht? Hätte sie sich nicht vorwerfen müssen und vorwerfen lassen müssen, Menschen wissentlich in die Maschinengewehrsalven geschickt zu haben? Wer wußte um den Ausgang der Ereignisse, noch bis Anfang Oktober '89? Man stelle sich vor: nach dem 7. Oktober 1989 hätten sich die Einsatzpläne der Stasi zur Inhaftierung und massenweisen Isolierung des oppositionellen Potentials erfüllt. Wer wäre der Verhandlungspartner gewesen, der sich für die Inhaftierten eingesetzt hätte? Wenn sie selbst bescheidenen Erfolg gehabt hätten – stündlich hätten die Nachrichtensendungen davon berichtet. Die Namen Stolpe und Vogel hätten obenan gestanden.

Wer sonst hatte die Begabung und das Mandat zur Vermittlung zwischen Kirchengemeinden, engagierten »oppositionellen« Gruppen, Kirchenleitung und Staatsorganen. Man erinnere sich: Auch Gemeindekirchenräte hatten Angst, daß kirchliche Tätigkeit kriminalisiert würde durch die Bereitschaft, »Oppositionsgruppen« unter ihrem Dach Raum zu geben. Auch Gemeindekirchenräte und Gemeindeglieder fürchteten das Unruhepotential. Vergessen wir nicht: Die Angst regierte die meisten Menschen, und sie führte in einen internalisierten Opportunismus und in die Existenz der gespaltenen Zunge. Wohin anders als unter das Dach der Kirche sollten die Gruppen gehen und dort einen relativen Schutz finden durch die Institution Kirche? Anderenfalls wären sie gemäß der Veranstaltungsverordnung und des Strafgesetzbuches sofort gegriffen worden. Man erinnere sich: Wie wenig Rückendeckung hatten wir in den Gruppen durch die »Nischengesellschaft« bei 98prozentiger, 40 Jahre erprobter Bereitschaft zum Kniefall vor der Wahlurne, wie sonstwo in den roten Amtsstuben von Angst und Doppelzüngigkeit. In diesem Staat jonglierte Stolpe bisweilen, tänzelte vor dem Gegner und machte stets den Eindruck, daß noch etwas herauszuholen sei, und daß *er* etwas herausholen könnte, aber eben nie alles. Das, was rauszuholen war, das schien er häufig schon im voraus zu wissen, auch was *nicht* herauszuholen war. Das machte ihn bei aller Konzilianz auch etwas unheimlich.

Das Leben in der Diktatur aber brauchte die nicht eigens abgestimmte, aber doch funktionierende Abstimmung der Rollen. Stolpe brauchte, wie er sagte, Dampf im Kessel. Er konnte damit zu den Staatsvertretern gehen, wurde so nicht zum verlängerten Arm des Staates, sondern zum verlängerten Arm des Widerstandes. Wir alle brauchten einen, der die Rolle des Vermittlers wahrnahm. Wir hatten das Glück, in Stolpe einen charismatischen Diplomaten zu haben, der das Strategie-Taktik-Spiel beherrschte. Er hatte eben nicht nur eine Taktik, sondern auch eine Strategie. Diese Strategie hieß öffnen, den Atemraum der Freiheit erweitern und Frieden im Lande mit dem Frieden in der Welt zu verbinden, nach der Zumutbarkeit für alle Seiten zu fragen. Der Zumutungsrahmen war der KSZE-Prozeß, die wortreiche – und ehrliche – Unterstützung von Korb 1 mit den Abrüstungsinitiativen und die Verbindung zu Korb 3. Die Erklärungen der Bundessynoden lesen sich wie eine einzige Litanei dieser Verknüpfung. Ich lese dazu auch Stolpes öffentliche Äußerungen und Diskussionsbeiträge auf den Synoden nach oder höre sie vom Band ab. Wir hatten Konflikte mit Stolpe. Auch ich. Aber ich wußte ihn immer als einen der Unseren und konnte ihn auch als einen solchen erkennen. Stolpe war ein Pragmatiker, aber immer mit dem Blick über den konkreten Punkt hinaus. Für seine politische Vision hatte er eine pragmatische Konzeption. Er wollte vermeiden, daß Menschen ins Messer laufen, und wollte auch, daß das offene Messer verschwindet. Wir in der »Opposition« hatten in der DDR einen verschwindenden Minderheitenstatus. Gruppen waren überall Minderheit, in der Gesellschaft sowieso, aber auch in der Kirche. Stolpe wußte, daß »Opposition« ein Terminus fürs Strafgesetzbuch war, und versuchte die Sache ohne das Wort – aber auch ohne die politische Strukturierung einer Opposition. Stolpe hat das verhärtete System schrittweise aufzuweichen versucht. Er selber ist dabei häufig auch als zu weich empfunden worden. Es war ein sorgsam abwägender, auch abwiegelnder Kampf mit einer leicht reizbaren Staatsmaschinerie, die an die oberste Stelle stets ihre Macht setzte und immer mit ihrer Macht drohte. Sie nicht dazu herauszufordern, mit ihrer Macht zu drohen, oder sie anzuwenden, war erklärtes Ziel Stolpes. Die »Tauben« des Apparates spielten uns aus, indem sie stets drohten mit den »Falken« im Apparat. So machten sie ihn und viele von uns zu Kumpanen der Veränderung aus Angst vor der Verhärtung. Dies aber war wohl in den Beziehungen zwischen der Bundesregierung und der DDR vergleichbar. Er hat die Lunte nicht ans Feuer gelegt, er wollte, daß es nicht zur Überhitzung kommt. Er hat verstanden und akzeptiert, wo die Prinzipien und Reizschwellen des Staates lagen, und meinte, man könne dieses System nicht gleichzeitig ändern und abschaffen wollen. Die Staatsorgane hatten sowohl Angst vor der harten Konfrontation, auf die sie auch mit Härte reagierten, als auch Angst vor der Aufweichung. Stolpe hat versucht, unter relativ stabilen Verhältnissen, das System zu ändern, weil er von der Erfahrung ausging, daß die verunsicherte Staatsmacht bereit war, um sich zu schlagen, und daß eine ihrer selbst sicherere Staatsmacht auch größere innere Souveränität zeigen könnte (Dies war im übrigen auch die Konzeption der Entspannungspolitik, die an das Souveränitätsbedürfnis der DDR einige Konzessionen machte). Dieses Konzept wurde nach 1978 mehr und mehr kirchenpolitische Linie: Konfliktaustrag unter Berücksichtigung für das Gegenüber. Uns in der Friedensbewegung war die Haltung der Kirchenleitungen nicht selten zu kompromißlerisch, aber wir brauchten die Kirchenleitungen gleichzeitig.

Stolpe hat durch seine Berichte an die Staatsorgane, auch an die Stasi, zur Selbstberuhigung des zur Hysterie und Paranoia neigenden Staates beigetragen. Er wußte, was Gesprächsmakulatur zur Aufbesserung der Atmosphäre und was Kern der Sache ist, die man stets im Auge behalten muß, ob es nun um Wehrdienstverweigerung, Feindbilder, Bildungsfragen, Ausreise, Drucklizenzen oder Veranstaltungsverordnung ging. Auf diese Weise hat Stolpe die aggressive Bereitschaft des Stasistaates gelähmt und den Staat gleichzeitig stabilisiert. Seine Befriedung hatte nicht das Ziel, eine Friedhofsruhe zu schaffen, sondern eine Ausgangsbasis für Veränderungen zu schaffen. So ist es nicht auszuschließen, daß Stolpe in den Gesprächen auch seine Gegner von den Gedanken, die aus den Gruppen oder auf den Synoden geäußert wurden, »infiziert« hat. Dazu gehört sein Versuch, dies in die Sprache der Staatsorgane zu übersetzen, damit nicht Mißverständnisse entstehen. Wenn solche Berichte (im übrigen von der Stasi selbst aufgeschrieben und nicht in der Sprache Stolpes verfaßt) jetzt gelesen werden, so findet man darin abmildernde und abschwächende Passagen. Das kann man ihm auslegen als eine Verfälschung der Absichten der Kirche. Man kann aber auch sagen: Auf diese Weise hat Stolpe die friedliche Revolution über zwei Jahrzehnte auf seine Weise vorbereitet. Denn er hat die aufgeregten oder angestachelten Staatsorgane, die häufig mit ihren anderen »Organen« drohten, versucht zu beschwichtigen und hat dann um einzelne und einzelnes gefeilscht. Es ging um die Besänftigung des Löwen, um Überreaktionen zu verhindern. Je mehr die Staatsorgane das Gefühl des Niedergangs hatten, je größer die Legitimationskrise war und je mehr tiefe Unsicherheit sich ausbreitete, um so mehr mauerten sich die Betonköpfe ein, denn sie fürchteten, es ginge ihnen an die Macht und dann auch persönlich an den Kragen. Wenn Stolpe das Selbstbewußtsein der staatstragenden Machtorgane gestärkt hat, so tat er dies auch aus Angst heraus, daß die völlig Verunsicherten um sich schlagen würden. Die Möglichkeiten zum Zuschlagen hatten sie stets bereit. Immerhin gab es eine KGB-Studie über Gewaltausbrüche im Spätherbst '89 in der DDR. Nicht zuletzt Stolpe hat den Machthabern vermitteln können, daß die unter dem Dach der Kirche versammelten Gruppen keine Gewalt, wohl aber grundlegende Veränderungen wollten. Zu den Erfolgsberichten der Stasi mußte man einen Mann, zu dem man so viele Kontakte hatte, zu einem der Ihren zählen, um den obersten Herren das Gefühl zu vermitteln, sie hätten tatsächlich alle und alles im Griff. Dabei wußten sie zwar (fast) alles, aber sie hatten (fast) nichts im Griff. »Versöhnlertum« wurde übrigens sowohl von der fundamentalistischen Opposition, wie auch innerhalb der Parteioligarchie befürchtet. Daß bei solchen Gesprächen mit »der Firma« und den staatstragenden Herrschaften auch eine bestimmte Jovialität und atmosphäreschaffende Gutwettergeschwätzigkeit dabei waren, geht auch aus den bekanntgewordenen Akten hervor. Geradezu lächerlich indes erscheint mir das Aufbauschen einer Erklärung zum 25. Jahrestag der DDR. Wenn man sich erinnert, wie zustimmungssüchtig dieser Staat war, und wie man mit Formalkonzessionen – vor allem beim Ritual und Zeremoniebedürfnis – das uns Wichtige befördern konnte! Dennoch ist diese Erklärung von 1974 eine politische Geschmacklosigkeit, zumal wenn man sie heute liest. Sie war gänzlich überflüssig und alle, die sie damals formuliert haben, müßten jetzt auch die Freiheit finden, sie wenigstens nachträglich als Teil politischer Verwirrung zu kennzeichnen, nicht allein Stolpe, aber auch er.

Daß Stolpe den Weg in konspirative Wohnungen gegangen ist, hat er selbst an die Öffentlichkeit gebracht. Hat ihn das damals einsam gemacht? Oder hatte das seinen Reiz, das Versteckspiel? Daß er dies so spät öffentlich gemacht hat, ist auch für mich verwunderlich. Wäre es in der Diskussion um de Maizière nicht hilfreich gewesen? Indes kann ich nicht erkennen, wann und wo er bei diesen oder anderen Begegnungen den Menschen oder der Kirche hat schaden wollen oder ihnen geschadet hat. Man müßte eine Liste darüber aufmachen, wem er hat nützen wollen und wem er dann auch wirklich nützen konnte.

Wer in der Diktatur lebte, weiß, daß er bestimmte Grundsätze des Staates akzeptieren mußte, wenn er im einzelnen was erreichen wollte. Ob ein klarerer Kurs der Kirche nützlicher gewesen wäre, kann man nicht beweisen, weil Geschichte sich nicht nachstellen läßt, aber zeigen kann man, daß dieser Kurs letztlich in einen friedlichen Umbruch gemündet ist, an dem Stolpe keinen geringen Anteil hat. Eine klarere Haltung der Kirche wäre gewiß besser gewesen. Aber das Nützliche ist auch eine moralische Kategorie, wenn sie nicht (Selbst-)Verrat einschließt.

Zu den Besonderheiten dieses Staates gehörte neben seinem krankhaften Zustimmungs- und Zeremoniebedürfnis und seiner schwülstigen metaphorischen Sprache eine Scheu vor der Öffentlichkeit. Der Staat scheute vor allem die Westöffentlichkeit wie der Teufel das Weihwasser (wobei diese Herren das Weihwasser nicht scheuten) und erpreßte dann die Kirche zur »Vertraulichkeit«. Solcherart »Vertraulichkeit« wurde zur Bedingung dafür erklärt, daß überhaupt etwas erreicht werden konnte. Vermeidung von (West-)Öffentlichkeit wurde zur Spielregel erklärt. Wer sich darauf einließ – und sei es partiell –, wird heute leicht der Kumpanei bezichtigt. Und Kumpane gab es tatsächlich in der Kirche, auf allen Ebenen. Sie waren aber damals schon erkennbar. Dazu brauchen wir in einigen Fällen keine Akten. Wer indes einen bestimmten Verhaltensregelkatalog nicht einhielt, wurde zu Gesprächen gar nicht erst vorgelassen. Insofern brauchten wir stets Menschen, die vorgelassen wurden, auch wir eher Kompromißlosen brauchten sie. Der Wunsch nach »vertrauensvollen« Beziehungen war faktisch ein Wunsch nach Geheimdiplomatie. Viele verständnisbereite Staat-Kirche-Gespräche verführten 1984 auf der Bundessynode gar Bischof Hempel dazu, von einem »Grundvertrauen in unseren Staat« zu sprechen, im Gegensatz zu einem Grundmißtrauen.

Die Staatsorgane ließen jeweils durch den Gesichtsausdruck ihrer Staatsvertreter, zum Beispiel auf Synoden, erkennen, wie gut oder schlecht die Kirche sich verhalten hat. Die Staatsvertreter gingen in der Regel davon aus, daß alles, was auf der Synode gesagt wurde, letztlich von einzelnen, kirchenleitenden Persönlichkeiten gesteuert sei. Ihre Gesprächspartner auf der kirchenleitenden Ebene behandelten sie mit dem Wechselbad von Drohung und Lockung. Ein fast zum Ritual gewordenes Konfliktraster war: »Wenn Sie wollen, daß die Grundlagen des 6. März erhalten bleiben/zerstört werden, dann müssen Sie ..., ... sonst müssen Sie alle Konsequenzen tragen.«

In den Auseinandersetzungen auf den Synoden zu innenpolitischen Fragen, zu Menschenrechten und Frieden war oft nicht zu unterscheiden, wer aus Angst, wer aus Rücksicht, wer staats-stasi-gesteuert, wer aus Überzeugung argumentiert. Dennoch kamen wir auf den Bundessynoden 1985 und 1987 zu klaren innenpolitischen und friedenspolitischen Aussagen. Wieviel Deckung aber hatten wir dafür in den Gemeinden? Erst im September 1989 in Eisenach gelang es uns, direkt zu reden, statt die Kirchenleitungen zu bitten, bei den Staatsvertretern vorzusprechen. Wir formulierten selber das Nötige, was wir alle als

Subjekte in der Gesellschaft bräuchten: Demokratie. (Im übrigen erinnere ich mich genau, daß es Manfred Stolpe war, der in der entscheidenden Ausschußsitzung im September 1989 als erster ein klares Ja zu der Vorlage gab, die noch ein halbes Jahr vorher wohl nicht darauf hätte hoffen können, den Ausschuß überhaupt zu verlassen und in die Synode eingebracht zu werden.) »Bremser« waren stets andere gewesen. Stolpe war ein Vermittler. Als am 11. Januar 1989 in allen Zeitungen der DDR die ADN-Meldung »Stolpe und der Idealfall« erschien, dachten wir an einen beginnenden Kirchenkampf.

Es gibt für mich einen Punkt, an dem ich die Haltung der Kirche ganz grundsätzlich nicht verstanden habe und auch nicht an andere weitervermitteln konnte. Als nämlich zur Bundessynode im September 1982 die Vermittlungsgespräche zwischen Staat und Kirche dazu geführt hatten, daß schon im Vorfeld der Synode die Kirche bereit gewesen war, das Symbol »Schwerter zu Pflugscharen« aus der Öffentlichkeit zu nehmen. Das Verhandlungsgeschick Stolpes führte dazu, daß dieses Symbol nicht verboten wurde, wohl aber in die »Innerkirchlichkeit« zurückgedrängt wurde. Darüber mag es auch bei den Staatsorganen unterschiedliche Positionen gegeben haben, weil es eindeutig Kräfte gab, die dem ganzen Treiben der Kirche den Garaus machen wollten. Die »Friedensdekaden« (eingeführt seit November 1980) waren in den darauffolgenden Jahren ein wesentlicher Sammlungspunkt für die oppositionellen Gruppen. Aber die Kirche hatte über die Betroffenen hinweg eine Entscheidung getroffen. Ich empfand wie viele andere die Kirchenleitung als verlängerten Arm der Staatsmacht. Sie aber wies uns darauf hin, daß wir keine Alles-oder-nichts-Strategie verfolgen dürften, sondern Schritt für Schritt

eine Veränderung und Öffnung des Systems suchen sollten. Zwischen Pragmatikern und Radikalen gab es immer wieder einen Grundkonflikt, der konkret wurde an der Person Manfred Stolpes. Er war ein von vielen beneideter und angefeindeter Fuchs, der über die Interna des Staates und der Kirche Bescheid wußte. In Konflikten mit der Staatsmacht war er Ansprechpartner für Gruppen, wie für viele bedrängte einzelne, ob nun Kirchenmitglieder oder Kirchenferne. Gleichzeitig schien er ein Mensch mit Elefantenhaut zu sein: Er hat niemals die Ruhe und Übersicht verloren. Er wußte auch in verfahrenen Situationen einen Ausweg. Wenn er kein Fuchs mit der Elefantenhaut gewesen wäre, hätte er diese Position in diesen Jahren nicht durchhalten und ausfüllen können. Erst recht wäre er jetzt schon längst von der politischen Bühne gepustet worden.
Ich kann mir schlecht denken, was wir als Kirche ohne Manfred Stolpe in der DDR-Zeit gewesen wären. Nicht wenige können sich schlecht denken, was die Ostdeutschen denn noch wären, wenn man auch ihn jetzt menschlich, politisch, moralisch erledigen könnte. Es geht nicht mehr nur um sein Durchhalten, sondern auch schon um die Frage, ob es vertretbar ist, daß er durchhält. Aber mit ihm fiele inzwischen mehr als ein Ministerpräsident. Mit ihm fiele auch der Versuch, mit den Hinterlassenschaften der Diktatur offen, differenzierend, menschlich umzugehen, wobei die Rahmenbedingungen für das Handlungswagnis genauso wenig zu vergessen sind, wie die Konflikte von damals nicht nochmals so wiederholt werden dürfen, daß wir uns gegenseitig zerstören. Was gegenwärtig geschieht, trägt auch Züge eines versuchten Vatermordes von Menschen, die sich damals unten fühlten und jetzt wieder marginalisiert sind.

Wer die Stasiakten als einen Teil der Wahrheit des Lebens in der Perversion für die ganze Wahrheit nimmt, kommt in Wirklichkeit zu einer ganzen Lüge. Die Stasi wußte damals viel, aber sie hatte weniger wirklich im Griff, als sie es nachträglich »in den Griff« bekommt. Dafür aber wären wir selbst verantwortlich.

Der Tagesspiegel
9. Mai 1992

V.
Auf der Suche nach der Welt von morgen

Ein Volk ohne Vision geht zugrunde

An unserer Phantasielosigkeit könnten wir als Gattung zugrunde gehen, wenn die alten Methoden, unsere Konflikte lösen zu wollen, uns weiter beherrschen. Die Mittel zur Durchsetzung der alten Methoden stehen längst in keinem Verhältnis mehr zum Zweck, und zudem finden wir weniger denn je das Zauberwort zum Aufhören, wenn sie erst einmal »losgelassen« sind.

Der Golfkrieg ist die Antiutopie schlechthin. Bankrott der Politik, vorbereitet durch skrupellose Waffengeschäfte, angestachelt durch den drohenden Akzeptanzverlust modernster Rüstung, durch Dialogunfähigkeit der Religionen und Kulturen, durch Verlust von Handlungsfreiheit, durch Determination der Gewalt-Gegengewalt-Spirale ... Die versprochene neue Weltfriedensordnung beginnt mit einer ökosozialen Katastrophe, mit Anstachelung religiös-nationaler Urinstinkte, mit dramatischer Verelendung der Zwei-Drittel-Welt, dem drohenden Kollaps der Weltwirtschaft und dem Verlust des gerade erst neu gewonnen Ansehens der Vereinten Nationen.

Bewaffneter Friede führt zum Krieg. Und Krieg birgt in sich die Ursache für neue Kriege. An unserer Phantasielosigkeit gehen wir zugrunde. Indes reichen nicht neue Zukunftsentwürfe, Traumbilder, Hoffnungsvisionen, wenn sie nicht Menschen ganz und gar erfüllen und überzeugen, wenn Menschen nicht bereit sind, dafür alles einzusetzen – mit Mut, Geduld, Beharrlichkeit, beständigem Niederlagetraining, auch mit dem Humor des wieder und wieder umgehauenen Stehaufmännchens.

Wo die Trauer (und ihre Ausdrucksformen beziehungsweise Zeremonien) über Vergeblichkeit nicht zugelassen wird, wird das Ziel realitätsverzerrend für die Realität gehalten (zum Beispiel im »real existierenden Sozialismus«), oder Verbitterung schlägt in Zynismus um, der dann – machtpolitisch – zum Tabula-rasa-Wunsch auswuchern kann. Dann werden schließlich alle Hemmnisse für die Verwirklichung der Utopie ausgemerzt. Der gute Zweck wird durch die Wahl seiner Mittel unkenntlich gemacht. So muß dann nicht nur der Zweck die Mittel heiligen, sondern auch den Täter rechtfertigen.

Wer aber mit einem Traum lebt, kann die Realität nicht traumwandlerisch, blauäugig, naiv überspringen, sondern muß sie genau wahrnehmen und dem Traum die Handlungsschritte hinzufügen, ohne den Traum zu verraten. Transzendierende Wirklichkeit setzt voraus, das wahrzunehmen, was ist, ehe es überschritten wird.

Das Überspringen der Wirklichkeit würde die positive Utopie der Wirkungslosigkeit und Lächerlichkeit überantworten und produzierte so immer nur neue Resignation und Depression einerseits, elitäres Gehabe und terroristische Neigungen andererseits. So kann Martin Luther King, als er ahnt, daß Gewalt gegen ihn angewendet würde, 24 Stunden vor seiner Ermordung sagen: »Wir haben hier einige Schwierigkeiten. Aber das macht mir wirklich nichts mehr aus. Denn ich habe auf dem Berggipfel gestanden ... Gott hat mir gewährt, daß ich auf dem Berggipfel stehen durfte. Ich habe hinuntergesehen, und ich habe das gelobte Land gesehen. Vielleicht komme ich nicht mit euch zusammen dorthin. Aber ich erhoffe mir heute abend von unserem Herrn, daß wir als ein Volk ins gelobte Land kommen.« Hier wird das persönlich bewährt, was er in einer Predigt anderen grundsätzlich gesagt hatte: »Der christliche Glaube gibt uns die Kraft, tapfer zu tragen, was wir nicht ändern können, Enttäuschung und Sorgen gelassen auf uns zu nehmen, ohne je die Hoffnung zu verlieren.« Martin Luther King kehrt sich nicht ab von seinem Traum, nur weil er selbst seine Verwirklichung nicht mehr erleben kann. Er hinterläßt keine Kampfparole, sondern ein Traumziel, das nicht traumtänzerisch ist, sondern geradezu Lebensbedingung der Rassen wird, Konkretisierung der UNO-Menschenrechtscharta: die grundsätzliche und praktische gleiche Würde und gleiche Rechte für alle Menschen. Er weist über sich hinaus, nicht weil er todessüchtig ist, sondern weil er das Leben liebt.

Die meisten Religionen leben von ihren Paradiesvorstellungen am Anfang oder/und Ziel der Geschichte. Sie leben von der fruchtbaren und furchtbaren Spannung zwischen Realisierung paradiesischer Erwartungen in Raum und Zeit und dieser Erwartung jenseits menschlicher Zeit-Räume. Sie entgrenzen den Menschen angesichts seiner Grenzen. So wird das Jenseits zur Kraft des Diesseits, zur Vertröstung im Diesseits, zum Verrat des Diesseits, zum Verlust des Jenseits, zur (verbrecherischen) Etablierung des Jenseits im Diesseits. Dies alles existiert in den Religionen und den entsprechenden Institutionen sowohl nacheinander als auch nebeneinander.

Das mönchische Leben innerhalb der Welt außerhalb der Welt beziehungsweise das priesterliche Abgehobensein vom normalen Volk wird im elitären Selbstbewußtsein weltlicher Avantgarden fortgeführt.

Die christliche Dialektik von Schon und Noch versucht nicht, Zeiten und Welten produktiv zu vermitteln: mitten in der den Todesmächten verfallenen Welt scheint die neue Welt schon auf, aber jeder menschliche Versuch, das Letzte im Vorletzten, das Ewige im Zeitlichen, das Vollkommene im Unvollkommenen zu verwirklichen, hat die Gefahr der Hybris, die jedem religiös verbrämten Verbrechen Raum gibt – im gerechten Krieg, in Kreuz- und Missionsfeldzügen, in heiligen Kriegen, in Ketzer- und Hexenverbrennungen, in Gulag und KZ.
Christliche Utopie bleibt getragen von der (Glaubens-)Gewißheit, daß die Welt – nicht sich selbst überlassen – auf ihre endgültige, in der Zeit schon zeichenhaft aufleuchtende Erneuerung zugeht, in allen Feuerstürmen und Gewalteskapaden auf Friede und Gerechtigkeit gerichtet ist, in allen Entfremdungserfahrungen auf ein Beisich- und Beieinandersein in der Liebe hinausläuft, in allen Tränen des Leides auf Trost und Erlösung zugeht.
Es ist kein Zufall, daß es in unserem Kulturkreis besonders Juden waren und sind (ganz fromme und ganz laizistische), die den Utopien politische oder poetische Gestalt gegeben haben: Rosa Luxemburg und Ernst Bloch, Erich Fromm und Robert Jungk, Nelly Sachs und Rose Ausländer, Yehudi Menuhin und Leonard Bernstein. Gleichzeitig sind es Juden, die der Weltgemeinschaft mit analytischem Scharfsinn gedient haben: Sigmund Freud, Franz Kafka, Hannah Arendt, Theodor Weizenbaum, Manès Sperber.
Das Christentum, gespeist aus dem Judentum, würde auf eine Sammlung von Moralanweisungen mit sozialanthropologischen Erkenntnissen verkürzt, wenn es die Kraft seiner Hoffnung verlöre, die aus allen (bildhaften) Zukunftsvisionen kommen. Wo der Himmel nicht mehr auf-

geht, aus dem der Engelsgesang des Friedens kommt, bleibt nur dumpfe Realität des Bruttosozialprodukts und der Freizeitangebote bis an das (versicherte) Lebensende – Finis ... Utopien sind stets gefährliche und befreiende Erinnerungen zugleich: Jesaja Kap. 9 und 11 sind herrschaftskritische, pazifistische Hoffnungsbilder, stets wiederholt am nächtlichen Geburtsabend des Menschen, der aus einem Schafstall in der Kleinstadt Bethlehem dem König Herodes im hauptstädtischen Palast angst macht. Daß dies keineswegs folgenlose Idylle ist, zeigt sich bis hin zum Kreuz von Golgatha, das, als Symbol offen-sichtlichen Scheiterns aufgestellt zum Symbol einer Hoffnung wird, die Leid und Tod integriert, ehe sie in der Liebe zu neuem Leben aufsteht und überschreitet, was ist.

Die frühe christliche Kirche hat eine Gegenwelt zu leben versucht mit pazifistischen und kommunitären Formen. Sie wurde gegen aktive Gewaltfreiheit und wegen der Verweigerung des unbedingten Gehorsams gegenüber dem Kaiser verfolgt, bis sie selber zur Staatsreligion wurde und ihr überschüssiges Utopiebewußtsein mit der dazugehörigen Handlungskraft nicht nur einbüßte, sondern auf dem Altar der Realität weitgehend opferte. Jede Erneuerungsbewegung in der Kirche knüpfte immer wieder an den utopischen Überschuß des christlichen Glaubens an und wurde mit diesem Überschuß macht- und institutionskritisch. Die Spannung zwischen kleinen entschiedenen sogenannten Nachfolgegruppen und einer Volks- oder Massenkirche ist bis heute geblieben.

Es sind zumeist einfache, einprägsame Bilder, Zeilen oder Geschichten, die die Brücken sind ins Gelobte Land.

Regenbogen II

Die Sintflut
aufgeschoben

An der Regengrenze
die Wölbung
an der alle Farben
teilhaben

An denen wir
Freigesprochene
teilhaben

Über die flüchtige
Friedensbrücke
gehen unsere Augen
zeitverbunden

Mensch an Mensch an Mensch

Die in ganz andere Kämpfe des Jahrhunderts verwickelte, in Angst auch versagende Anna Seghers, schrieb: »Habt Ihr denn etwa keine Träume, wilde und zarte, im Schlaf zwischen zwei harten Tagen?
Und wißt Ihr vielleicht, warum zuweilen ein altes Märchen, ein kleines Lied, ja nur der Takt eines Liedes, gar mühelos in die Herzen eindringt, an denen wir unsere Fäuste blutig klopfen? Ja, mühelos rührt der Pfiff eines Vogels an den Grund des Herzens und dadurch auch an die Wurzeln der Handlungen.«
An den Grund des Herzens rühren »Träume«, bis sie auch die Wurzeln unserer Handlungen erreichen – und sie verändern. Von einem schönen Traum, einer schönen Musik, einer erleuchtenden Zeile kann sich bis hin zur Sentimen-

talität selbst ein Berija oder Stalin, ein Hitler oder Heß, der betende Pinochet oder der betende Saddam Hussein anrühren lassen ... Wenn die der Utopie innewohnende Humanität nicht die »Wurzeln der Handlungen« erreicht, bleibt es beim Blutigklopfen der Fäuste an den Herzen.
Auch der Umbruch im Osten, der im Oktober 1985 mit Gorbatschows erster großer Rede in Paris begann, lebte von nüchterner Wirklichkeitsanalyse einerseits und der Vision einer gemeinsam lebbaren Welt andererseits. Wie sich jetzt zeigt, war aber der Ausverkauf der Vision in den 70 Jahren politischer Praxis einer Nomenklaturapartei mit KGB-Primat schon zu weit fortgeschritten und die Wirklichkeitsanalyse noch nicht mutig genug gewesen. Zum Beispiel sah Gorbatschow den ökonomischen Ruin und das heraufziehende Nationalitätendesaster nicht. Dennoch bleibt seine Vision einer Welt, in der »globale Solidarität« zum politischen Lebensprinzip wird, Überlebensbedingung der Gattung. Was gegenwärtig geschieht, ist Negativutopie, Negation jeder Utopie in der Realisierung des »Präzisionskrieges mit Medienzensur« – um der »Freiheit und des Rechts« willen ...
Alltäglich-grundsätzlich, humorvoll-beißend, analytisch-poetisch, spielerisch-ernst konnte beim Umbruch im Herbst 1989 auf Demonstrationen und Foren in Theatern und Kirchen auch die »Utopie« ihre Wirkung tun. Wie lösend auch eine orts- und zeitgebundene banale und grundlegende Utopie mit Anhalt an der Realität wirken kann, erfuhren am Reformationstag 1989 Tausende Menschen in und um die Wilhelminische Schloßkirche. Mit befreiendem Lachen und Klatschen wurde eine Realutopie aufgenommen, indem Einrichtungsstücke in dunkler Kirche angeleuchtet und kommentiert wurden, Utopie wurde in angespannter Situation zu einem Lösungswort.

Träumt den Traum (Adaption zu Jesaja 11)

Wölfe werden bei den Lämmern wohnen
Kühe und Bären werden zusammen weiden
Löwen werden Stroh fressen wie Rinder
Ein Säugling wird spielen am Loch der Otter
Das Land wird voll Erkenntnis des Herrn sein
Und die Bergpredigt wird Präambel unserer Verfassung
Der Panzer schlägt Purzelbäume vor dem Schloß
Und die Pickelhaube legt bunte Ostereier auf die Wiese
Piesteritz überzieht die Stadt mit Lavendel
Im Kaiserstuhl trällert ein Kind: Die Gedanken sind frei, die Gedanken sind frei
Johannes Paul legt Blumen auf Luthers Grab nieder und küßt den Boden
Cheney und Jasov, Stoltenberg und Keßler klappen das Visier auf, legen den Raketen-Radar-Schirm nieder und knien vor dem Friedenskönig
Michail, das Licht aus dem Osten, radelt auf den Spuren Peters in Wittenberg ein
Die Generäle aus Ost und West legen die prächtigen Trophäen ein- für allemal auf dem Grab Friedrichs des Weisen nieder und werden Gärtner
Die Stasi/tzt vor Schreck auf dem Fußboden – Halt! –, und der Polizeichor streift sich Chorhemdchen über und singt im Fürstengestühl hingebungsvoll »Weck die tote Christenheit aus dem Schlaf der Sicherheit«
Margot übergibt Philipp die Reform des Schulsystems
Die neuen Fürsten, 22 Büromitglieder, geben ihre Jagdreviere dem Volk zurück.
Lucas Cranach lehrt Willi Sitte Sitte
Unsere Kinder bekommen nicht alles von uns gesagt – wir hören, was sie uns zu sagen haben

Luther, der alte Fürstenknecht, längst rehabilitiert, bekommt nun die Ehrendoktorwürde der Karl-Marx-Universität
Das ganze, lang geduckte Volk lernt den aufrechten Gang
Der Pfarrer überläßt vor Begeisterung dem neuen Bürgermeister seine Kanzel
Daraufhin liest die Frauenhilfe das Manifest
Die Kreuze ergrünen, die Pfarrer erröten
Die Reformatoren intonieren die Internationale: Eine feste Burg
Auf dem Regenbogen tanzen die Völker

Im Bericht des Mielke-Ministeriums hieß es zu diesem Vorgang lapidar: »Bekannte kirchliche Amtsträger und Vertreter antisozialistischer Sammlungsbewegungen, wie der Pfarrer Tschieche/Magdeburg und Schorlemmer/Wittenberg, heizen nach wie vor zu solchen Veranstaltungen die Stimmung gegen die Partei- und Staatsführung an; vor allem orientieren sie auf weitere Durchführung von Demonstrationen als politisches Mittel zur Druckausübung. In diesem Sinne forderte Pfarrer Schorlemmer demagogisch die Veranstaltungsteilnehmer in der Schloßkirche/ Wittenberg (31. 10. – 6500) auf, an Demonstrationen teilzunehmen und sich nicht zu wehren ...« Dort war nichts begriffen, weil man alles und alle im Griff zu haben glaubte, Sabotageinstitution einer sozialen Utopie, Sozialismus genannt, gescheitert an *Utopie- und Realitätsverlust* zugleich. Die zahlreichen Utopien des Herbstes 1989 trugen nicht, nachdem die abrupte Maueröffnung eine »Realutopie« erscheinen ließ und so über Nacht zunichte machte, was an eigener Anstrengung und Vorstellung auf den Weg gekommen war. Die Ernüchterung stellt sich bei der Mehrheit erst in diesen Tagen ein.

Wehe einer Welt ohne realitätsüberschreitende Utopien! Wehe einer Welt ohne realitätsanerkennende Analyse! Wo keine Verheißung ist, wird das Volk wild und wüst; aber wohl dem, der auf die Weisung achtet! (Sprüche 29, 18) Wer immer nur das Gute will, verfehlt das Bessere. Wer das Wirkliche mit dem Möglichen verwechselt, betrügt den Menschen um die Perspektive. Wer nicht zu überschreiten bereit ist, was ist, wiederholt stets das, was schon war.

NEUE DEUTSCHE LITERATUR
Nr.5/91

Die Rolle der Kirchen in der friedlichen Revolution Osteuropas

I

Wer *darin* war, kann schlecht *darüber* reden für die, die *draußen* waren. So sind Nicht-Verstehen und Miß-Verstehen schon vorprogrammiert. Was zwischen den Zeilen steht, ist das Eigentliche. In so einer Gesellschaft haben wir gelebt. Aber das, was zwischen den Zeilen steht, auf die Reihe, also auf die Zeile, zu bringen, ist mir noch nicht ausreichend möglich. Nur mit dieser Einschränkung kann ich das sagen, was ich heute sage.

Ich bin gerne nach Heidelberg gekommen, weil ich ein solches Thema auch als den notwendigen Versuch verstehe, das Europa, das wieder zueinander kommen kann, auch zusammenzubringen. Und das erste wäre, daß wir Deutschen nach dem förmlichen Akt der Einigung auch lernen, uns zu einigen, das heißt zunächst einmal uns auch zu verstehen.

Das Thema verstehe ich als den Versuch, zurückzublicken auf die letzten Jahre, und gleichzeitig versuche ich bei diesem Rückblick die Aufgaben für die Zukunft zu entdecken.

Die Kirchen im damaligen Ostblock haben entsprechend ihrer unterschiedlichen Tradition bei der friedlichen Befreiung auch eine sehr unterschiedliche Rolle gespielt, spielen können und spielen wollen. Bis auf Polen gehörten

die Christen zu einer gesellschaftlichen Minderheit. (Ich möchte damit keine Aussage machen, ob Christen im Westen zu Minderheiten gehören oder nicht.) Mit maßgeblicher Unterstützung der katholischen Kirche kam es dort im Februar 1989 zum ersten Runden Tisch, während genau in dieser Zeit in der Tschechoslowakei Václav Havel ins Gefängnis geworfen wurde. Die protestantischen Kirchen in der CSSR hatten nach der Niederwalzung des Sozialismus mit menschlichem Angesicht, also nach dem Ende des Prager Frühlings, ihre gesellschaftliche Rolle eingebüßt. Der Weg des Theologen Hromadka ist im August 1968 an russischen Panzern gescheitert. Und die Resignation unter den Christen in der Tschechoslowakei, bei Katholiken wie Protestanten, war bis in den Oktober 1989 noch groß. So war es kein Wunder – wenn ich das als Theologe so sagen darf, daß sie es im November dann doch wagten aufzubegehren. Eine andere Gleichzeitigkeit des Sommers 1989: Während in China die demokratische Erhebung der Studenten im Juni blutig niedergeschlagen wurde und die Volkskammer der DDR unter Beteiligung aller Blockparteien eine Angst einflößende China-Erklärung abgab, die dem Volk der DDR klarmachen sollte, was eine ähnliche *konterrevolutionäre Provokation* bei uns auf dem Marx-Engels-Platz auslösen würde (der dann zum Platz des Himmlischen Friedens geworden wäre), genau zu diesem Zeitpunkt erlitten die Kommunisten in Polen bei der ersten demokratischen Wahl ihre erste vernichtende Niederlage. Die Sammlungsbewegung Solidarnošc war von diesem Erfolg ebenso überrascht wie auch überfordert.
Auch das sollte für die spätere Entwicklung paradigmatisch werden. Es sollte sich nämlich herausstellen, daß in allen Ländern des Ostblocks das Fehlen einer qualifizierten Opposition den Aufbau demokratischer Strukturen enorm er-

schwerte, zumal die Opposition ein Sammelbecken ganz unterschiedlicher Gruppierungen war. Gegnerschaft verband sie, Verfolgung machte sie solidarisch, aber allgemeine Formeln waren keine Basis für praktische politische Arbeit in dem Moment, als diese möglich wurde. In Polen wurde zuerst sichtbar, daß sich die Opposition wesentlich einig war in der Ablehnung der Kommunisten und der dazu gehörigen leninistischen Ideologie; das bedeutete aber keinesfalls, daß sie mehrheitlich etwas liberal, demokratisch oder gar sozialdemokratisch gesonnen war.

Nach dem wunderbaren Aufbruch in Osteuropa zeigt sich überall, was geschieht, wenn eine Tabu-Gesellschaft zusammenbricht. Die Nationalismen brechen fast überall separatistisch auf. Die völkerverbindende Bedeutung der Kirchen ist kleiner geworden, ihre Aufgabe aber immer größer.

Der Beitrag der Kirchen in Ungarn, Rumänien und Bulgarien bei der demokratischen Erneuerung war eher marginal, fand aber in den Wochen der blutigen Auseinandersetzungen, zumal in Rumänien, durch einige Symbolfiguren wie den Pfarrer Tökés eine neue Bedeutung.

In der Sowjetunion schien die russisch-orthodoxe Kirche in sieben Jahrzehnten den jeweiligen Staatskurs mit blumigen Worten religiös zu umkränzen, was zu einer Inflationierung des Wortes *Frieden* beitrug. Auch sie war vom KGB massiv unterwandert. Aber seit dem Amtsantritt Gorbatschows hat die russisch-orthodoxe Kirche die Perestroika übersetzt und in einem mutigen theologischen Salto mortale eine Korrelation zwischen Perestroika und Umkehr beziehungsweise Buße hergestellt und sich sehr schnell der Perestroika-Politik Gorbatschows angeschlossen. Sie stellte die geistige Erneuerung, die Erneuerung durch den Geist, in den Mittelpunkt. Und in den letzten Tagen hat der russische Patriarch Alexej davon gesprochen, daß man in der Sowjetunion jetzt vor der sehr schwierigen Aufgabe stehe, mit der geistigen Verwüstung fertigzuwerden. Was man sehen könne, sei die materielle Verwüstung, aber die geistige sei viel schlimmer. Es werde sehr schwer werden, den Belastungen der neuen Freiheit standzuhalten, weil man in der Sowjetunion weder das quasi-religiöse Arbeitsethos der Protestanten habe noch die Wertschätzung des einzelnen Menschen in der katholischen Kirche.

Auch die russisch-orthodoxe Kirche hat sich in der Reformierbarkeit der Partei und des Sowjetsystems getäuscht. Es steht nach allen Anzeichen zu erwarten, daß es in der Sowjetunion zu einer Restauration kommt, vor allem zum Erstarken eines großrussischen Nationalismus. Und dabei wird wieder die einzige integrierende geistige Kraft, die russisch-orthodoxe Kirche, Pate stehen. Sie ist die einzige Kraft, die sowohl Intellektuelle wie das Volk ansprechen kann. Die Kränkungen der Kirche aber, deren schlimme Auswüchse bis in die Chruschtschow-Ära reichen, werden sich wahrscheinlich noch sehr rächen: in der totalen Demontage des roten Sterns. Ein erstes Signal ist die Umbenennung der Heldenstadt Leningrad in nicht etwa Petrograd, sondern St. Petersburg. Daniil Granin, einer der großen russischen Schriftsteller, sagte mir, daß es bei einem Zusammenbruch des Sowjetsystems nicht so friedlich abgehen würde wie im übrigen Ostblock. In der Sowjetunion wurden viele Millionen umgebracht, und die Erinnerung des russischen Volkes sei tief.

Was verbindet diese Unterschiede zwischen Katholiken, Protestanten und Orthodoxen in den Ostblockländern? Im Äußerlichen zwei Dinge: Erstens haben die Kirchen im Zusammenhang mit der Konferenz Europäischer Kirchen den Entspannungsprozeß, der sich in der Schlußakte von

Helsinki vom 1. August 1975 bündelte, mitvorbereitet, unterstützt und weitergeführt. Die Kirchen haben Themen aufgegriffen, die zu ihrem Auftrag gehörten: die Friedenssicherung zu verbinden mit dem Frieden im eigenen Land, die Fragen der sozialen Gerechtigkeit mit den Freiheits- und Menschenrechten des einzelnen, die globale Bedrohung der natürlichen Lebensgrundlagen mit den Fragen der Weltgerechtigkeit. Dies mündete, insbesondere in der DDR, in den konziliaren Prozeß für Gerechtigkeit, Frieden und Bewahrung der Schöpfung ein.
Nebenbei gesagt, waren es die Delegierten aus der DDR, die auf der Weltkirchenkonferenz in Vancouver 1983 den Vorschlag machten, angesichts der enorm gewachsenen Raketenbedrohung ein *Konzil für den Frieden* einzuberufen. Dabei stützten sie sich auf den bekannten Vorschlag von Dietrich Bonhoeffer von 1934. Ehrlicherweise sei aber angefügt, daß es auch innerhalb der DDR-Delegation nur eine qualifizierte Minderheit war, die sich dieser Dinge annahm. Ich merke auch schon, wie bei uns in der DDR die Legendenbildung beginnt. Der Erfolg – heißt es ja – hat viele Väter. Ich kann dazu für uns in der DDR nur anfügen, was Max Frisch 1949 so ausgedrückt hat: *Wer eine Tragödie überlebt hat, ist nicht ihr Held gewesen.* Wir haben überlebt.
Was die Kirchen im Ostblock bei allen Unterschieden zudem verbindet, war, daß sie trotz gravierender Unterschiede die einzigen relativ staatsunabhängigen Organisationen waren, allen voran die Kirchen in Polen und in der DDR, und daß sie jede auf ihre Weise versuchten, die christlichen Traditionen, die zu Asche gemacht werden sollten, wenigstens am Glimmen zu halten. Sie waren die Institutionen, die sich in einer ideologisch atheistisch-materialistischen Gesellschaft um die Seele des einzelnen kümmerten. Sie entwickelten Substrukturen, die sich einer rabia-

ten Prometheus-Ideologie widersetzten. Sie sorgten sich im totalen Versorgungs- und Überwachungsstaat um den einzelnen und um die durch äußere Versorgung nicht erreichbaren menschlichen Probleme. Sie stellten zusammen mit den Künstlern die Fragen, die immer ein Geheimnis offen lassen, die Frage des Menschen nach sich selbst, nach seinem woher, wohin und wozu.

Sie fanden bisweilen Verbündete unter den Ketzern, wie Sacharow und Kolakowski, Machovéc und Kopelew, Arpad Gönsz. Gönsz hatte nach 1956 in Ungarn neun Jahre gesessen und hat einen Roman über die Waldenser geschrieben. Die Kirchen im gesamten Ostblock waren alle miteinander herausgefordert, sich mit Marx und seiner Religionskritik zu beschäftigen. In der berühmten Einleitung zur Kritik der Hegelschen Rechtsphilosophie schrieb Marx:

> Das religiöse Elend ist in einem Ausdruck des wirklichen Elends und in einem Protestaktion gegen das wirkliche Elend. Die Religion ist der Seufzer der bedrängten Kreatur, das Gemüt einer herzlosen Welt, wie sie der Geist geistloser Zustände ist. Sie ist das Opium des Volkes. Es ist die Aufgabe der Geschichte, nachdem das Jenseits der Wahrheit verschwunden ist, die Wahrheit des Diesseits zu etablieren.

Wenn ich versuche, diese Sätze in einem verfremdeten Sinn anzuwenden, dann könnte ich folgendes sagen: In der Kirche wird gebetet, das heißt es wird auch gehadert, geklagt, protestiert, es wird das wirkliche Elend des Menschen ausgedrückt, das Elend, dem er als eine sterbliche Kreatur unterworfen ist, und das Elend, das die Menschen einander schuldhaft bereiten. Das geschieht auch im Gebet, und so ist es ein Ausdruck eines Elends und der Protest gegen das

Elend. Der ausgesprochene Protest entlastet, und er führt auch in den Kampf gegen das Elend. Aber der Betende sucht die Gründe für das Elend nicht immer nur beim Gegner oder Feind, sondern auch bei sich selbst. So muß in der Kirche ausdrückbar bleiben, was Menschen bewegt, umtreibt, kaputt macht. Hier muß *der Seufzer der bedrängten Kreatur* Raum gewinnen, oder sie ist nicht Kirche. Mitten in einer Welt, die oft als herzlos empfunden wird, kann die Gemeinschaft der christlichen Gemeinde *das Gemüt einer herzlosen Welt* sein, wenn sie dem verhärteten und entfremdeten Menschen Sprachräume gibt. Räume für den Selbstausdruck, Räume für den Wiedergewinn des Selbst, für die Kreativität und die Zuwendung zum anderen. Immer wird die Sorge um den einzelnen im Mittelpunkt stehen müssen. Kirche war und ist auch *Gemütspflege.* Wo sie nichts mehr fürs Gemüt tut, erkaltet sie und läßt erkalten. Viele westdeutsche Kirchen sind *wohltemperiert.*
Die Gottesdienste der christlichen Kirchen taten auch immer etwas für das Gemüt, oder sie blieben kalt und ließen dann auch kalt. Die christliche Gemeinde kann auch *Geist geistloser Zustände* werden, wenn der Geist in Ketten gelegt wird und/oder in der Banalität zu ertrinken droht. Und schließlich kann der Glaube *Opium des Volkes* werden, wenn er die Schmerzen zu überstehen hilft, die jetzt nicht zu überwinden sind. Und wo schließlich die *Wahrheit des Diesseits* zur einzigen Wahrheit wird, weist der Glaube auf das *Jenseits der Wahrheit,* nämlich einer Wahrheit, die das Vorhandene überschreitet, den Block auf das Unerwartete, das Mögliche, das zu Erhoffende richtet; und insofern haben die Kirchen im Ostblock der Marxschen Religionskritik auf ihre Weise Genüge getan.
Ich glaube, daß die Fragen des vorigen Jahrhunderts nicht überholt sind. Es sind neue Fragen hinzugekommen, die

das Überleben der Menschheit als Ganzes betreffen. In diesem Horizont stellen sich auch die kritischen Fragen von Karl Marx an die Religion neu. Diesen Fragen haben sich die christlichen Kirchen gestellt und dabei immer die Erkenntnis gewonnen, daß die Instrumentarien, die der real existierende Sozialismus – wie er sich nannte – und seine marxistisch-leninistische Ideologie anboten, zur Lösung der Menschheitsprobleme wenig taugten, jedenfalls in der Form nicht, in der diese Ideologie bis 1985 existierte. Als im Februar 1985 Gorbatschow an die Macht kam, erwachte bei vielen neue Hoffnung, während die Zweifel bei den anderen schon zu tief waren, ob dieser Kommunismus wirklich noch verbesserlich sei. Auf diese sechs Jahre seit 1985 – zwischen Hoffnung und Zweifel hin und her gepeitscht – blickend, komme ich zu folgendem Schluß: ob der Sozialismus verbesserlich sei, ist immer noch offen. Jedenfalls waren die Personen, die ihn machtbesessen trugen, und die Partei, die sein Anwalt wurde, nicht verbesserlich und erweisen sich in keinem Land als wirklich reformfähig. Soweit meine Anmerkungen zur Rolle der Kirchen in Osteuropa.

II.

Ich werde jetzt mehr aus der Frosch-Perspektive der DDR sprechen, über die Friedensbewegung der protestantischen Kirchen als eine Wurzel der gesellschaftlichen Änderungsprozesse.

Ich zeige Ihnen hier ein grünes Bändchen, 40 cm lang. Dieses Bändchen der Hoffnung wurde seit Oktober 1989 von vielen tausend Menschen im Knopfloch, am Auto, am Fahrrad öffentlich getragen. Es sollte das Band der Hoffnung sein gegen das Schwarz der Resignation, gegen das

Weiß der Ausreiser. (Diesen wurde das weiße Bändchen am Auto verboten – so viele konnten gar nicht heiraten wie in der DDR mit einem weißen Bändchen rumfuhren. Als das Bändchen an Autos verboten wurde, trugen sie weiße Söckchen. So waren die Friedensgebete oft von lauter weißen Söckchen besucht.) Dieses grüne Band wurde so auch das Band der Hoffnung gegen das Weiß der Ausreiser und gegen das ewige Rot der roten Diktatur. Ein Bändchen sollte es sein, ein Erkennungszeichen und kein Strick, auch nicht für die Gegner.

Dieses 40 cm lange Bändchen der Hoffnung deutete auch an: vierzig Jahre haben wir es ertragen und 40 Jahre sind genug. Das steht schon in der Bibel nach der Wüstenwanderung. Daß das System ausgerechnet in seinem vierzigsten Jahr zusammenbrechen sollte und gerade auch dieses Fest mit großem Pomp zu feiern gedachte, das wurde schon ein quasi biblisches Symbol. Daß dieses Fest zustande kam, hing mit dem Ritusbedürfnis unserer Politikgerontokratie zusammen. Sie wollten sich keinesfalls ihr Fest am 7. Oktober kaputt machen lassen, und danach sollte es richtig losgehen. Es ging auch richtig los, nur nicht in der erwarteten Richtung. Die Geschichte macht halt doch Sprünge. Eine Wüstenwanderung nannten nun viele die Jahre der DDR. Wüstenwanderung erinnert an Wüstenzeit und die Prüfungs- und Lernzeit. Aber wo wollten die Menschen aus der Wüste hin? In das Gelobte Land mit richtigem Geld und richtigen Autos. Wenn man dies im Gelobten Land erwartet hatte, dann mußte man auch auf diese 40 Jahre als 40 verlorene Jahre zurücksehen.

Ich hatte gesagt: Die Friedensbewegung der protestantischen Kirchen ist eine Wurzel des revolutionären Prozesses. Ich bitte die katholischen Christen, sich jetzt nicht verletzt zu fühlen: Ich zeige ihnen die weiche Flanell-Hostie unserer Revolution mit dem Symbol *Schwerter zu Pflugscharen*, die dann in die harte Hostie der 5-Mark-Stücke verwandelt wurde. Merkwürdige Transsubstantiation! In *dieser* Hostie sind noch die Nadelstiche erkennbar, die mit diesem Symbol verbunden sind. Die die andere Hostie anbeten, haben sich die Nadelstiche weitgehend erspart. Bei dieser Transsubstantiation braucht man nicht mehr zu glauben, das kann man fühlen, das kann man praktisch umsetzen. Für das erste stand all die Jahre eine Minderheit ein, die Mehrheit schluß sich dieser Minderheit kurzzeitig an, um dann zu sagen, was sie wirklich wollte: eine Hostie, deren Wert man nicht zu glauben brauchte, sondern der zu errechnen war. Auch das hatte quasi religiöse Gründe, in einem frühen Versprechen, das zuerst von der Werbung kam und dann von der Politik wieder in andere Worte übersetzt wurde: *Mit fünf Mark sind Sie dabei.* Bis auf die wenigen im *Tal der Ahnungslosen*, in der Gegend von Dresden, hörten das alle DDR-Deutschen jahrelang, aber sie konnten mit fünf Mark eben nie dabei sein. Dieser Lockruf hat jahrzehntelang die Tiefenschichten der Sehnsucht erreicht. Ich darf mich darüber nicht lustig machen, denn ich gehörte zu denen, die immer ein bißchen davon hatten, wegen der Beziehungen innerhalb der Ökumene und weil ich das Privileg hatte, aus dem Westen Besuch bekommen zu können.

Was ich ohne Bild sagen will, ist, daß die friedliche Revolution in der DDR aus der Friedensbewegung erwachsen ist. Und diese Friedensbewegung ist ohne die weltweite Friedensbewegung, insbesondere die der christlichen Kirchen Westeuropas und der USA, nicht zu denken. Das Symbol *Schwerter zu Pflugscharen* wurde zu einem Kampfsymbol gegen das immer militaristischer werdende kommunistische System.

Wie eine Kabarettnummer hört es sich heute an, ist aber

bitter ernst, was ich Ihnen aus der Lehrer-Zeitung von 1977 vorlesen möchte. Unter der Überschrift *Gruß der verteidigungsbereiten Jugend* wird noch vor der Einführung des Faches *Wehrunterricht* ein auf einem Kongreß für wehrpolitische Fragen vorgetragener Text abgedruckt:

> ERSTER SPRECHER *(Pionier):* Keiner ist zu klein, um Verteidiger unserer sozialistischen Heimat zu sein. Auch meine Freunde und ich, Heike Seifert, Schülerin der 5. Klasse der Theodor-Neubauer-Schule, Karl-Marx-Stadt, können schon einen Beitrag zum Schutz unserer Heimat leisten. Pionierhelden wie Sascha Tschekalin, der Jüngste in den Reihen der Helden der Sowjetunion, sind uns dabei Vorbild.
>
> ZWEITER SPRECHER: Ich heiße Uta Keilig, gehe in die 3. Klasse derselben Schule und bin Mitglied des Manöverstabes unserer Pionierfreundschaft. In diesem Jahr bereiten wir uns alle gründlich auf unser Pioniermanöver Freundschaft vor. Dazu bilden wir an unserer Pionierfreundschaft einen Manöverstab. Mit dem Freundschaftsrat beraten wir dann, nach welcher Idee wir unser Manöver durchführen wollen. Dann geht es erst richtig los.
>
> ERSTER SPRECHER: Da muß die Kleidung angefertigt werden.
>
> DRITTER SPRECHER: Da basteln wir Minen aus Luftballons.
>
> VIERTER SPRECHER: Wir besorgen Feldtelefone.
>
> FÜNFTER SPRECHER: Wir schaffen die Verpflegung heran, und ihr wißt ja, wie wichtig das bei einem richtigem Manöver ist.

ZWEITER SPRECHER: Zur besseren Vorbereitung der Gruppe führt der Manöverstab einen touristischen Wettkampf und den Wettbewerb Marschlied und Marschieren durch. Dabei üben wir das richtige Marschieren sowie die Kommandosprache.

SECHSTER SPRECHER: Nach dieser Vorbereitung beginnt unser Manöver. Wir beginnen mit einem Appell, zu dem ein Offizier der NVA spricht. Danach geht es an die Lösung der Aufgaben. Dann werden wir erst mal an die Gulaschkanone gerufen. Und am nächsten Tag feiern wir einen zünftigen Manöverball.

Da basteln wir Minen aus Luftballons: welche Perversion – statt friedlicher Konversion! Ich kann nur sagen, wer zu dieser Zeit von den Eltern und auch in den Kirchen zu dem, was da gewesen ist, geschwiegen hat, sollte jetzt still sein und die Steine liegen lassen und statt der Steine einen Spiegel kaufen. Es waren wenige, die sich in dieser Zeit einer Militarisierung unserer gesamten Gesellschaft entgegensetzten. Es waren manchmal Synoden, hinter denen wir uns versteckt haben. Wir wollten Öffentlichkeit, aber in dem Moment, in dem es Öffentlichkeit gab, war auch alles wieder gefährdet, was wir taten. Wenn also etwa am Abend in der Tagesschau aus einem Synodenbeschluß zitiert wurde, waren wir einerseits froh, aber andererseits war auch höchste Gefahr. Wir haben in einer der Synoden, 1981, mit Zittern und Zagen gewagt, das Wort SS 20 zu drucken. Es war sogar das Wort untersagt. Es gab nur die Nato-Raketen und den Nato-Doppelbeschluß. Auch das Tabu der massiven sowjetischen Panzerüberlegenheit sprachen wir 1981 öffentlich an.

Und das, was ich gerade vorgelesen habe, militaristisch zu nennen, war, wenn es in einer *Organisation* geschah, nach Paragraph 106 des Strafgesetzbuches mit zwölf Jahren zu ahnden.

Das Symbol *Schwerter zu Pflugscharen* wurde zu einem pazifistischen Kampfsymbol – obwohl sich das vielleicht widerspricht, von einem pazifistischen Kampfsymbol zu sprechen. Es bedeutete die Gegnerschaft zur Militarisierung der gesamten Gesellschaft und wies positiv auf die Einrichtung eines sozialen Friedensdienstes in unserem Lande hin.

Damit konfrontierte die Friedensbewegung die DDR auch mit einem Radikal-Pazifismus. Das besonders Erregende war, daß das Symbol ausgerechnet von der Sowjetunion stammte und der UNO geschenkt war und man eigentlich nicht so richtig dagegen sein konnte. Also mußten die Methoden der Staatssicherheit angewendet werden, wenn man nicht frontal vorgehen wollte.

Gedacht war an den Zusammenhang mit dem Prophetenwort aus Jesaja, an Schwerter, die zu Pflugscharen werden sollten, die in der Dritten Welt für Brot sorgen. Das spätere Gorbatschowsche Kürzel dafür hieß dann *Abrüstung für Entwicklung.* Das Symbol richtete sich gegen die Zweiteilung der Welt, die auch eine Zweiteilung der Waffen implizierte. Unser Staat nannte sich ein Friedensstaat, und seine Waffen dienten nur zur Sicherung des Friedens, während die Waffen auf der anderen Seite aggressiv und friedensgefährdend waren.

Dieser Ideologie hat sich im übrigen die Ost-CDU mit besonderer innerer Anteilnahme angeschlossen. Es gibt auch nicht ein einziges Dokument aus der Geschichte der CDU, in dem sie sich dagegen ausgesprochen hat. Im Gegenteil. Sie hat immer den *Dienst mit der Waffe für unseren Friedensstaat*

als einen christlichen Dienst verstanden. Es gibt keinen einzigen Text der CDU der damaligen DDR, der sich substantiell von der Militärideologie der SED unterscheidet. Oder etwas zu Afghanistan sagte oder zu den, wie man bei uns sagte, Ereignissen in der Tschechoslowakei.
Im übrigen fehlten auch öffentliche Äußerungen der katholischen Kirche zu diesen Problemen. Die evangelische Kirche hat als einzige die Fragen der Abrüstung, besonders die Frage des Kriegsdienstes immer wieder konkret thematisiert. Um auch hier jeglicher Mythisierung entgegenzutreten: Es waren auch in der evangelischen Mitarbeiterschaft wenige, die sich dieser Fragen aktiv annahmen, und es waren wenige Gruppen in den Gemeinden, die wirklich etwas wagten oder die Zustimmung der Gemeindekirchenräte fanden. Es war eine verschwindende Minderheit in der Gesellschaft, auch eine Minderheit in der Kirche; eine Minderheit aber, der es gelang, in den Synoden Mehrheiten zu bekommen, weil gerade diese wenigen zu denen gehörten, die glaubten, daß es trotzdem Sinn hat, sich zu engagieren, daß es doch Wirklichkeit werden kann, daß das weiche Wasser den Stein bricht. Also haben sie sich engagiert, wo die anderen zu Hause abgewartet haben.
Es wäre allerdings ein Irrtum, anzunehmen, sie hätten Mehrheiten in den Gemeinden gehabt. Die Erklärungen der Synoden wurden Fanale in die Gesellschaft hinein und lockten später viele Nichtchristen unter das Dach der Kirche, unter dem sie ihre Interessen und Meinungen glaubten, frei ausdrücken zu können. Daß wahrscheinlich jeder Fünfte von uns von der Staatssicherheit erpreßt war, hatte niemand von uns für möglich gehalten. Ich kann nur sagen: ein Glück!
Ich gehöre zu der Gruppe von Protestanten, die nicht davon abgelassen haben, in den Ideen des Prager Früh-

lings eine Alternative zum real existierenden Sozialismus wie zum existierenden Kapitalismus zu sehen. Wir hatten Hoffnung auf einen verbesserlichen Sozialismus. Dies scheint gescheitert, aber eigentlich gescheitert an den unverbesserlichen Machtträgern, die die Länder des Ostblocks in eine krude Ideologie zwängten, die unter zunehmender Wirklichkeitsallergie litten und die Länder in starren Strukturen buchstäblich ersticken ließen.
Der Aufbruch von 1985 kam wahrscheinlich 17 Jahre zu spät. 1968 hätte sich dies einfügen lassen in die Zeit der großen weltweiten Aufbrüche, die von den USA über Frankreich und die Bundesrepublik bis Prag reichten. Schließlich war auch die Vollversammlung des Ökumenischen Rates der Kirchen in Uppsala 1968 eine Art Initialzündung für die Öffnung der Kirchen gegenüber den Weltproblemen, insbesondere der Dritten Welt. *Wer zu spät kommt, den bestraft das Leben.* Dieser berühmt gewordene Satz Gorbatschows könnte sich jetzt auf die ganze Menschheit beziehen, jedenfalls was die ökologische Grundgefährdung und den eskalierten Welthunger anbelangt.

III.

Drittens möchte ich in aller Kürze etwas zu den Phasen des Staat-Kirche-Verhältnisses in der DDR sagen.
Bis zum Mauerbau ging man in der DDR davon aus, daß die DDR nur ein Provisorium sei, und verfolgte deshalb bis 1961 einen starren Konfrontationskurs. Nach dem Mauerbau kam eine Art Abfindungsphase. Die dritte Phase, nämlich eine Selbstklärungsphase, reicht von der Zeit, in der die Kirchen sich organisatorisch von den Westkirchen trennten – also von 1969 bis 1978.

Die vierte Phase begann 1978. In dieser Zeit gab es ein offizielles Staat-Kirchen-Gespräch, das die Kirche in die Lage versetzte, zumindest im geschlossenen Raum als Mandatsträger der Öffentlichkeit dem Staat gegenüber auch gesellschaftliche Fragen vorzubringen. Ich nenne dies die Phase einer kritisch assistierenden Opposition. Die Kirchen wurden als Partner des Dialogs vom Staat akzeptiert und die Kirche als außenpolitischer Faktor im KSZE-Prozeß anerkannt und auch eingesetzt. Diese Phase mündete 1989 mit dem Beschluß der Bundessynode im September 1989 in eine offene Oppositionsphase und damit in die letzte, fünfte Phase, in der die Kirche Dach der Opposition wurde. Seit September 1989 wurde die Kirche Ausgangspunkt und Träger der Kerzen-Revolution. Der Kulminationspunkt aber scheint mir die ökumenische Versammlung in Dresden zu sein, die Ende April 1989 zwölf Texte zu Fragen der Gerechtigkeit, des Friedens und der Schöpfungsbewahrung verabschiedete. Die meiste Diskussion gab es um einen Text, in dem es um mehr Gerechtigkeit in der DDR ging. Der damalige Staatssekretär für Kirchenfragen versuchte noch mit einer direkten Erpressung des Bischofs Hempel auf die ökumenische Versammlung einzuwirken, indem er sagte: Wenn ihr diesen Text verabschiedet, werden die Grundlagen des Gesprächs zwischen Staat und Kirche zerstört sein. Wir waren so weit gekommen, daß der Bischof kommentarlos der Öffentlichkeit mitteilte, was der Staatssekretär ihm gesagt hatte. Daraufhin war klar, daß unser Text die Mehrheit bekam. Gottes Wege sind manchmal unerforschlich. Vorher war noch nicht klar, ob sich nicht die durchsetzen würden, die sagten, es ist doch noch ganz gut und wir versuchen es noch einmal. Als diese Erpressung kam, wußten wir: jetzt müssen wir Farbe bekennen. Rückblickend muß ich sagen, daß die Sicherheitsorgane eher vorausgesehen haben als wir selbst, was diese Texte bedeuten würden. Schließlich waren sie ja auch Ergebnis eines in der DDR einmaligen basisdemokratischen Vorgangs, in dem Zehntausende Briefzuschriften zu Entwürfen für diese Versammlung eingegangen und verarbeitet worden waren. Es war auch ein Kulminationspunkt in der ökumenischen Entwicklung. Die katholische Kirche in der DDR hatte sich am 1. Advent 1987 überraschend doch noch entschlossen, in diesen konziliaren Prozeß mit einzusteigen. So standen hinter den Texten der ökumenischen Versammlung praktisch alle christlichen Kirchen und Gemeinschaften in der DDR und fanden sich in enger Verbindung zu nichtchristlichen Oppositionsgruppen.

Für die in der Ökumenischen Versammlung gelungene Ökumene besteht darin eine gewisse Tragik, daß die katholische Kirche Texte der Ökumenischen Versammlung einerseits weniger rezipierte als die evangelische und sich anfangs bei der friedlichen Revolution bis auf einzelne Priester und ganz wenige Kirchen bedeckt und – im wörtlichen Sinne – verschlossen hielt, um dann um so entschiedener – als alles entschieden war – in das politische Leben einzugreifen. Dies hat zu einer tiefen Krise der Ökumene in den neuen Bundesländern geführt.

In vielen Fällen ist es zwischen Katholiken und Protestanten zu einer Rechts-Links-Polarisierung gekommen, und die Ökumene hat tiefen Schaden erlitten. Dies ist eines der traurigen Ergebnisse unserer Revolution, zumal die katholische Kirche jetzt bisweilen als die Organisation auftritt, die sich selber bescheinigt, sich die Finger mit solchen Begriffen wie *Kirche im Sozialismus* und Redewendungen wie *verbesserlicher Sozialismus* nicht schmutzig gemacht zu haben. Sie kann sich wahrlich darin ein gutes Zeugnis ausstellen, daß sie zu wesentlichen Fragen beharrlich geschwiegen und ihre Mitglieder zum Schweigen angeleitet hat, weil – wie mir ein Katholik in der heißen Phase der Auseinandersetzung um die Friedensbewegung sagte – es sich nicht lohnte, sich mit den Kommunisten auseinanderzusetzen, weil *die ja sowieso die Lüge sind.* In den konkreten Auseinandersetzungen um die Raketenstationierung in Ost und West, um das Symbol *Schwerter zu Pflugscharen,* um Wehrunterricht und Wehrdienstverweigerung, um Reisefragen und andere Menschenrechte, um ökologische Verseuchung und Ausreise, Atomkraft nach Tschernobyl und die Perestroika in Osteuropa blieb die evangelische Kirche weitgehend allein. Widerstand durch Schweigen? Überwinterungsstrategie einer Minderheit? Aber auch andere stiegen in den revolutionären Prozeß erst ein, als alles entschieden war, wie der Thomaskirchenpfarrer Hans-Wilhelm Ebeling und der spätere DDR-Innenminister Peter-Michael Diestel, der im Januar 1990 angab, das *christlich-konservativ-liberale Spektrum* anzusprechen und *jedem sozialistischen Gedankengut negativ gegenüberzustehen.*

IV

Nun zu den Kennzeichen des Aufbruchs. Die Aufweichung des verhärteten Systems der Länder, die sich sozialistisch nannten, war ein langwieriger, unspektakulärer, von kleinen Hoffnungen und jähen Rückschlägen geprägter Prozeß. Für die DDR ließen sich folgende Kennzeichen nennen:

1. Die Umwälzung wurde durch *Wühltätigkeit* vorbereitet – ein Begriff, den die Sicherheitsorgane benutzt haben,

der aber ganz treffend ist. Durch jahrelange *Wühltätigkeit* entschlossener, kleiner, verschworener, zerrissener, resignierter und euphorischer Gruppen. Ich nenne sie Beunruhigungsgruppen, die in unterschiedlichen Abstufungen mit der Kirche verbunden waren und die eine DDR-spezifische Szene hervorbrachten. Sie setzen sich seit 1982 spezielle Aufgaben, veranstalteten seit 1984 auch Gesamttreffen.

Die Sicherheitsorgane gingen von einer großangelegten Konspirationsstrategie dieser Gruppen aus und unterbanden solche Konspirationen mit dekonspirativen Mitteln. Sie versuchten jegliche Vernetzung zu verhindern, damit die Gruppen schön zerstückelt und vereinzelt blieben; und nach ganz konkreten Anweisungen des Mielke-Ministeriums sollten die Rivalitäten in den Gruppen gestärkt, die inneren Zersetzungsprozesse in den Gruppen unterstützt werden. Wenn man sich rückblickend ansieht, welche Leute sich da wie betätigt haben, dann glaubt man wieder an den Leibhaftigen. Die Sicherheitsbeamten konnten eigentlich beruhigt sein. In der Friedensbewegung gab es genug eigenes Chaos. Von Strategie eigentlich keine Spur.

2. Es gab eine unabgesprochene, aber nicht unproblematische, eine beiderseits unbequeme, aber nicht unwirksame *Arbeitsteilung* zwischen Kirchenleitung und Dissidentengruppen. Die kirchlichen Repräsentanten hatten gelegentlich Zugang zu staatlichen Entscheidungsträgern oder wurden in Konfliktfällen dorthin zitiert. Die Öffnung ging einerseits bis zu paritätisch besetzten Fachgesprächen zwischen Staat und Kirche (zum Beispiel über Kernenergie nach Tschernobyl) und reichte bis zum staatlich gewünschten, kirchlich akzeptierten

Ausschluß von Gesprächsteilnehmern. Im Juni 1989 hat es ein Bischof zugelassen, daß ein anderer Bischof zu einem Gespräch mit Honecker nicht zugelassen wurde – auf staatlichen Druck hin –, weil er fürchtete, daß dieser Bischof mit dem Namen Forck die Gelegenheit nutzen könnte, um den Protest der Bürger gegen die Wahlfälschungen dem Herrn Generalsekretär vorzutragen. Der andere Bischof wollte seine feierliche Domeinweihung durch derlei nicht gefährden.
Aber generell gab es insofern eine »funktionierende« Arbeitsteilung, als die Kirchenleitung beim Staat etwas anmahnen konnte, was von den Gruppen gefordert wurde, und der Staat andererseits über die Kirchenleitung Zensurfunktionen gegenüber Gruppen hatte.

3. Es gab einprägsame Symbole und symbolische Handlungen, Bilder und Karikaturen bis zu Kurzformeln. Das reichte vom genannten Flanellsymbol bis zu Pilgerwegen, Mahnwachen und Kerzenprozessionen; bis sich der Aufbruchprozeß dann verwandelte und Fahnen, Parolen und Hymnen die Szene bestimmten. Aber angefangen hatte es mit so einer einfachen Parole wie *Frieden schaffen ohne Waffen.*

4. In formellen und informellen Gremien wurde beharrliche, unter erschwerten Bedingungen der Literaturbeschaffung erfolgende, kompetente Sacharbeit geleistet zur Ökologie, zur Friedensforschung, zu Dritte-Welt-Fragen, wobei – auch dies rächte sich – die Ökonomie fast völlig außen vor blieb. Solche Gremien waren etwa die theologische Studienabteilung beim Bund der Evangelischen Kirchen, die einen einzigen hauptamtlichen Mitarbeiter für Friedensfragen hatte.

Was ein Mann wie Jochen Garstecki geleistet hat, verdient größte Hochachtung.

5. Einzelne wagten sich heraus; einzelne, die bereit und in der Lage waren, den Preis der Angst zu zahlen: Vera Wollenberger und Roland Jahn, Rudolf Bahro und Jürgen Fuchs, Hansjörg Weigel und Jürgen Fischbeck, Heino Falke und Harald Brettschneider, und manchmal auch Schüler wie die von der Ossietzky-Schule.

6. Das Werk und Wort von Künstlern und Schriftstellern, Liedermachern und Kabarettisten prägte und trug das Widerstandsbewußtsein, gab ihm Sprache (*Kassandra*/Christa Wolf) und Gestalten (*Jahrhundertschritt*/Wolfgang Mattheuer) in der Kritik des Bestehenden, in der Anmahnung des nun Nötigen und in der Perspektive des Möglichen. Kunst wurde unfreiwillig zur freiwilligen Erziehung des Menschengeschlechts. Der Offizier gegen Hitler im Zweiten Weltkrieg – Stefan Heym – und die tief aufrichtige, ihre und unsere Geschichte mit dem Schmerz der Wahrhaftigkeit aufgreifende Christa Wolf; der vom überzeugten Nazi zu einem sozialistischen Demokraten gewordene, von Trakl belehrte Franz Fühmann und viele andere. Sie werden einmal das wieder sehen lassen, was bei uns auch war, nämlich beständiges Training des aufrechten Gangs unter erschwerten Bedingungen.

7. Immer wieder hörten wir Signale. *Völker, hört die Signale aus dem Osten!* Bis zum entscheidenden unerwarteten Signal des aus dem Apparat gekommenen großen Denkers und geschickten Pragmatikers, Michail Gorbatschow. Diese sechs Jahre haben die Welt grundstürzend verändert. Dies wurde aber für uns durch viele

Impulse aus dem Osten, aus allen osteuropäischen Staaten, mit vorbereitet, vor allem – in der DDR jedenfalls – durch die sowjetische Literatur: Schukschin und Jewtuschenko, Rasputin und Aitmatow, Tendrjakow und Granin, Wyssotzkis Lieder und Falins Interviews bis zum großen internationalen Moskauer Forum im Februar 1987.

Und nun im Osten der Rückfall in nationalistische Zersplitterung, in blutige Bürgerkriege. Diese verhängnisvolle Entwicklung hat ihren Grund unter anderem darin, daß die kommunistischen Parteien keine Opposition zuließen, die die Geschicke der Länder hätte übernehmen können. Da alle anderen gesellschaftlichen Strukturen zerstört worden waren, ist es schwierig, von einer zentralistischen Gesellschaft, die bis in das Denken der Menschen hineinragt, in eine pluralistische zu kommen.

V

Welches waren die wichtigsten Stationen der friedlichen Revolution im Osten? Die erste Station reichte bis 1983, und sie hängt mit der ganzen Problematik der Raketenstationierung und des neu erwachenden Pazifismus zusammen. Eine zweite Station war der Kirchentag 1987 in Berlin, wo sich erstmals die *Kirche von unten* dem offiziellem Kirchentag präsentierte. Das SPD-SED-Papier erschien, von dem viele in der SPD sich jetzt schamhaft distanzieren – was ich nicht verstehe –, das für uns eine wichtige Dialogvoraussetzung war, ein Papier, auf das wir uns immer bezogen. 1987 verabschiedete die Bundessynode den Text *Bekennen in der Friedensfrage*, der weiter ging als alles, was protestantische Kirchen bisher in der Friedensfrage gesagt hatten. Nach der Vereinigung wird wahrscheinlich auch dieser Text in die Schubladen der Kirchengeschichte wandern, wenn wir uns nicht wehren. 1987 war das Jahr, in dem wir noch glaubten, ein Aufbruch miteinander wäre möglich. Ich denke dabei an den sogenannten Olof-Palme-Friedensmarsch in der 150-km-Zone auf beiden Seiten der Trennlinie zwischen den Systemen. Das alles wurde jäh unterbrochen, wahrscheinlich durch einen Staatsstreich der Staatssicherheit, die die Umweltbibliothek besetzte, das SPD-SED-Papier uminterpretierte und dann im Januar 1988 zuschlug, als auf einer Rosa-Luxemburg-Veranstaltung einige Leute öffentlich Rosa-Luxemburg-Parolen trugen und riefen. Den Ausreiseantragstellern unter ihnen, die die Aktion für sich privat instrumentalisierten, öffnete sich der Schlagbaum, während den Reformern Bohley, Wonneberger, Fischer der Prozeß gemacht wurde. Dubios blieb die Rolle von Klier/Krawczyk, als der Kompromiß *Rausschmiß auf Zeit* unter Vermittlung der Kirche gefunden wurde. Der Rechtsanwalt Schnur war immer mit von der Partie: Stasi-bezahlter *Vertrauensanwalt* seit 1967.

Im Juni 1988 wurden auf dem Kirchentag in Halle *20 Thesen zur gesellschaftlichen Erneuerung* durch eine Wittenberger Gemeindegruppe vorgelegt. Sie bekamen eine unerwartete Breitenwirkung – bis in die Ortsgruppen der CDU – und riefen die Stasi auf den Plan. Die evangelischen Kirchen machten auf der Bundessynode im September 1988 den letzten Versuch, zum gesellschaftlichen Dialog zu kommen, und Bischof Leich nahm – 20 Jahre nach 1968 – das Stichwort vom *Sozialismus mit menschlichem Antlitz auf.* Es sollte ihm schlecht bekommen. Nun begann eine neue Phase des Kampfes gegen die Opposition, von der die Stasi annahm, sie hätte doch die Kraft, die Menschen zu gewinnen. Es gab Geheimstudien vom KGB, in denen prognostiziert wurde, daß es im Dezember 1989 oder Januar 1990 in der DDR zu blutigen Auseinandersetzungen kommen werde; und die DDR richtete sich auf solche blutigen Auseinandersetzungen ein und nicht auf die friedliche Form. (Sindermann, der damalige, wenige Tage später verstorbene Präsident der Volkskammer, hat nach dem Umbruch gesagt, man sei auf alles vorbereitet gewesen, nur nicht darauf, daß wir gewaltlos vorgehen würden.)

Schließlich kam das Jahr 1989 mit dem abschließenden Dokument des KSZE-Folgetreffens in Wien. Man muß daran erinnern, daß das, was 1975 begann, im Januar 1989 abgeschlossen wurde. 1989 wurde zu dem Befreiungsjahr, in dem die KSZE-Schlußakte Wirklichkeit werden konnte. Die Einrichtung des Runden Tisches in Polen sollte Vorbildwirkung bekommen. Der Wahlbetrug am 7. Mai 1989, die letzte große Masseninszenierung mit Jugendlichen zu Pfingsten in Berlin, die ideologisch wieder verengende Botschaft des Pädagogischen Kongresses, die Unterstützung der Massaker in China durch Regierung und Volkskammer einerseits – und andererseits der historische Durchschnitt des Stacheldrahtzauns in Ungarn ließ die innere Zerreißprobe anwachsen. Der Massenexodus über Ungarn, die Tschechoslowakei und Polen drohte das große Fest am 7. Oktober zu verderben und machte die Organe handlungskonfus.

Das *Trommeln für China* in den Kirchen, die monatlichen Proteste gegen den Wahlbetrug, Mahnwachen und Fürbitten für Inhaftierte führten schließlich in Leipzig und Magdeburg Anfang September zu Demonstrationen außerhalb der Kirchenmauern. Zunächst waren die *Ausreiser* in der

Mehrheit. Revolutionär wurde es, als die *Hierbleiber* die Mehrheit bekamen. Die friedliche Kerzenrevolution begann. Ihr gingen Gebete um (gesellschaftliche) *Erneuerung* voran; sie ließen die Kirchen zu Räumen der freien Sprachübungen werden, bis sich der Dialog auf den großen Plätzen und in den großen Sälen fortsetzte. Es gab – meist unter Leitung evangelischer Pfarrer – viele Runde Tische im ganzen Land, ehe es am 7. Dezember zum großen Runden Tisch in Berlin unter (ökumenischer) kirchlicher Moderation kam.

Als sich der Demonstrationszug am 4. November nicht auf die Mauer zubewegte, Schabowski und Wolf runtergepfiffen wurden, Gewalt unterblieb, das freie Wort von Kommunisten und Nichtkommunisten, von Christen und Nichtchristen befreit-begeistert aufgenommen wurde, da schien ein eigenständiger, demokratischer, friedlich verlaufender revolutionärer Umbruch möglich. Die Maueröffnung brach diesen Prozeß ab und verband die Befreiung mit der Vereinigung.

Drei große Städte und ihre Kirchen haben den Befreiungsprozeß inspiriert: Dresden war seit 1980 das geistliche und politische Zentrum. Berlin war wegen des Sonderstatus immer das publizistische Zentrum. In Dresden kam es zu ersten Gewaltszenen, als die Züge aus formalen Gründen nochmal durch die DDR geschleust werden mußten, damit die Bürger aus der Staatsbürgerschaft der DDR entlassen werden konnten. Es ereigneten sich schlimme Szenen, aber es gab auch den ersten Dialog zwischen den Demonstranten und den Schwerbewaffneten mit ihren Hundestaffeln. Der erste Dialog fand also in Dresden, nicht in Berlin statt. Die jahrelangen *Friedensgebete* in der Leipziger Nicolaikirche, die zunächst mehr und mehr zu Ausreisetreffs wurden, bekamen ab 4. September eine in die Öffentlichkeit wirkende Funktion und entwickelten eine Eigendynamik. Der 9. Oktober in Leipzig wurde zum Wende-Signal möglicher Friedfertigkeit und zum Menetekel für die SED.

VI

Abschließend möchte ich noch einiges zur Teilung der Gesellschaft, zur Einheit der Nation und vor allem zu den künftigen Aufgaben der christlichen Kirche sagen.

Rückblickend kann man feststellen, daß sich die DDR vielleicht aus drei Gruppierungen zusammensetzte. Die eine Gruppierung war die staatstragende Partei, die die Wurzel allen Übels lediglich in überlebten Verhaltensweisen einer überwundenen Gesellschaftsordnung und in den negativen Beeinflussungen durch den Westen und die fünfte Kolonne sah. Eine zweite war die Gruppe der Veränderer des Sozialistischen Systems, die dieses verändern wollten in Richtung auf mehr Partizipation, auf Friedensfähigkeit nach innen und Überlebensfähigkeit im Ganzen. Und die dritte Gruppe war die der Ausreiser. Sie wollten keine Veränderung. Sie paßten sich an, solange es nötig war, und wollten eigentlich alles so, wie es in der Bundesrepublik immer schon war. Sie wählten folgerichtig konservativ. Sie dachten, man brauchte nur die Grenze wegnehmen, einem großen Wahlversprechen glauben, und das Land, das verrottete, würde über Nacht erblühen.

Die Gruppe der Ausreiser, die große Mehrheit, möchte nicht, daß sich in der Bundesrepublik etwas ändert, sondern daß in der ehemaligen DDR alles so wird, wie es in der Bundesrepublik 40 Jahre schon ist. Die Ausreise von etwa 70 Prozent der DDR-Deutschen via Wahl war 40 Jahre lang durch allabendliche Republikflucht via Radio und

Fernsehen vorbereitet worden. Wie sich zeigte, war die Mehrheit der Leute »bei uns« angepaßt und wollte eigentlich das, was »hier« war; und es ist ja auch verlockend schön anzusehen.

Kirchliche Räume, Telefone, Vervielfältigungsgeräte, Schaukästen, Kirchenzeitungen wurden von der kleinen Gruppe der Veränderer mit einem kritischen Bewußtsein – mit und ohne Taufschein – genutzt. Die Kirche gab ihnen eine gewisse Öffentlichkeit, aber dahinter stand weniger Widerstandswille, als wir dachten. Die Kirchen wurden auch in den letzten Jahren mehr und mehr zu Ausreisertreffs. Die Kirche hat sich hier an vielen Stellen instrumentalisieren lassen. Sie war einerseits immer Zufluchtsort, und andererseits wurde sie von denen, die weg wollten, auch instrumentalisiert. Viele haben sich schnell noch taufen lassen, in der Meinung, daß dies im Westen einmal nützlich sein könnte.

Ich fasse zusammen, was die Kirche im Prozeß der Befreiung tun konnte: Erstens gaben die Kirchen der friedlichen Revolution *Sprache*, die Sprache des Protestes und der Hoffnung. Sie halfen den Menschen auszusprechen, was sie beschwert, bis dann die Menschen in Massen in die Kirchen kamen, sich aussprachen, dann auf die Straßen gingen, weil sie ihre Angst verloren, ihre Lethargie überwunden und ihre Aggressionen bearbeitet hatten. Ich wüßte nicht, wie das ausgegangen wäre – wahrscheinlich so wie in Rumänien –, wenn es nicht die offenen Kirchen gegeben hätte, deren Schwelle für die Menschenmassen immer niedriger wurde. Das Verwunderliche für uns Pfarrer war, daß wir bei diesen *Gebeten um Erneuerung* auf so wache, zuhörfähige Ohren trafen. An welchen Stellen der Beifall kam, war an manchen Stellen allerdings durchaus verräterisch. Wir erlebten aber auch, wie für Menschen, die 30 oder 40 Jahre die Kirche nicht betreten hatten, die Bibel transparent wurde. Es war eine bewegende Erfahrung, daß es uns gelang, den Kampf auf der Straße nachher wirklich als Wortgefecht zu führen.

Zweitens gaben die Kirchen den Menschen, die in diesem Land eingesperrt waren, immer *Welthorizont.* Das verdanken wir auch viel der Ökumene, auch den Menschen, die die DDR damals besucht haben. Wie ich jetzt feststellen muß, war es immer eine Minderheit. Für eine Mehrheit in der Bundesrepublik ist die DDR oder der Osten Deutschlands sehr weit entfernt. Ich mache daraus keinen Vorwurf. Wer hier lebt, dem ist die Schweiz näher als die Sächsische Schweiz, Straßburg näher als Halle.

Die Kirche wurde drittens zu einem *Schutzraum* für die Öffentlichkeit, Denn nirgendwo sonst konnte offen gesprochen werden. Sie wurde politischer Asylraum. Die Kirche gab der Revolution Organisationsform. Sie initiierte die Runden Tische. Die Hinüberleitung in die Demokratie wäre wahrscheinlich nicht möglich gewesen ohne die Pfarrer, die kirchlichen Mitarbeiter und besonders die Jugendmitarbeiter, die in der Lage waren, überhaupt eine Gruppe zu leiten. Die Volkskammer der DDR wäre im Chaos geendet, wenn nicht der Präses unserer Synode, Dr. Höppner, die Volkskammersitzungen geleitet hätte. Die Volkskammer endete – auch das ist ein Symbol – nicht mit einem Festakt, sondern mit einer bis in die späte Nacht reichenden Stasi-Tragikomödie.

Viertens: Die Kirche gab der Revolution auch *Gestalt.* Es war die Gestalt der Friedfertigkeit mit der Kerze. Die Revolution fand statt als großer, öffentlicher Dialog auf großen Plätzen, vor den Kirchen, in den Kirchen, in den Sälen. Die Auseinandersetzung der Revolution fand nicht mit Knüppeln, Messern und Gewehren statt, sondern mit Wortgefechten, denen sich die bis dahin staatstragenden Institutionen und Personen auch stellten. Sie verkrochen sich nicht. Die Stasi-Oberen zeigten ihr Gesicht. Auch dies darf man jetzt nicht vergessen. Wenn kein Schuß fiel, dann ist das nicht nur das Verdienst der Demonstranten. Auch wenn Egon Krenz gewiß nicht der Sympathieträger der Deutschen ist, muß man ihm zugestehen, daß er verboten hatte zu schießen. Sogar in höchst kritischen Situationen, in denen überall die Maschinengewehre in den Fenstern standen, wurde nirgendwo geschossen.

Aus diesen Erfahrungen ergeben sich Aufgaben. Einmal denke ich, daß die Kirchen jetzt den Menschen, die 1989 so beeindruckend sprechen konnten und jetzt ihre Sprache verloren haben, wieder Sprache schenken, wieder Sprachräume geben müssen. Die Menschen sagen nicht mehr, was sie denken, weil sie nicht wissen, was sie jetzt denken sollen. Sie versuchen aber, sich erneut einzupassen in die nun vorherrschenden Denk- und Sprachgewohnheiten. Aus den Getränkestützpunkten des Konsums werden jetzt Getränkecenter, aus dem HO-Schreibwaren ein Schreib-Shop; man achtet nun nicht aufs Blauhemd, sondern aufs Outfit und so weiter. Die Menschen versuchen sich an eine Welt anzupassen, die sie schon aus dem Fernsehen kannten.

Wir brauchen eine neue Sprache, die Sprache des Protestes und der Hoffnung, angesichts der strukturellen, sozialen und moralischen Krise im Osten Deutschlands. Dafür finden wir buchstäblich noch keine Worte. Die Kirche hat die Aufgabe, das entstandene Ziel- und Wertevakuum ausgleichen zu helfen. Wenn ich aber in die Bundesrepublik komme, so werde ich meistens getröstet: ich solle doch alles positiver sehen. Dazu sind wir aber schon 40 Jahre aufgefordert worden! Lasen die Menschen früher

Christa Wolfs *Nachdenken über Christa T.*, so lesen sie heute Bücher über Steuertricks. Jagten sie gestern einem Buch von Stefan Heym hinterher, so greifen sie heute nach dem neuesten Konsalik. Es ist ein unerhörtes Nachholbedürfnis da. Die BILD-ZEITUNG beherrscht das vom NEUEN DEUTSCHLAND sonst bestimmte Weltbild; deren Derivate in der SUPER-ILLU und SUPER-ZEITUNG sind dazugekommen. DIE ZEIT hat in der DDR bisher 12 000 Abonnenten gewonnen. Der Welthorizont droht angesichts der Probleme im eigenen Land völlig verlorenzugehen. Die Ausländer bekommen die Verengung als erste zu spüren.

Die Kirche hat geholfen, die neuen Strukturen zu organisieren, und hat dabei viele Menschen aus den Gemeinden an die demokratischen Institutionen verloren, die sich nun in Verwaltung, Parlamenten und Parteien engagieren, und nun weder Kraft noch Zeit haben, sich auch noch in der Kirche zu engagieren, wenigstens zu regenerieren. Die Zeit ist uns davongelaufen. So bleibt häufig denen, die dieses verkommene Land aufbauen wollen, kaum noch Zeit für ein Orgelkonzert. Ich habe Angst um diese Menschen. Wenn ihnen dann aber noch von denen, die sehr klug und gut ausgebildet sind und aus dem Westen zu uns kommen, deutlich gemacht wird, wie doof sie sind, dann hilft das sehr ...

Die Kirche hat dazu beigetragen, daß die DDR sich ohne einen Schuß verabschiedet hat. Zu dieser Friedfertigkeit – das sagte ich bereits – gehören mindestens zwei Partner. Ab jetzt erleben wir, wie die Friedfertigkeit auch furchtbare Folgen hat, nämlich in unabgegoltenen Rachebedürfnissen. Das Volk möchte gern den Kopf des Königs sehen oder wenigstens, daß diese *roten Socken* verschwinden. Das Bedürfnis, die für uns vorbereiteten Lager jetzt zu füllen, ist bei denen, die nicht in die Lager gekommen wären, sehr groß. Und das ist ein Problem, dessen sich die Kirche annehmen muß. Wie funktionieren Sündenbock-Mechanismen? Wie lernen wir jetzt Rechtsstaat? Nachdem wir eine friedliche Revolution geschafft haben, fangen jetzt die Probleme noch einmal neu an. Die Kirche hat die Aufgabe, Wahrheit und Recht, Versöhnung und Gnade zusammenzuhalten.

Auf die schnelle staatliche Vereinigung folgte die kirchliche Vereinigung. Für manche sind Militärseelsorgevertrag, Religionsunterricht und Kirchensteuer Reizwörter, weil sie meinten, die Unabhängigkeit von Kirche und Staat sei der Kirche ganz gut bekommen. Aber unsere Kassen sind leer. Unser bisheriges System gilt nicht mehr. Das Grundgesetz gilt. Wer nichts in der Kasse hat, hat auch wenig zu sagen. Das ist im staatlichen Bereich so und im kirchlichen nicht wesentlich anders.

Wir stehen vor der Herausforderung, einerseits jene Sündenbock-Mechanismen aufzudecken, andererseits das, was wir miteinander erlebt haben, wie wir aneinander schuldig geworden sind, aufzuarbeiten und Rechtsstaat zu lernen. Außerdem müssen wir dem Nationalismus, der bei uns vor allen Dingen perspektivlose Jugendliche erreicht, rechtzeitig begegnen. Wir dürfen weder zulassen, daß die Journaille dies aufbauscht, noch daß das einfach heruntergeredet wird. Und schließlich – das ist wieder ein gesamteuropäisches Problem – habe ich den Eindruck, daß eben nicht der Liberalismus gewonnen hat, sondern der Nationalismus und mit ihm andere restaurative Strömungen.

Ich als Protestant muß sagen, daß ich ein bißchen Sorge habe, daß der Wojtyla-Katholizismus Osteuropa überrollt, Machtpositionen einnimmt und sich – was sich in Polen etwa zeigt – nicht gerade sehr demokratisch geriert. Der Protestantismus steht vor der Aufgabe, sich mit der Tradition der Aufklärung, also mit der Aufklärung, die sich über sich selbst aufgeklärt hat, zu verbünden, das heißt auch mit Nichtchristen, um das Projekt der Aufklärung und der offenen und streitfähigen Demokratie zu unterstützen. Ganz Europa kann hier eine einmalige Chance dazu ergreifen oder verpassen. Die protestantische Kirche ist in diesem Demokratisierungsprozeß *eine* gesellschaftliche Gruppe. Sie kann nur glaubwürdig bleiben, wenn sie einer *Verchristlichung von oben* entgegentritt, indem Kirchen und Christen nicht Machtpositionen beanspruchen, Besitzstände zurückerobern, sondern als eine profilierte Minderheit *Salz der Erde* zu sein versuchen; bescheiden, eigenständig, ehrlich. Die Devise sollte lauten: *Mission von unten statt Verchristlichung von oben.*

Dabei sind die Gefahren eines wiedererwachenden Konfessionalismus, neuer Fundamentalismen, Sektenbildungen und neuer Religionen für die mühsam gewonnene Ökumenizität und Dialogoffenheit unübersehbar.

Darüber hinaus gilt es, die Fäden der evangelisch-katholischen Ökumene nicht abreißen zu lassen, auch wenn jetzt wieder alte Vorurteile wachwerden und Bestätigung zu finden scheinen. Der Katholizismus scheint ein unbefangenes, ja unkritisches Verhältnis zur Macht zu haben. Die politische Rekatholisierung in europäischer Dimension trägt gegenreformatorische Züge. Der Protestantismus wird darauf ebenso bedachtsam wie wachsam zu reagieren haben und den intensiven Dialog mit reformkatholischen Kräften und mit den Gebildeten und den Verächtern des Christentums zu pflegen haben.

Vorlesung an der Universität Heidelberg
im Rahmen des Studium generale.
Juli 1991

Sozialismus – schmerzliche Erinnerung, enttäuschte Hoffnung

Meine sehr verehrten Damen und Herren, ich befinde mich in der nicht untypischen Situation eines Menschen, der zwar weiß, daß er jetzt nicht viel zu sagen hat, aber deswegen um so länger zu reden geneigt ist. Das Thema »Sozialismus, schmerzliche Erinnerung, enttäuschte Hoffnung« ist expressiv formuliert, verlangt subjektive Antworten. Zu Verallgemeinerungen bin ich gegenwärtig auch nicht in der Lage. Ich beginne mit einer Schmerzerinnerung über den Weggang Günter Kunerts 1978, und ich beginne mit einem späteren Gedicht von diesem uns damals so wichtigen Dichter und Schriftsteller.

FAUST III:

Schlußvorstellung

Die Ideale abgetan:
Verdorrte Blätter
unbeschreiblich
raschelnd in der Erinnerung:
Grau teurer Freund
wird alle Utopie. Und
nie wieder grün
des Lebens abgeholzter
Baum.

Sozialismus haben wir »in den Farben der DDR« erlebt, wie man seit 1985 offiziell zur Distanzierung von Gorbatschow zu sagen pflegte. Das waren drei Farben: grau, grau, grau ... war alle Praxis. Deshalb ist keine nostalgische Verklärung erlaubt. Was diese DDR war, dokumentiert ein Bildband auf leuchtend-grauem Untergrund: »Olle DDR – eine Welt von gestern«. Ich möchte das Buch allen empfehlen, die sich an diese 40 Jahre ohne Verteufelung und ohne Verklärung erinnern wollen, für sich und ihre Kinder.

»Schmerzliche Erinnerung« heißt auch Erinnerung an immer wieder gescheiterte Aufbrüche 1956, 1968, 1985; der Schmerz der Gegenwart im armen Osten läßt kaum Erinnerung zu.

»Enttäuschte Hoffnung«? Nein, dieser Sozialismus war es wert, weggewischt zu werden. Nur war es inzwischen schon viel zu spät für eine Erneuerung. Dieser Sozialismus hatte in sich keine Hoffnung mehr. Aber diese nur scheinbare Alternative hat in der Systemauseinandersetzung ihre Wirkung auf den real-existierenden Kapitalismus gehabt. Dieser sah sich genötigt, sich sozial zu zeigen, seinen expansiven Imperialismus durch den Weltherrschaftsanspruch der anderen Weltmacht, die auch über Massenvernichtungsmittel verfügte, zu begrenzen. Seit diese Scheinalternative praktisch weg ist und angeblich eine neue Weltfriedensordnung aufgebaut wird, beginnt sie sogleich mit einem furchtbaren Krieg. Es ist nicht ungefährlich, daß es zu dieser Entwicklung in der Sowjetunion jetzt Debatten gibt bei der einzigen Institution, die noch intakt ist: bei der Sowjetarmee.

Und doch, auch enttäuschte Hoffnung! Wir hatten im Herbst 1989 die Hoffnung, es würde uns im europäischen Rahmen gelingen, eine friedensfähige, ökologisch und sozial orientierte Gesellschaft aufzubauen, ein neues Deutschland und nicht eine um das Gebiet der DDR erweiterte Bundesrepublik. Die Hoffnungen, die im Herbst 1989 aufleuchteten, bargen auch einige Selbsttäuschungen. Wir hatten immer noch gedacht, der Sozialismus ließe sich reformieren, doch die Befreiung im Sozialismus wurde zur Befreiung vom Sozialismus, die Lösung der Verkrustungen wurde zur Lösung vom Prinzip, die Einforderung freiheitlich-demokratischer Liberalität wurde zur Bewegung restaurativer Nationalität. Als die Menschen sagen konnten, was sie wirklich dachten oder fühlten, wollten sie keine Perestroika mehr, sondern einfach Schluß machen mit dem Experiment »Sozialismus«, das in Wirklichkeit eher eine Exekution einer Ideologie denn ein offenes Experiment war. Der europäische Westen hatte eine solche Faszination, daß die Probleme der Dritten Welt völlig ausgeblendet wurden. Schließlich hatte sich ja auch erwiesen, daß sich der Sozialismus sowjetischen Typs in Angola, Mosambik oder Äthiopien keineswegs bewährt hatte.

Die Menschen verglichen sich und ihre materielle Lebenslage nicht mit den Menschen in Polen oder der Sowjetunion, sondern mit der in Westdeutschland. Sie fühlten sich betrogen, als sie nach dem 9. November sahen, daß die Bundesrepublik wirklich so aussah, wie sie sie im Buntfernsehen schon gesehen hatten. Hintergründe wollte hier niemand sehen.

Die Mehrheit wollte endlich Schluß machen mit diesem »Irrtum der Geschichte«. Sie tat es in der Wahlkabine des 18. März 1990. Da war endlich die Chance gegeben, mit seiner Vergangenheit im Verborgenen abzurechnen. Über das Wahlergebnis waren selbst die Sieger höchst erstaunt. Die Mehrheit wollte keine Fata Morgana mehr von Gerechtigkeit, Demokratie, Freiheit, Humanismus, sondern umgehend frei konvertierbare Währung. Man wollte bald ganz Deutscher sein, und das konnte man offensichtlich nur mit der Deutschen Mark. Darin drückt sich auch eine Politik oder gar Theoriemüdigkeit aus. Die Menschen wurden im Sozialismus zu lange abgespeist mit großen Begriffen und wollten nun endlich die Freiheit, die man auch schmecken kann. So ist es auch zu erklären, daß man sich in der ehemaligen DDR nicht viel von einer Verfassungsdebatte versprach, sondern sich einfach den Anschluß an die Erfolgreichen wünschte – oder wie es der Stasispitzel Wolfgang Schnur auf Wahlplakaten als »Die ehrliche Alternative« verkünden ließ »... damit Leistung sich wieder lohnt!«

Die schnelle Rechts-Kehre der DDR-CDU bildet, von Ausnahmen an der Basis abgesehen, eines der traurigsten moralischen Kapitel der Nachwendezeit. Die DDR-CDU war eine besonders getreue Dienerin der SED gewesen. Auf ihren Parteitagen fehlte nie eine devote Grußadresse an die SED; die NVA marschierte stets unter großem Beifall feierlich ein. Jede Wendung und Maßnahme der Politik Moskaus in der DDR wurde nachträglich sanktioniert. Sie stützte das Herrschaftssystem und sein Feindbild. Sie ließ alle Veränderungen der Verfassung und alle Verschärfungen des Strafgesetzbuches durchgehen. Nur beim Gesetz über die Fristenregelung gab es in der Volkskammer acht Gegenstimmen. Im Juni 1989 verweigerte sie nicht die Zustimmung zu der beschämenden Erklärung der Volkskammer zur Rechtfertigung der Massaker in Peking. (Wenn man heute sagt, dies alles sei nur die Spitze gewesen, dann müßte man bei der SED ähnlich argumentieren können, wenn sich auch dort heute Menschen fin-

den, die anders reden und denken als ihre damalige Führung.)
Im November 1989 übernahm die CDU quasi im Handstreich die Texte der ökumenischen Versammlung von Dresden als ihr »Programm«. Das hat uns erschüttert, obwohl wir uns doch hätten freuen können. Aber dies wirkte wie eine Okkupation mangels eigener Substanz. Wie wenig Basis ein solches »Grundwerteprogramm« in der CDU hatte, zeigte sich schon wenige Wochen später. Auf dem Parteitag Mitte Dezember fing die CDU an zu »kirchnern«, wenn ich dies einmal so polemisch sagen darf. Ich kam gerade vom Gründungsparteitag des Demokratischen Aufbruchs, auf dem sich die »Nie-wieder-Sozialismus«- und »Einig-Vaterland«-Parolen mehrheitsfähig erwiesen hatten, und hörte im Radio den frischgebackenen Generalsekretär Kirchner sagen: »Wir brauchen im Osten eine rechte Partei.«
Dabei waren doch alle Reformgruppen der DDR, die den Umsturz gedanklich vorbereitet und ihm dann auf den Demonstrationen und Foren Stimme gegeben hatten, bis zum Dezember 1989 von einer grundlegenden Erneuerung des Sozialismus, von einer Demokratisierung des sozialistischen Systems im europäischen Rahmen und mit einer globalen Perspektive ausgegangen. Dies ließe sich an den Texten aller Gruppierungen nachweisen. Erst als der Machtkampf entschieden war, kamen schwarze Maulwürfe zuhauf aus den Löchern. Das Fernsehen steuerte, was ungerichtet schien, in eine Richtung. Das Fernsehen hat die DDR-Revolution (bewußt oder unbewußt) schließlich gesteuert und für eine flächendeckende Nachahmung gesorgt. Dies ging sogar soweit, daß die Parolen schon über den Äther gingen, wenn die Friedensgebete noch gar nicht beendet waren. In Leipzig wußten bestimmte

Gruppen schon, wo das Fernsehen seine Kameras aufbauen würde und trugen dort ihre Losungen hin, die dann an den nächsten Tagen in anderen Städten der DDR wieder auftauchten. Die anfängliche große politische Kreativität und Originalität des Volkes schwand; die Polarisierung nahm zu, bis sich einzelne Parolen durchsetzten. Dabei haben die Massenmedien ihre multiplizierende Wirkung gehabt. Wie sich ein solcher massensteuernder Prozeß mit manipulativen Anteilen vollzieht, läßt sich schon bei Günther Anders unter der Überschrift »Die Antiquiertheit des Konformismus« nachlesen. Dort heißt es: »Was uns konform macht, ist kein ›Wer‹, sondern ein ›Was‹: das sich aus identischen Sirenenstücken zusammensetzende Universum der Geräte – wobei man unter ›Geräten‹ nicht nur produzierende Maschinen im engeren Sinne zu verstehen hat, sondern ebenso alle Belieferungsinstrumente (wie den Rundfunk), sogar alle heutigen Produkte in ihrem Zusammenspiel. Sie sind die Diktatoren von heute, denn jedes Gerät trägt eine bestimmte Anweisung und einen bestimmten Anspruch in sich. Und aufgrund seines festliegenden Behandlungs- und Verwendungsanspruches hindert es uns daran, es unsererseits auf unsere Art anzusprechen. In anderen Worten: Wir sind der Möglichkeit beraubt, auf sie individuell zu reagieren oder sie individuell zu verwenden.« Soweit Günther Anders. Ich könnte zugespitzt sagen: die Suche nach den dominierenden Parolen und deren kommentierende Begleitung in den Massenmedien, besonders im Fernsehen, ersetzte sehr bald den vielfältigen Diskurs in Stadt und Land, der nach 40 Jahren Schweigezeit endlich in den Rathäusern, den Kinosälen und den Kirchen begonnen hatte. Noch einmal Günther Anders: »Die Gerätewelt schaltet uns diktatorischer, unwiderstehlicher und unent-

rinnbarer gleich, als es der Terror oder die dem Terror untergeschobene Weltanschauung eines Diktators jemals tun könnte, jemals hat tun können. Hitlers und Stalins erübrigen sich heutzutage.« (Günther Anders: *Die Antiquiertheit des Menschen*, Bd. 2, München 1980, S. 204 f.)
Demokratie wurde für einige Wochen unmittelbar von den Menschen erfahren, nicht nur in den großen Städten, auch in den kleinen Städten und auf dem Lande. Mundtot gemachtes Volk wurde mündig, indem es den Mund aufmachte und die gesellschaftlichen Grundkonflikte ansprach und Vernunft und Emotion dabei in einem Gleichgewicht zu halten wußte, daß es eben nicht zu Gewalttätigkeiten kam. Die Reden auf den großen Demonstrationen der Feierabendrevolution wurden geduldig angehört, bis sie abgelöst wurden durch Parolen und bis die Foren durch Fahnen ersetzt wurden.
Damals schien es noch so, als ob die Menschen einem erneuerten Staatswesen auf dem Gebiet des Ostens Deutschlands etwas zutrauten. Die nationale Vereinigung schien in weiter Ferne zu liegen, nicht aber die europäische, und damit auch deutsche Annäherung. So wie der 9. Oktober in Leipzig zum Startsignal der Emanzipation wurde, so wurde der 9. November als Tag der Schleusenöffnung nach Westen zum Strom der nationalen Vereinigungssehnsucht. Damit ging sowohl eine innere und äußere Verabschiedung von allem, was »Sozialismus« genannt worden war, einher, wie der Wunsch nach Schnellvergessen durch Schnellanschluß. Unversehens wurden alle, die noch mit dem Begriff des demokratischen pluralistischen Sozialismus operierten, zu den »ewig Gestrigen«. Welche Verwandlung!
Hier wurde eben nicht nur der Begriff pervertiert, auch die Sache. Die Gerontokratie des Politbüros hat somit eine Menschheitshoffnung auf dem Gewissen, das scheint mir

die eigentliche Tragik zu sein. Ich meine, daß wir einerseits den Begriff »Sozialismus« vorläufig nicht mehr benutzen können, weil er nicht nur tief mißverständlich ist, sondern Erinnerungen wachruft, die kontraproduktiv wirken. Andererseits können wir gar nicht auf die Ziele einer »sozialen Demokratie« verzichten. Dieser Sozialismus definierte sich im Unterschied zum Kapitalismus, mit dem er in eine weltweite Konkurrenz der Systeme eintreten wollte und vom eigenen Überlegenheitsanspruch ausging. Entscheidendes Kriterium sollte nach der Ideologie die »Verfügung des Volkes über das gesellschaftliche Eigentum« sein. Als entscheidendes Mittel der Befreiung des Menschen hatte das System das gesellschaftliche Eigentum angesehen. Deshalb wurde erst rigoros und dann in verschiedenen Schüben enteignet oder in genossenschaftliches Eigentum übergeführt. Praktisch hieß dies zweierlei: erstens zentrale staatliche Verfügung über das Eigentum, Abschöpfen des Gewinns bei den einen und Stützung fehlender Rentabilität bei den anderen, zweitens Sinken von Produktivität, Flexibilität und Innovation. Jede Eigenverantwortung wurde zentralistisch abgetötet. Rudolf Bahro beschrieb dies 1978 in seiner *Alternative* sehr klar und bezeichnete das Ergebnis als »organisierte Verantwortungslosigkeit«. Wenn allen alles gehört, gehört niemandem etwas, und deshalb mußten die sogenannten »materiellen Stimuli« eingeführt werden – eine Konzession an den Menschen, der – wegen der Überbleibsel des Kapitalismus im Bewußtsein der Menschen – immer eher an das Private als an das Gemeinschaftliche denkt. Die Konsequenz war die Nischengesellschaft und der Wahlspruch: »Privat geht vor Katastrophe«. Dies scheint ein entscheidender Grund für den ökonomischen Zustand der Länder des Ostblocks zu sein.

An die Stelle des positiven Rechts wurde das Recht der Geschichte gesetzt, und dieses Recht der Geschichte wurde je nach politischem Kalkül von der SED und ihren Organen exekutiert. Es wurde weder wirtschaftliche Effizienz erreicht, noch Befreiung des Menschen von Entfremdung und Ausbeutung, noch wurde mehr Rücksicht auf die Natur und die Ressourcen genommen. Das Land wurde ausgepowert und ausverkauft.
Und nun liegt alles am Boden. Die Menschen bekamen Atemnot im wörtlichen und übertragenen Sinn. Einzig perfekt schien das System der Kontrolle über Menschen zu sein, bis dieses System schließlich an sich selbst, an der Überfülle des Materials, erstickte.
Nun sind es nach dem Einigungsprozeß wieder die Eigentumsfragen, an denen der Osten Deutschlands kaputtzugehen droht oder vielmehr kaputtgemacht wird. In den Kommunen, den verfallenen Dörfern und Städten, gibt es kaum noch Handlungsmöglichkeit. Es kommt zu einem Stillstand genau in einer Situation, in der wir endlich handeln könnten. Hatte man noch im September 1990 geglaubt, durch Anträge bei der Treuhand gesellschaftliches Eigentum in die Verfügung der Kommune zurückzubekommen und dann eine vernünftige Stadtplanung vornehmen sowie Gewerke und Gewerbe und Industrie anlocken zu können, so sind nun alle Träume von der baldigen Rekonstruktion ausgeträumt, weil die Rückführungsansprüche für Ruinen zur Handlungsunfähigkeit verdammen, solange die Rückführung nicht mit einer Investitionsverpflichtung verbunden ist. Etwa eine Million Rückführungsansprüche liegen vor. Zumeist kommen die Großneffen und Nichten, um ihren unerwarteten ererbten Besitz in Augenschein zu nehmen und um zu warten, bis der Wert sich steigert. Dazu bringen sie sich einen

cleveren Rechtsanwalt mit und bestürmen unsere Rathäuser. In unseren Verwaltungen sitzen aber noch keine Juristen, die dem Ansturm personell und fachlich gewachsen wären. Die Grundbuchämter sind hoffnungslos überfordert, und das Volk im Osten Deutschlands wird ungeduldig und beschimpft die von ihnen gewählten Vertreter in den Kommunen als Unfähige oder als »die alten roten Socken«. Der Verfall der Städte geht weiter. Die Investoren bleiben aus. Die Altlasten will niemand übernehmen. Die ehemaligen Eigentümer fordern Entschädigung von Kommunen, die als die Rechtsnachfolger des bankrotten SED-Systems gelten, aber pleite sind. Die neuen Bundesländer sind ein Verkaufsland geworden und die produzierenden Betriebe, die bei entsprechenden Anpassungsmaßnahmen eine Chance gehabt hätten, gehen nun auch noch zugrunde.

Wenn Ludwig Erhard überdies das Regelungswerk des Einigungsvertrages zu beachten gehabt hätte, wären die Hemmnisse so groß gewesen, daß es in der Bundesrepublik zum Wirtschaftswunder wohl nicht gekommen wäre. Hinter den juristischen und politischen Fragen tauchen noch einige ethische Grundfragen auf, die kaum mehr bedacht und deren mögliche Konsequenzen dann auch nicht handlungswirksam werden, etwa die Frage nach der Sozialverpflichtung von Eigentum. Ist es denn ganz falsch, was Bert Brecht im *Kaukasischen Kreidekreis* zum Eigentum formuliert hat?

»Daß da gehören soll, was da ist, denen, für die es gut ist, also
Die Kinder den Mütterlichen, damit sie gedeihen
Die Wagen den guten Fahrern, damit gut gefahren wird
Und das Tal den Bewässerern, damit es Frucht bringt.«

Weder dieses Eigentumsverständnis noch das positivistische Eigentumsverständnis reichen aus, wenn man eine gerechte Gesellschaft aufbauen will. Ich sehe hierin eine Herausforderung für unsere Theologie im Kontext der deutschen Vereinigung. Darüber hinaus bleibt zu prüfen, was aus dem gescheiterten Sozialismus sowjetischer Prägung zu lernen ist, statt ihn einfach ad acta zu legen.
Hinzu kommen brisante Fragen, die bisher nur Schriftsteller wie Stefan Heym aufzugreifen wagen. Wenn zum Beispiel jemand ein Haus nach dem November 1938 erworben hat, es dann an den kommunistischen Staat, unter welchen Bedingungen auch immer, verkauft oder verschenkt hat, und jetzt dessen Erbe Rückführungsansprüche stellt, muß man fragen dürfen, wem dieses Haus vor dem 9. November 1938 gehört hat und wie es von den Vorfahren derer erworben wurde, die es jetzt rückgeführt haben wollen.
Ein weiterer Grund für das Scheitern des Sozialismus war, daß das Ideal per Dekret in die Wirklichkeit gezwungen wurde. Dies hieß »real existierender Sozialismus«. Das war die Kampfformel der Macht gegen jegliche Pluralität innerhalb dieses großen Menschheitsexperiments. Man könnte gar sagen: Es war der Versuch, dem Experiment das Experimentelle zu nehmen beziehungsweise zugunsten der Herrschaft der Nomenklatura die permanente Revolution zu verhindern. Dies bedeutet praktisch den Verzicht auf die Vision. Die Wirklichkeit wurde »mit Macht« gegen die Möglichkeit ausgespielt. Das Fatale daran ist, daß wir in der DDR einen Ideal- und einen Realitätsverlust zugleich hatten: Es durfte weder gesagt werden, was ist, noch darüber diskutiert werden, was sein könnte. Der real existierende Sozialismus wurde zur unbestrittenen Behauptung, und alles, was dagegen sprach, wurde

einfach gewissermaßen zur »Geheimen Verschlußsache«, beispielsweise die inneren Zustände in unseren Haftanstalten, die Umweltdaten, der Ressourcenverschleiß, der Ausverkauf von Menschen, die Machenschaften des Stasikraken und so weiter.

Der Idealverlust ist vielleicht das Dramatischste am Zusammenbruch des Sozialismus. Viele Menschen fühlen sich gründlich betrogen. Sie meinten, »für etwas« gelebt zu haben, und sehen jetzt, daß nur das etwas gilt, was sich zwischen Daumen und Zeigefinger ausdrücken läßt. Es ist einfach nicht zu bestreiten, daß es selbst in dieser korrupten SED Menschen gegeben hat, die für sozialistische Ideale gekämpft und sich innerhalb dieser Partei wundgerieben haben. Auch sie werden jetzt zusammen mit allen anderen beiseite geschoben. Ihr Vertrauen in die Demokratie erlischt in dem Maße, wie sie eine »Parteilichkeit« mit umgekehrtem Vorzeichen erleben und doch geglaubt hatten, daß Demokratie gerade die Möglichkeit der Differenzierung gibt, statt eine neue Lagerbildung zu installieren. Die Menschen, die sich mit einer sozialen Vision gründlich getäuscht sehen und denen nun eine baldige Segnung durch die soziale Marktwirtschaft versprochen wurde, fühlen sich doppelt betrogen und sind zurückgeworfen auf den nackten Existenzkampf. Manches scheint in der ehemaligen DDR zu verlaufen wie ein hektischer Kampf um die Beute. Wer seine Ellbogen nicht nutzt, kommt »auf keinen grünen Zweig« mehr. Kollegen werden zu Hyänen! Der Konkurrenzinstinkt wird bei uns ziemlich gnadenlos ausgelebt. In diesem verfallenen und weiter verfallenden Land haben Hausbesitzer und Bodenspekulanten Hochkonjunktur. Auf der anderen Seite sind Millionen Menschen in Angst und Schrecken versetzt, wenn sie damit rechnen müssen, daß die Mieten und

Energiepreise drastisch steigen und sie selbst arbeitslos werden. Das Leben wird zu einem einzigen Behördenbittgang. Was soll bloß aus uns werden?

Möglicherweise beruhte das kommunistische System auf einem anthropologischen Irrtum. Es meinte, daß der Mensch lediglich ein Reflex seiner gesellschaftlichen Verhältnisse sei, und daß nur der Kapitalismus strukturell ein Wolfsgesetz impliziere. Dabei wurde nicht genügend gesehen, daß es der einzelne Mensch ist, der von Natur aus sein eigenes Recht eher behauptet, als sich ganz für seinen Nächsten und dessen Recht einzusetzen. Der Sozialismus Marxscher Prägung beruhte auf einem falschen Menschenbild. Der Mensch wurde definiert als »Ensemble der gesellschaftlichen Verhältnisse«, und dieser frühe Marx-Satz wurde undialektisch interpretiert. Die Konsequenz war, daß man nur die Verhältnisse so grundlegend ändern müßte, daß der Mensch sich dabei grundlegend ändern würde. Wenn dies nicht gleich gelang, betrachtete man dies schlicht als Überbleibsel der Ausbeutergesellschaft. Die Lager des NKWD hatten bei der Errichtung der neuen Gesellschaft gewissermaßen nachhelfende Funktion. Die Dialektik wurde auf dem Altar der Macht geopfert. Ein anthropologischer Dialog wie bei den Marienbader Gesprächen wurde als der Fauxpas schlechthin betrachtet. Dieser Dialog führte schließlich ebenso zum Prager Frühling wie die Kafka-Konferenz. Ich könnte auch sagen, die dritte Feuerbach-These wurde übergangen oder der beständige Konflikt zwischen Shen Te und Shui Ta in Brechts *Der gute Mensch von Sezuan* nicht dialektisch aufgelöst.

Konsequent war dann die Höherbewertung des Kollektivs vor dem einzelnen. Das Kollektiv aber wurde außengesteuert, es war das Herrschaftsmittel der Parteiführer und ihrer Ideologie. Die Verblendung ging so weit, daß es als

Sensation erschien, als Stephan Hermlin in seinem Buch *Abendlicht* 1979 die umstürzende Erkenntnis zum besten gab, daß es im *Kommunistischen Manifest* ja nicht geheißen hatte »an die Stelle der alten bürgerlichen Gesellschaft mit ihren Klassen und Klassengegensätzen tritt eine Assoziation, worin die freie Entwicklung aller die Bedingung für die freie Entwicklung eines jeden ist«, sondern »worin die freie Entwicklung eines jeden die Bedingung für die freie Entwicklung aller ist.« (Ich erinnere mich, wie in meiner Schul- und Studentenzeit die Originalfassung im Sinne der Fälschung interpretiert wurde und ich mich immer wunderte, daß ich es nicht verstand.)
Die Menschheitsvision Sozialismus entwickelte sich vom utopischen zum wissenschaftlichen Sozialismus und wurde dann zur Machtideologie des Marxismus-Leninismus-Stalinismus. So pervertierte eine kritische Theorie mit synthetischen Ansätzen zu einer manichäischen Ideologie unter Vortäuschung von Dialektik. Die Kritik am Imperialismus wurde dadurch unglaubwürdig, daß sie »eine Linie« durchsetze, statt auf den Wandel, die höhere Komplexität der Weltentwicklung zu reagieren. Der sogenannte WIKO (Wissenschaftlicher Kommunismus) wurde zum Instrument der Verhinderung von Selbstkritik, bis das System der Lüge mit höchstem Wahrheitsanspruch zusammenbrach. 1988 hatten wir zum Kirchentag 20 Thesen zur gesellschaftlichen Erneuerung vorgelegt. Über die Tatsache dieser Thesen durfte in keinem Publikationsorgan der DDR berichtet werden. Als besonders gefährlich hob man in den nachfolgenden Drohgebärden gegen die Verfasser überraschenderweise folgende These heraus:
»Weil nur eine lebendige Kultur des Streits um die Wahrheit und um den besten Weg des menschlichen Miteinanders zu einer humanen, gerechten und überlebensfähigen

Welt führt, halten wir es für erforderlich, daß die Kommunisten auf das mit Macht ausgeübte Wahrheitsmonopol und auf den prinzipiellen gesellschaftlichen Überlegenheitsanspruch verzichten.«

Der Kommunismus verkam schon zur Machtideologie, als Lenin seine griffige Formel »Kommunismus ist Sowjetmacht plus Elektrifizierung des ganzen Landes« prägte, die den großen Sprung in die Industriegesellschaft einleiten sollte. Es wurde aber von Stalin ein Gewaltindustrialisierungsprogramm mit Versklavung von Millionen, Ermordung von Hunderttausenden und durch furchtbare Hungersnöte exekutiert. Macht wurde zum Hauptwort, die Partei entmachtete die Sowjets, wurde zur Kaderpartei und erstickte jeden Ansatz des Sozialismus als einer Bewegung von unten. Kontrolle wurde nur noch von oben nach unten praktiziert, bis es zum totalen Kontroll- und Terrorstaat kam, der sich nach dem Tode Stalins im Zentralismus in sanfteren Formen fortsetzte. Wie tief der Schaden geht, erlebt Gorbatschow seit 1985 mit seinem Versuch, die Partei und das Land in eine Demokratie überzuführen, ohne daß es zum Bürgerkrieg kommt.

Das System erwies sich aus sich heraus als nicht reformierbar. Die Wurzeln dafür sind allerdings schon 1917 existent. Hellsichtig formulierte Rosa Luxemburg in diesem Jahr ihre Kritik am leninschen Weg, der konsequent in den stalinschen einmündete. Exakt an dem Zeitpunkt, an dem in der Sowjetunion die Wende der Geschichte beziehungsweise der Anfang der Geschichte eingeläutet werden sollte, formulierte Rosa Luxemburg: »Gewiß, jede demokratische Institution hat ihre Schranken und Mängel, was sie wohl mit sämtlichen menschlichen Institutionen teilt. Nur ist das Heilmittel, das Trotzki und Lenin gefunden: die Beseitigung der Demokratie überhaupt, noch schlimmer als das Übel, dem es steuern soll: es verschüttet nämlich den lebendigen Quell selbst, aus dem heraus alle angeborenen Unzulänglichkeiten der sozialen Institutionen allein korrigiert werden können, das aktive, ungehemmte, energische politische Leben der breitesten Volksmassen.« Rosa Luxemburg fährt in ihrer berühmten Schrift *Zur Russischen Revolution* fort: »Die stillschweigende Voraussetzung der Diktaturtheorie im Lenin-Trotzkischen Sinn ist, daß die sozialistische Umwälzung eine Sache sei, für die ein fertiges Rezept in der Tasche der Revolutionspartei liege, das dann nur mit Energie verwirklicht zu werden brauche. Dem ist leider – oder je nachdem: zum Glück – nicht so. Weit entfernt, eine Summe fertiger Vorschriften zu sein, die man nur anzuwenden hätte, ist die praktische Verwirklichung des Sozialismus als eines wirtschaftlichen, sozialen und rechtlichen Systems eine Sache, die völlig im Nebel der Zukunft liegt. Was wir in unserem Programm besitzen, sind nur wenige große Wegweiser, die die Richtung anzeigen, in der die Maßnahmen gesucht werden müssen, dazu vorwiegend negativen Charakters ... Darüber gibt kein sozialistisches Parteiprogramm und kein sozialistisches Lehrbuch Aufschluß. Das ist kein Mangel, sondern gerade der Vorzug des wissenschaftlichen Sozialismus vor dem utopischen. Das sozialistische Gesellschaftssystem soll und kann nur ein geschichtliches Produkt sein, geboren aus der eigenen Schule der Erfahrung, in der Stunde der Erfüllung, aus dem Werden der lebendigen Geschichte ... Ist dem aber so, dann ist klar, daß der Sozialismus sich seiner Natur nach nicht oktroyieren läßt, durch Ukase einführen ... Die Praxis des Sozialismus fordert eine ganze geistige Umwälzung in den durch Jahrhunderte der bürgerlichen Klassenherrschaft degradierten Massen. Soziale Instinkte anstelle egoistischer; Masseninitiative anstelle der Trägheit;

Idealismus, der über alle Leiden hinwegbringt usw., usw ... Der einzige Weg zur Wiedergeburt: die Schule des öffentlichen Lebens selbst, uneingeschränkte breiteste Demokratie, öffentliche Meinung. Gerade die Schreckensherrschaft demoralisiert.«

Man hört bei Rosa Luxemburg schon das Menetekel Stalins, wenn sie über Lenin schreibt: »Lenin vergreift sich völlig im Mittel. Dekrete, diktatorische Gewalt der Fabrikaufseher, drakonische Strafen, Schreckensherrschaft, das sind alles Palliative.«

Genau da versucht Gorbatschow 1987 in seinem Buch *Perestroika. Die zweite russische Revolution* wieder anzuknüpfen. Dort heißt es lapidar: »Jeder Teil unseres Perestroikaprogramms ... gründet sich auf das Prinzip von mehr Sozialismus und mehr Demokratie.

Mehr Sozialismus bedeutet mehr Dynamik, Elan und schöpferische Anstrengung, mehr Organisation, Gesetz und Ordnung ... Mehr Sozialismus bedeutet mehr Demokratie, Offenheit und Kollektivismus im Alltag, mehr Kultur und Humanität in der Produktion, soziale und persönliche Beziehungen zwischen den Menschen, mehr Würde und Selbstachtung für das Individuum.« Gorbatschow spricht nicht davon, daß Sozialismus Demokratie brauche, sondern lediglich »mehr«. Darin liegt die entscheidende Selbsttäuschung – als ob es schon Demokratie gegeben hätte und als ob Demokratie durch ein bißchen mehr Demokratie herstellbar sei. Außerdem hat sich in der Sowjetunion dafür keine Basis mehr gefunden, weder ökonomisch noch politisch, weil die Nomenklaturapartei nicht bereit und in der Lage ist, Demokratie zu ermöglichen. Die Idee der Demokratisierung fand außer bei Intellektuellen und Künstlern, Wissenschaftlern und Studenten keine Verkörperung, die eine ausreichende Gestaltungskraft gehabt hätte. Gorbatschow druckt den Brief eines Lehrers ab, der das Problem auf den Punkt bringt: »Viele Menschen ... sind verknöchert. Ich habe keine Scheu davor, dieses Wort zu gebrauchen. Manche haben es inzwischen zu leitenden Positionen gebracht, manche sind sogar wichtige Chefs. Bei Versammlungen geben sie ihr ›Ja‹. Aber wozu? Zu allem. Sie sagen ›Ja‹ und: ›Wir wollen‹. Sie legen den glühendsten Eifer an den Tag. Aber was steckt in Wirklichkeit dahinter? Heuchelei. Ich habe versucht, den Grund dafür herauszufinden ... Glaubt man denn, es sei einfach, ein Volk von vielen Millionen Menschen wachzurütteln, das über Jahrzehnte hinweg eingelullt wurde?«

Es gibt in der Geschichte ein »Zu spät«. Der Kommunismus meinte, das Gesetz der Geschichte erkannt und in der Hand zu haben, ohne dabei den realen Geschichtsverlauf zu analysieren. Er geht an seiner mit Macht gehüteten Selbsttäuschung zugrunde. In der Präambel der Verfassung der DDR hieß es: »... hat das Volk in Übereinstimmung mit den Prozessen der geschichtlichen Entwicklung unserer Epoche sein Recht ...« Man sah sich in Übereinstimmung mit dem objektiven Geschichtsverlauf! Die besonders hellsichtigen Parteiführer sahen sich dazu berufen, diesem Geschichtsverlauf etwas nachzuhelfen und »unbeirrt weiter den Weg des Sozialismus und Kommunismus zu gehen«. Da wurde die determinierte Geschichte in die Verfassung hineinformuliert. Als Kommentar dazu darf man sich keineswegs die Lektüre des Strafgesetzbuches ersparen. Man lese die Paragraphen 97, 99, 102, 106, 211 und 220, um zu verstehen, was das für ein System war, unter welcher Bedrohung die Menschen gelebt haben, bis das Grundgefühl nur noch die Angst war. Das Strafgesetzbuch brauchte nur je und dann angewandt

zu werden, weil es einen vorauseilenden Angstgehorsam gab.
Eine demokratische Erneuerung des Sozialismus in der DDR wurde nicht mehr möglich. Sogar die Diskussion über den Begriff »Sozialismus«, auch wenn man ihn mit dem Beiwort »demokratisch« dekoriert, ist im Osten Deutschlands kaum noch möglich. Dieser Begriff lockt Menschen nicht an, er stößt sie ab, weil Sozialismus in seiner materialisierten politischen Gestalt nicht in der Lage war, soziale Gerechtigkeit mit den Menschenrechten zu verbinden. Volksherrschaft wurde als Herrschaft über dem Volk praktiziert. An die Stelle des alten Unrechts wurde neues Unrecht gesetzt. Ein ökonomisches und ökologisches Desaster steht am Ende. Übriggeblieben sind innerlich zerstörte Menschen und äußerlich zerstörte Landschaften. Solange dies den Menschen in unserem Land, in der Ostmark, in der armen Ostmark, täglich vor Augen steht, können wir mit dem Begriff »Sozialismus« nicht mehr produktiv umgehen.
Paul Tillich hatte 1930 darüber meditiert, ob es nicht Begriffe gibt, die die Kraft in sich haben, sich immer wieder zu erneuern, weil sie etwas haben, was über sie hinausweist. Unter der Überschrift »Der Sozialismus als Wagnis« schrieb Tillich: »Begriffe sind lebendig, solange sie die Kraft haben, neue Inhalte aufzunehmen. Neue Inhalte aufnehmen, heißt nicht, die alten abstoßen, heißt nicht, sich von den Ursprüngen losreißen, aus denen der Begriff einmal geboren ist. Neue Inhalte aufnehmen, heißt vielmehr: die Macht eines Begriffes und durch ihn hindurch die Macht seines Ursprunges daran zu erweisen, daß er jede ihn drohende Erstarrung zu durchbrechen vermag. Einen Begriff, dem solche Erstarrung nicht drohte, gibt es nicht, weil es keinen Lebensprozeß gibt, der nicht die

Neigung hätte, sich zu verhärten.« Viele in der alten Opposition der DDR hatten genau dies für möglich gehalten, was Paul Tillich 1930 hier beschrieben hat, und 1989 den vorläufig letzten Versuch gemacht, an den Quellen des Sozialismus und nicht an seinen Verunreinigungen anzuknüpfen.

Die Menschen aber sahen millionenfach die Bundesrepublik und waren erschüttert darüber, was sie verpaßt haben. Sie sahen plötzlich unsere verfallenen Städte mit viel schärferen Augen. Sie wurden sich des ganzen Schmutzes, der ganzen Verkommenheit gewahr. Die Bundesrepublik erschien als Realutopie.

Nun kommen, wie der damals international hochgeschätzte und jetzt so verachtete Erich Honecker sagte, »Feuer und Wasser« zusammen – im einfachen Anschlußverfahren nach Artikel 23 des Grundgesetzes. In der DDR sind nun nicht einzelne Personen oder nur eine Partei gescheitert – gescheitert ist der Versuch einer alternativen Politik, die den Herausforderungen am Ende des Jahrhunderts entspricht. Das Parteienspektrum, das im wesentlichen aus dem vorigen Jahrhundert stammt, zieht auch bei uns ein. Was an der Marktwirtschaft sozial ist, ist bei uns – gelinde gesagt – noch nicht so recht erkennbar.

Der Vorschlag von Vertretern des Runden Tisches, zu den ersten freien Wahlen am 18. März 1990 keine »Gastredner« aus der Bundesrepublik zuzulassen, wurde von all jenen abgelehnt, die in der Bundesrepublik »Schwesternparteien« hatten. Damit wurde schon die erste Wahl zu einer vorgezogenen Bundestagswahl. Gewählt wurde die Partei, von der man mehrheitlich glaubte, daß sie den Schlüssel zum Geld habe und die Geldbüchse auch über unserem kaputten Land ausstreuen würde.

Die alte Opposition in der DDR ist wieder am Anfang.

Aber diesmal unter den Bedingungen der Demokratie und das ist trotz allem ein Glück, das ergriffen werden will. Ich resümiere: Mit dem Begriff »Sozialismus« kann man nicht mehr produktiv umgehen, aber die Aufgaben, die darin stecken, bleiben und stellen sich in der überlebensgefährdeten Welt nur noch schärfer. Ich habe begonnen mit einem Text von Günter Kunert, mit einem traurigen Text, und ende mit dem Gedicht eines Menschen, dessen Sozialismusmodell vorerst auch nicht weitergeführt werden konnte – Ernesto Cardenal. Wenn ich nämlich »Sozialismus« beschreiben sollte, dann würde ich es am liebsten mit diesen von Cardenal beschriebenen einfachen Aufgaben tun, weil darin keine Theorie steckt, sondern Elementarvorgänge eines gelingenden gemeinschaftlichen Lebens:

»Es gibt so viel Mais zu pflanzen,
so viele Kinder zu unterrichten,
so viele Kranke zu heilen,
so viel Liebe
zu verwirklichen,
so viel Gesang.
Ich singe ein Land, das bald geboren wird.«

Vortrag auf der Tagung der Gesellschaft
für evangelische Theologie in Berlin,
26. Februar 1991

Kunst. Was soll das?

Meine Damen und Herren, liebe Genossinnen und Genossen, ich halte meine Samstagmorgenpredigt auf dem Areopag einstiger Einheitsmeinung, jetzigen Meinungsgewirrs. Fast alles ist durcheinander. Fast alle sind durcheinander. Wir sind Kulturmenschen auf Abruf. Was ruft die Kunst ab? Schön einfach schien die zwiegeteilte Welt. Jetzt gehen die materiellen Verteilungskämpfe und die geistigen Zerteilungskämpfe erst richtig los. Hier in Bitterfeld über »Funktion der Kunst« zu reden, ist nicht möglich ohne den Zeit- und Ortsindex, den Zeitenindex und den Weltenort. »Farblehre« nannte der Ostberliner Arzt Thomas Luthardt 1982 sein Gedicht, veröffentlicht im Mitteldeutschen Verlag.

FARBLEHRE

Grau bis Schwarz sind die Farben
der Flüsse in den Karten
der Enkel.
Das Blau: Konserviert
in den alten Atlanten: Entwurf
möglicher Rückkehr
zur Zukunft.

Die Frage nach der Zukunft und die nach der Vergangenheit, die nach Zwecken und Sinn, die nach Individuum und Gemeinschaft waren und bleiben selbstgestellte Themen der Literatur.

> »Durch soviel Formen geschritten
> durch Ich und Wir und Du
> doch alles blieb erlitten
> durch die ewige Frage: wozu?«
> *(Gottfried Benn)*

Die Sinnfrage sucht sich Formen, immer wieder. Der Individualismus und der Kollektivismus und die dialogische Existenz, alle haben sie die Frage nicht gelöst, sondern sie immer wieder neu gestellt. Nihilismus ist die Aus-Rede, die wir uns intellektuell nicht mehr leisten können, wenn wir leben wollen. Der Verlogenheit der Widerspiegelungstheorie entspricht der Zynismus des SPIEGEL. Kunst. Was soll das?

Garnieren *und* orientieren, analysieren und räsonieren, individualisieren *und* solidarisieren, stabilisieren *und* protestieren, interpretieren *und* transzendieren ...

Alles/Nichts/Wollen/Können

Keine Wahl haben.

Jedenfalls Seismograph sein für die äußersten und innersten Erschütterungen einer Welt, der die Axt an die Wurzeln gelegt ist: Risikoweltgesellschaft, Überlebensgemeinschaft. Künste, Künstler haben keine Wahl: In der säkularisierten Welt ersetzen sie *religio,* Rückbindung und Vorausschau. Der Sorge Ausdruck geben, Werten, bewahrenswerten, Worte und Gestalt geben, orientieren, auch Trostbedürfnissen entsprechen. Überfordert sein. Dennoch »dennoch« sagen. Propheten sein mit dem wissenden Lächeln der Auguren auch, die wissen, daß vielleicht alles nicht stimmt, Propheten sein, statt in den Nihilismus des Denkens und den Zynismus der Sprache zu verfallen.

Dabei hatten Schriftsteller und Künstler in der DDR eine öffentliche Funktion, sowohl eine von den Mächtigen gestellte, wie von der Öffentlichkeit verlangte. In diesem Sowohl-als-auch lag ihre Schwäche und Stärke. Kunst ließ sich ihre Funktion nur kurzzeitig von der Macht vor- und zuschreiben. Kunst wurde zur Ersatzöffentlichkeit mit Langzeit- und Tiefenwirkung. Sie wurde wirklich gebraucht. Bücher zumal wurden zu Lebensmitteln in der Diktatur. Ein Nebeneffekt solcher Ersatzöffentlichkeit der Kunst war, daß Menschen sich auf Wesentliches konzentrierten. In der Diktatur wurde selbst die Gedichtzeile ernster genommen, als sie je in der Freiheit Wirkung finden könnte – es sei denn, die Zeile würde sich zur Schlag-Zeile eignen. Die jetzige Freiheit in der Öffentlichkeit wird zur Freiheit für jegliche Banalität, Gemeinheit und Tratsch. Sie lenkt ab vom Wesentlichen, von den essentiellen Fragen des Menschseins in der Gefahr. Es entwickelt sich in der Welt-Risiko-Gesellschaft ein Sintflutbewußtsein. Die Unsicherheit über den Weiterbestand der Welt hat sich herumgesprochen und ist in die Tiefenschichten unserer Seelen gedrungen und macht angst. Und diese Angst wird gleichzeitig verdrängt.

Es ist zu verstehen, daß Menschen massenweise *jetzt* leben wollen, *jetzt* nicht noch weitere Problemzufuhr brauchen können. Man hat schon genug. Gleichzeitig gibt es elementaren Orientierungsbedarf. Wer genügt ihm?

In einer immer mehr verflochtenen, voneinander abhängigen und sich nivellierenden Welt wird die Gefahr der Abschottungen, Nationalismen, Fundamentalismen wieder größer. Dies ist einfach Ausdruck eines Sicherheitsbedürfnisses in einer unsicher gewordenen Welt. Das ist die Stunde der Populisten. Sie knüpfen an Urinstinkte an. Da heißt es dann wieder ganz einfach: wer wen? Der Sozialdarwinismus wird durch die Herausforderungen der Überbevölkerung, des Hungers und der entsprechenden Asylantenströme wieder zur akuten Gefahr.

Der äußeren Zerrüttung der Welt folgt die innere Zerrüttung auch der Freundschaften. Wir haben die Gewißheiten, auch die Selbstgewißheiten gründlich verloren. Die großen Menschen sind »demontiert«, aber auch die großen Werte und Worte wie Gerechtigkeit, Freiheit und Humanität.

Unter Intellektuellen ist es verpönt, von »Mitte«, »Grund«, »Ziel« und »Sinn« des Lebens zu reden. Die Gefahr, daß die verengten Werte wieder Konjunktur bekommen, wenn die liberalen Werte versagen, ist unübersehbar.

Die plötzliche Auflösung der bisherigen Machtblöcke hat zu politischen und zu sozialpsychologischen Turbulenzen geführt. Sie äußert sich auch in neuen Formen gegenseitiger Verletzungen und der Öffentlichkeitshatz, die die Vergangenheit »Ost« betrifft. Die Reaktionen werden unberechenbar, auch einstige Freunde und Mitstreiter erkennen sich nicht wieder. Der Wendigkeit von heute entsprechen Erinnerungsverluste über Lebenszusammenhänge von gestern. Kunst kann hier Anwalt genauer Erinnerung sein. Die Schrecken der Zukunft sind so beschaffen, daß Menschen sich möglichst davon abwenden, nichts mehr sehen und hören wollen, weil sie noch leben wollen, jetzt leben wollen. Den Augenblick des Glücks nicht verpassen, ahnend, daß es morgen schon zu spät sein kann. Was auf uns zukommt, überschreitet die Vorstellungskraft des Individuums: Im Jahre 2000 werden wir schon über sechs

Milliarden Menschen sein, im Jahre 2050 zehn Milliarden. Der Erdgipfel in Rio – falls er denn zustande kommt – ist ein Gipfel, über dem das Menetekel unserer Welt erscheint.

Das neue Denken, kurzzeitig in die Politik gekommen, stürzte ab in eine alte Praxis, in Anachronismen. Die »Grassandra-Rufe« der Rättin verhallen ebenso wie die Horrorberichte des Club of Rome von vor nunmehr 20 Jahren. »Die Zeit drängt«, die Wasserstandsmeldungen der Sintflut sind ablesbar. Wo die Gefahr wächst, wächst die Verdrängung auch. Die Zeit läßt der Kunst keine Wahl: Sie muß auch wirken wollen. Wenn schon nicht massenwirksam, so doch weiter als Spurenelement. Sie kann nicht nur den Untergang kommentieren, die Wände untergehender Schiffe mit Stilleben bemalen, sondern sie kann weiter das Brechtsche »eingreifende Denken« ebenso fortschreiben wie seinen handlungsbezogenen Schönheitsbegriff: Schön ist es, wenn man Schwierigkeiten löst. Die Schwierigkeiten sind nicht mehr zu lösen. Aber es gibt noch Atempausen für das Leben. Die Kunst selber ist eine solche Atempause.

Chancenlos scheint die Kunst in der Massenmediendiktatur, dem Zeitalter der unbegrenzten Reproduzierbarkeit von Banalität, Verführung und Gewalt. Leben wird immer mehr zum Als-ob-Leben. Die innerste Verunsicherung von Menschen findet in dem Maße statt, wie die äußerste Bedrohung anwächst. Der Regreß in die Atavismen ist unübersehbar. Gibt es für die ins Eckfeld gezwängte Menschheit, gibt es für uns noch einen Aus-Weg? Schönheit, Wahrhaftigkeit und Moralität zusammenzuhalten und zusammenzubringen, bleibt selbstgestellte Aufgabe der Kunst, auch in der Weltkrisenzeit der Weltrisikogesellschaft.

Die Wahrheit nicht auf Kosten der Schönheit, die Schönheit nicht auf Kosten der Wahrheit, die Moralität nicht auf Kosten der Schönheit Gestalt werden lassen ... Kunst aber braucht auch eine Vision. Die Schreckensvision stellt sich allzuleicht für den ein, der sehen will. Bleibt aber nur noch Schreckensvision, kommt nur noch Lähmung. Die bloße Kultur der (berechtigten) Bekümmernis lähmt die Kraft, den Tag zu bestehen. »Ohne Vision wird das Volk wüst und leer.« (Sprüche Salomos) Wehe einer Welt ohne realitätsüberschreitende Utopien! Wehe einer Welt ohne realitätsanerkennende Analyse! Wer immer nur das Gute will, verfehlt das Bessere. Wer das Wirkliche mit dem Möglichen verwechselt, betrügt den Menschen um die Perspektive. Wer nicht zu überschreiten bereit ist, was ist, wiederholt stets das, was schon war.
Gegen den Trend der Zeit wird Kunst das Weltenethos, das Lokalkolorit und das Einzelschicksal zusammenhalten und zusammenbringen. Kunst wird Widerstand sein und bleiben gegen die mentale, soziale und politische Verengung in der Zeit der Gefährdung.
In dem Maße, wie Fundamentalismus anwächst, wächst andererseits Nihilismus, Zynismus und dementsprechende Kakophonie. Die Ehrfurcht vor dem Leben, die Darstellung der Kleinteiligkeit der Schönheit des Lebens ist und bleibt Voraussetzung und Grundlage von Kunst, auch und gerade in der Krisenzeit.
Der Bitterfelder Weg, der geschmähte, erhob den Anspruch von Lebensnähe und Massenwirksamkeit der Kunst und der Künstler. Er wollte das Elitäre der Kunst dadurch überwinden, daß der Arbeiter selber zum Künstler werden sollte. Dies wurde von oben verordnet, entsprang nicht aus Lebensprozessen selbst und mußte scheitern. Auch wenn dieser Weg schließlich in einer Karikatur begann

und genauso endete, so bleibt die Aufgabe, die Teilung der Gesellschaft zu überwinden.

Bitterfeld ist die Materialisierung einer Idee, die gescheitert ist, nämlich der Idee vom gelingenden Stoffwechselprozeß des Menschen mit der Natur bei der Arbeit, bei der Beschaffung seiner Lebensvoraussetzungen. Wenn Marx noch erwartete, daß der Mensch in der Lage sei zu produzieren nach den Kriterien der Schönheit und der Nützlichkeit zugleich, so wird hier in Bitterfeld offen-sichtlich, wie dieser Weg zur Zerstörung von Natur und Mensch zugleich geworden ist. Marx schrieb: »Das Tier formiert nur nach dem Maß und dem Bedürfnis und der Spezies, der es angehört, während der Mensch nach dem Maß jeder Spezies zu produzieren weiß; der Mensch formiert daher auch nach den Gesetzen der Schönheit. Eben in der Bearbeitung der gegenständlichen Welt bewährt sich der Mensch daher erst wirklich als ein Gattungswesen. Diese Produktion ist sein werktätiges Gattungsleben. Durch sie erscheint die Natur als sein Werk und seine Wirklichkeit. Der Gegenstand der Arbeit ist daher die Vergegenständlichung des Gattungslebens des Menschen, indem sie sich nicht nur wie im Bewußtsein intellektuell, sondern werktätig wirklich verdoppelt und sich selbst daher in einer von ihm geschaffenen Welt anschaut.« Soweit Karl Marx.

Was für eine von uns geschaffene Welt schauen wir an, und wo ist dieses Formieren nach den Gesetzen der Schönheit geblieben? Das Erschrecken ist die Voraussetzung für die Veränderung, aber es wird zu keiner Veränderung kommen, wenn es nicht wieder eine Vision gibt von dem, was nötig, und dem, was möglich ist. Die Wasserstandsmeldungen der Sintflut abzulesen, ist das eine, Dämme zu bauen das andere.

»Chemie bringt Wohlstand, Schönheit und Glück« hießen Anfang der sechziger Jahre die Parolen an den Werken in Schkopau und Bitterfeld. Schon damals konnte man sehen, riechen und schmecken, daß es in Wirklichkeit ein Leben in der Krisenzone war. Was wir als Hinterlassenschaft vorfinden, entspricht exakt der »Stalker-Vision« von Tarkowski. Und doch gibt es mittenhier wieder Frühlingsblühen – Naturwunder, Kunstwerk.
Kunst. Was soll das? ... daß nicht alles nichts wird.

Eingangsstatement auf der
3. Bitterfelder Konferenz
am 2. Mai 1992